厦门大学南强丛书（第七辑）编委会

厦门大学南强丛书【第七辑】

重要产品供应链追溯系统与实践案例

许志端◎著

厦门大学出版社　国家一级出版社
XIAMEN UNIVERSITY PRESS　全国百佳图书出版单位

图书在版编目(CIP)数据

重要产品供应链追溯系统与实践案例/许志端著.—厦门:厦门大学出版社,
2021.1
(厦门大学南强丛书.第7辑)
ISBN 978-7-5615-7808-7

Ⅰ.①重…　Ⅱ.①许…　Ⅲ.①产品质量—质量管理体系—案例—厦门
Ⅳ.①F279.275.73

中国版本图书馆 CIP 数据核字(2020)第 089013 号

出 版 人	郑文礼
责任编辑	江珏玙
封面设计	李夏凌
技术编辑	许克华

出版发行 厦门大学出版社

社　　址 厦门市软件园二期望海路 39 号
邮政编码 361008
总　　机 0592-2181111　0592-2181406(传真)
营销中心 0592-2184458　0592-2181365
网　　址 http://www.xmupress.com
邮　　箱 xmup@xmupress.com
印　　刷 厦门集大印刷厂

开本 720 mm×1 000 mm　1/16
印张 17.25
插页 4
字数 302 千字
版次 2021 年 1 月第 1 版
印次 2021 年 1 月第 1 次印刷
定价 56.00 元

厦门大学出版社
微信二维码

厦门大学出版社
微博二维码

本书如有印装质量问题请直接寄承印厂调换

总　序

　　在人类发展史上，大学作为相对稳定的社会组织存在了数百年并延续至今，一个很重要的原因在于大学不断孕育新思想、新文化，产出新科技、新成果，推动人类文明和社会进步。毋庸置疑，为人类保存知识、传承知识、创造知识是中外大学的重要使命之一。

　　1921年，爱国华侨领袖陈嘉庚先生于民族危难之际，怀抱"教育为立国之本"的信念，倾资创办厦门大学。回顾百年发展历程，厦门大学始终坚持"博集东西各国之学术及其精神，以研究一切现象之底蕴与功用"，产出了一大批在海内外具有重大影响的精品力作。早在20世纪20年代，生物系美籍教授莱德对厦门文昌鱼的研究，揭示了无脊椎动物向脊椎动物进化的奥秘，相关成果于1923年发表在美国《科学》(Science)杂志上，在国际学术界引起轰动。20世纪30年代，郭大力校友与王亚南教授合译的《资本论》中文全译本首次在中国出版，有力地促进了马克思主义在中国的传播。1945年，萨本栋教授整理了在厦门大学教学的讲义，用英文撰写 Fundamentals of Alternating-Current Machines（《交流电机》）一书，引起世界工程学界强烈反响，开了中国科学家编写的自然科学著作被外国高校用为专门教材的先例。20世纪70年代，陈景润校友发表了"1+2"的详细证明，被国际学术界公认为对哥德巴赫猜想研究做出了重大贡献。1987年，潘懋元教授编写的我国第一部高等教育学教材《高等教育学》，获国家教委高等学校优秀教材一等奖。2006年胡锦涛总书记访问美国时，将陈支平教授主编的《台湾文献汇刊》作为礼品之一赠送给耶鲁大学。近年来，厦门大学在能源材料化学、生物医学、分子疫苗学、海洋科学、环境生态学等理工医领域,在经济学、管理学、统计学、法学、历史学、中国语言文学、教育学、国际关系及区域问题研究等人文社科领域不断探索,取得了丰硕的成果,出版和发表了一大批有重要影响力的专著和论文。

书籍是人类进步的阶梯,是创新知识和传承文化的重要载体。为了更好地展示和传播研究成果,在 1991 年厦门大学建校 70 周年之际,厦门大学出版了首辑"南强丛书",从申报的 50 多部书稿中遴选出 15 部优秀学术专著出版。选题涉及自然科学和社会科学,其中既有久负盛名的老一辈学者专家呕心沥血的力作,也有后起之秀富有开拓性的佳作,还有已故著名教授的遗作。首辑"南强丛书"在一定程度上体现了厦门大学的科研特色和学术水平,出版之后广受赞誉。此后,逢五、逢十校庆,"南强丛书"又相继出版了五辑。其中万惠霖院士领衔主编、多位院士参与编写的《固体表面物理化学若干研究前沿》一书,入选"三个一百"原创图书出版工程;赵玉芬院士所著的《前生源化学条件下磷对生命物质的催化与调控》一书,获 2018 年度输出版优秀图书奖;曹春平副教授所著的《闽南传统建筑》一书,获第七届中华优秀出版物奖图书奖。此外,还有多部学术著作获得国家出版基金资助。"南强丛书"已成为厦门大学的重要学术阵地和学术品牌。

2021 年,厦门大学将迎来建校 100 周年,也是首辑"南强丛书"出版 30 周年。为此,厦门大学再次遴选一批优秀学术著作作为第七辑"南强丛书"出版。本次入选的学术著作,多为厦门大学优势学科、特色学科经过长期学术积淀的前沿研究成果。丛书作者中既有中科院院士和文科资深教授,也有全国重点学科的学术带头人,还有在学界崭露头角的青年新秀,他们在各自学术领域皆有不俗建树,且备受瞩目。我们相信,这批学术著作的出版,将为厦门大学百年华诞献上一份沉甸甸的厚礼,为学术繁荣添上浓墨重彩的一笔。

"自强!自强!学海何洋洋!"赓两个世纪跨越,逐两个百年梦想,面对世界百年未有之大变局,面对全人类共同面临的问题,面对科学研究的前沿领域,面对国家战略需求和区域经济社会发展需要,厦门大学将乘着新时代的浩荡东风,秉承"养成专门人才、研究高深学术、阐扬世界文化、促进人类进步"的办学宗旨,劈波斩浪,扬帆远航,努力产出更好更多的学术成果,为国家富强、民族复兴和人类文明进步做出新的更大贡献。我们也期待更多学者的高质量高水平研究成果通过"南强丛书"面世,为学校"双一流"建设做出更大的贡献。

　　是为序。

厦门大学校长　张荣

2020 年 10 月

作者简介

许志端，厦门大学管理学院教授、博士生导师，厦门大学中国供应链管理研究中心负责人，中国物流与采购联合会采购与供应链管理专业委员会专家委员，主要研究领域为可持续供应链管理、营商环境评估及优化等。曾先后获得国家优秀教学成果奖、福建省优秀教学成果奖、福建省社会科学优秀成果奖二等奖、厦门大学葛家澍奖（科研奖）及全国 MBA 百篇优秀管理案例等奖项，已有多篇管理案例被收录在加拿大毅伟商学院案例库和美国哈佛商学院案例库。

序 言

　　20 世纪 90 年代以来,世界范围内的食品安全问题频频发生,引发了全球性的消费者信任危机。为此,欧盟、美国、日本和部分发展中国家相继实施了食品可追溯体系,不具有可追溯性的食品已被禁止进入一些欧美国家的市场。食品追溯最早起源于 1997 年,当时欧盟为应对"疯牛病"问题而提出,并在牛肉供应链中实施。通过在供应链上形成可靠且连续的信息流使食品具备可追溯性,以监控食品生产过程与流向,且通过追溯来识别问题和实施召回,因而食品生产企业实施食品可追溯体系能够提高供应链管理效率,使具有信任属性的食品差异化,提高食品质量安全水平,降低因食品安全风险而引发的成本,满足消费市场的需求。各国追溯体系建设的机制不尽相同,欧盟采取以政府为主导、企业强制参与的方式,美国则采用以企业为主导、企业自愿参与的方式。

　　我国虽然从 2000 年就开始探索实施食品可追溯体系,但国家及地方在建立食品安全追溯制度过程中面临多重困难。2008 年"三鹿奶粉"事件、2011 年双汇"瘦肉精"事件等安全事件的曝光,使得我国对建立食品安全追溯体系的重视程度愈加强烈。2010 年以来,商务部、财政部分五批支持全国 58 个试点城市开展肉类蔬菜追溯体系建设,支持 18 个省市开展中药材追溯体系建设。2016 年 1月,国务院办公厅发布《关于加快推进重要产品追溯体系建设的意见》(国办发〔2015〕95 号),提出在食用农产品、食品、药品、农业生产资料、特种设备、危险品、稀土产品等重要产品上应加快应用现代信息技术建设追溯体系。商务部办公厅于 2016 年 3 月发布《关于加快推进重要产品追溯体系建设有关工作的通知》(商办秩函〔2016〕78 号),并会同财政部决定支持上海市、山东省、宁夏回族自治区、厦门市开展重要产品追溯体系建设示范工作。商务部希望通过四个省市的示范,打造一条从生产、流通到消费的全过程信息化追溯链条,推进生产经营全过程质量和风险管控,真正实现产品来源可查、去向可追、责任可究,打造放心消费渠道,助力消费转型升级。在国务院的全面指导和商务部等的有力推进下,全国相关省市都纷纷行动起来,尤其是试点省市。

尽管如此,我国重要产品可追溯体系的发展仍处于起步阶段,参考发达国家追溯的成功经验,目前追溯体系建设开始由政府主导向引导企业自愿主导转变。由于每个行业产品属性异质,各个企业信息化程度不同,造成可追溯体系的主导建设没有标准的实践模式。如何引导企业结合中国特色实施供应链可追溯体系的建设是根本性且迫切的问题,而首先要解决的是企业主导或参与可追溯体系有哪些可选模式,应选择何种方式更符合供应链的产品特点,更能够发挥可持续效益。

食品供应链涵盖较多主体及利益相关者,他们没有必要都建设可追溯系统,因为不同主体在可追溯目标上存在差异,各自的标准和模式无法有效实现融合和协同。但是,所有主体都以统一模式建设可追溯系统只会带来私人利益和公共利益的双重损失,一种有效的解决方法是根据供应链结构确定某一主体来主导可追溯。那么,在供应链中引入可追溯系统有哪几种主导模式?各有哪些特征?基于供应链的产品追溯体系的建设需要供应链上下游合作企业的共同协调和努力,可追溯系统的主导方如何影响上下游企业加入可追溯,他们之间需要什么样的谈判和契约?不同主导模式是否对应特定产品?哪种主导模式效果最优?这些问题都值得深入讨论,以确定企业参与产品可追溯的有效治理方式。

建立产品供应链追溯体系需要收集、记录和标识信息,建立数据库与信息传递系统,增加相应的生产和检测设备等,因而与普通食品的生产相比,需要增加额外的生产成本。成本增加的多少取决于可追溯系统的追溯能力,即追溯系统的宽度、深度、精度和速度。供应链上各企业投资追溯系统的动机不仅包括经济因素方面,在可持续发展的大背景下,企业的动机也来源于环境和社会因素方面。为此,需要剖析已有可追溯系统实施建设的实践经验,分析可追溯系统建设的成本收益,归类总结供应链上各企业实施追溯系统的动机,以及基于动机如何进行可追溯系统能力水平的决策,帮助企业选择合适水平的追溯系统。

以上是本书的主要思想脉络。为助力加速我国重要产品追溯系统的建设,本书在全面深入介绍、分析产品追溯和供应链追溯理论的基础上,对作为全国重要产品追溯系统建设示范城市的厦门市的实施案例展开研究,理论结合我国实践,期望为我国重要产品追溯系统的建设提供可复制、可推广的经验。

本书由追溯系统理论篇和追溯实践案例篇两部分组成。第一部分为追溯系统理论篇,包括以下五章内容:

第一章介绍产品供应链追溯的相关概念。产品追溯起源于人类受到"疯牛病"等食源性食品安全问题的威胁,而产品追溯的建设需要供应链上下游企业的共同参与和协同,为此本书提出产品供应链追溯的概念。本书总结归纳产品供应链追溯的各种定义,得出产品供应链追溯系统建设的基本内容和核心要素,概述了供应链追溯的研究与应用现状,提出值得进一步研究的问题与方向。

第二章阐述、分析产品可追溯体系的现状。首先介绍欧盟、美国、日本等先进国家建设可追溯系统的相关法律法规以及我国目前的法律法规建设情况,并对我国在肉、果蔬、乳制品、药品、水产品及酒等重要产品可追溯系统的行业标准建设现状进行概述;接着归纳欧盟、美国、日本等先进国家可追溯体系建设的实践经验,并与我国的实践进行比较,归纳出一些可供我国学习的经验启示。

第三章提出五种供应链追溯模式,即政府主导型模式、供应商主导型模式、制造商主导型模式、流通商或零售商主导型模式和第三方主导型模式。本章分别分析每种模式的供应链结构特征和适用性,并结合厦门市相关企业的实施案例有针对性地分析相应模式的实际经验,最后总结归纳相关模式适用的行业特征。

第四章在文献查阅和综述的基础上,总结归纳供应链追溯的动机包括政府监管因素、食品安全和质量因素、社会因素、经济因素和利益相关者的压力等方面;接着应用交易成本理论分析追溯系统建设产生的直接和间接成本,以及由此产生的相关收益;而后提出了供应链追溯能力水平的测量维度,即广度、深度、精度和速度,并针对我国在肉、果蔬、乳制品、药品、水产品及酒等产品确定供应链追溯能力水平,为供应链各企业建设追溯系统,提供决策理论依据;最后给出产品供应链追溯系统建设的步骤和注意事项。

第五章在分析供应链追溯系统内容和要素的基础上,确定追溯系统绩效评价的维度,建立评价指标体系,并提出相应的评价模型。

第二部分为追溯实践案例篇,结合第三章提出的五种供应链追溯的模式,精选10个实践案例,包括2个政府主导型、1个供应商主导型、1个制造商主导型、4个流通商(批发商)主导型、1个零售商主导型和1个第三方平台主导型。每个案例均由案例正文和案例点评两部分组成。基于每个案例企业所在的行业，案例正文首先阐述各个企业追溯系统建设所面临的行业现状以及我国目前存在的痛点和难点；接着给出企业的解决方案，以及方案实施后所产生的绩效和价值，并对典型的经验进行归纳总结。案例点评则是结合第三章的理论部分，分析各个案例所对应的供应链追溯模式，分析该种模式在具体实施时给企业带来的优劣势以及适用性；然后应用第四章的理论，分析该企业实施供应链追溯系统的动机和成本收益，以及追溯系统能力水平的决策情况。案例正文与案例点评相结合，以期读者能从中汲取可复制、可借鉴的实践做法和经验。

本书所研究的 10 个案例均来自 2016 年 6 月入选为中央财政支持重要产品追溯体系建设示范工作的四个省市之一的厦门市。作为试点城市，厦门市人民政府办公厅于 2016 年 10 月 28 日发布了《厦门市加快推进重要产品追溯体系建设实施方案》，在实施方案中明确以下实施步骤：

(1)在 2016 年 12 月底前确定产品名录。各有关部门结合实际制定具体实施细则，确定追溯体系建设的重要产品名录，明确建设目标、工作任务和具体措施。

(2)在 2018 年 6 月底前建立部门追溯系统平台。各有关部门统筹部署本行业追溯体系建设工作，指导督促企业建立产品质量追溯体系，并建立部门重要产品追溯系统子平台。

(3)在 2020 年年底前建立全市重要产品追溯数据统一平台。统一数据采集指标、传输格式、接口规范及编码规则。依托市级政务服务总线，推进部门相关系统数据共享和流程互通，并推动企业数据和系统接入，实现政府和社会追溯数据融合。开通统一的公共服务窗口，面向社会公众提供追溯信息一站式查询服务。依托政务数据汇聚平台建立产品追溯大数据平台。

2018 年 6 月，厦门市重要产品追溯体系建设已按照实施方案完成了上述第二阶段。当时厦门市已构建了食品和药品追溯系统、酒类追溯系统、农产品和农资追溯系统以及进口食品追溯系统等六大政府部门追溯子系统，涵盖进口通关、生产、配送、批发、零售等各环节，将以建发酒业、鹭燕医药、夏商农产品等为代表的 15 家企业列入示范企业项目，形成了以市级重要产品追溯统一平台、政府部门追溯子系统、示范企业追溯子系统的基础架构，政府监管与企业参与相结合的重要产品追溯体系已正式投入运行，并通过了由示范省(区、市)商务、财政主管部门作为评估验收主体、依法依规委托第三方专业机构对项目的评估验收。

作者所负责的厦门大学中国供应链管理研究中心团队有幸参与各示范企业的追溯系统建设过程,体会到建设过程中政府相关部门和各个企业的努力,也看到了他们碰到的困难和问题,更欣喜于他们最终取得的成果和经验,使得我国重要产品追溯系统的建设更上一个台阶。本书缘起于2018年年初,希望通过对厦门市和试点企业的调研,以案例分析的方法,归纳总结其成功的可借鉴经验,形成可复制可推广的经验,加快推动我国可追溯体系的建设。

作者构思本书的想法得到了厦门市商务局相关领导的大力支持,同时也得到了15家试点企业的积极配合。作者对厦门市相关政府部门及15家试点企业展开了深入调研,收集整理可追溯体系建设的资料,从中选择了10个有代表性的追溯系统建设项目作为本书的案例。

本书在调研、收集资料期间恰逢厦门大学出版社在征集"《南强丛书》第七辑选题",作者以《重要产品供应链追溯系统与实践案例》为选题进行了申报,经过层层严格评审与筛选,本书有幸入选,更有意义的是《南强丛书》第七辑将在厦门大学百年校庆(1921—2021)出版,因此本书将作为给母校百年华诞的献礼而格外值得纪念!

本书在选题立项、调研、撰稿及出版的各阶段,都得到了各方的大力支持,在此表示衷心的感谢!

首先应该感谢厦门市商务局各位领导和相关部门的大力支持,使作者的团队有机会参与到厦门市重要产品追溯体系建设示范工作中,为作者收集案例资料提供协调,使案例资料收集得以顺利进行。在与厦门市商务局的密切交流中,作者深刻感受商务局在这方面的新站位、新思考和新探索,这些都融入了本书的诸多内容中。

还要感谢厦门市相关政府部门及15家试点企业的积极配合,最终入选本书的10个案例分别来自厦门市市场监督管理局、厦门市酒类流通管理局、厦门建发国际酒业集团、厦门鹭燕医药股份有限公司、厦门绿百合食品有限公司、厦门海投供应链运营有限公司、厦门古龙食品有限公司、厦门茶叶进出口有限公司、厦门闽篮超市有限公司及厦门夏商农产品集团有限公司,正是这些单位在重要产品追溯体系建设中的积极创新和实践为作者的调查研究提供了翔实的数据、资料,更成为作者提炼经验和模式的重要基础,也是这些单位的授权,才使得作者能将案例资料收录于本书中。

也要感谢"厦门大学南强丛书"(第七辑)编委会对本书选题的认可,以及对本书出版的大力支持。

此外,要感谢中国(厦门)供应链科创中心负责人、中物智联(厦门)供应链咨询有限公司总经理林少云先生,他作为厦门大学中国供应链管理研究中心聘请的核心专家,亲自参与本书的案例调研与资料收集,为各种协调工作付出了巨大的努力。而且林少云先生带领和云通(厦门)网络科技有限公司团队围绕具体企业的重要产品追溯系统开发和实施了一批信息系统,取得的运营实效也为本书增色颇多。

还要感谢作者所带领的厦门大学中国供应链管理研究中心团队的辛勤而又有创造性的工作,特别是作者的博士研究生周雄勇负责第一、二、三及五章的资料整理并参与直接撰写,博士研究生薛伟霞负责案例及第四章的资料整理并参与直接撰写,同时两位博士生也因参加此课题都确立了各自博士学位论文的选题方向。其中,周雄勇已顺利通过了题为《食品供应链可追溯系统主导者的运作机制研究》博士学位论文的答辩,薛伟霞也已完成了题为《食用农产品供应链可追溯的激励机制与监管策略》博士学位论文的开题报告,两位都在撰写系列小论文,展现了他们在这个领域进行深入研究的能力。

最后,要借由此书特别感谢厦门建发股份有限公司及时任董事长张勇峰先生对作者和厦门大学中国供应链管理研究中心的大力支持,这样优秀的企业和企业家正是中国供应链创新与应用的驱动力,感谢他们为研究中心提供理论与实践相结合的研究平台。

本书在撰写过程中,借鉴了许多学者的研究成果,如果在参考文献中有遗漏或不准确之处,敬请原谅!我国产品追溯体系建设仍处在不断探索的阶段,新政策、新模式、新理念、新实践不断涌现,作者自身水平和视角都有局限性,书中难免有错误和不足之处,欢迎广大读者批评指正。

正值本书校对、编辑之际,2020年9月9日,中共中央总书记、国家主席、中央军委主席、中央财经委员会主任习近平主持召开中央财经委员会第八次会议,研究畅通国民经济循环和现代流通体系建设问题,会议专门提出"加快建设重要产品追溯体系"。本书正好契合了这次会议的精神,作者由衷希望本书能为我国早日构建完善的产品追溯体系贡献绵薄之力。

目　录

第一部分

追溯系统理论篇

第一章　产品供应链追溯概述

一、产品追溯的产生背景

近年来,国际上疯牛病、口蹄疫、禽流感等畜禽疾病相继爆发和传播,国内的三聚氰胺毒奶粉、多宝鱼孔雀石绿残留量超标等类似的重大食品安全事件时有发生,政府部门日益重视食品安全问题。食品安全不仅关系到公众健康、产业存亡,更关系到社会稳定和国家发展。食品的质量保证不仅仅在于生产技术本身的改进,有效的监管和治理机制对于控制食品质量风险也尤为重要,而且这种治理应该是食品供应链全程的管控,而不是单单关注某一供应环节或者生产环节的质量安全。实施食品安全追溯体系的目的之一是当出现食品安全问题时,政府监管部门能够快速有效地查询到出问题的原料和环节,将食品安全问题引起的损失降至最低,并对出问题环节的组织进行整改和惩罚,以确保食品安全。2011 年 10 月中国商务部发布的《关于"十二五"期间加快肉类蔬菜流通追溯体系建设的指导意见》指出,需要加快建设完善的肉类和蔬菜追溯体系,探索完善的管理模式,实现快速溯源功能,全面推进城市食品安全追溯体系建设。2012年 11 月,中共十八大报告再次强调食品安全问题。当前,越来越多的发达国家要求进口食品具有可追溯性,中国政府正在积极推动食品安全追溯体系建设。

企业是食品安全追溯体系的操作者,其食品安全追溯体系实施行为受到收益、经营规模、成本等多种因素的影响。食品供应链可追溯系统(traceability system,TS)通过采集、记录和存储产品在供应链上形成的生产、加工、仓储、流通、消费等信息,以监控食品生产过程与流向,且通过追溯来识别问题和实施召回,实现"来源可查、去向可追、责任可究",被认为是强化全程质量安全管理与风险控制的有效手段(Sterling 等,2015;Van Rijswijk 等,2008;Verbeke 和 Ward,2003)。国内外已经普遍认识到食品供应链追溯系统建设对于保障"从农田到餐桌"的食品安全具有重要意义。为此,欧盟、美国、加拿大、日本、韩国等国家和地区从 1997 年开始陆续探索并实施食品供应链追溯体系,在法律法规、技术支撑、管理模式等方面取得重要进展(Pizzuti 和 Mirabelli,2015)。中国从 2000 年开始在全国试点建设食品可追溯体系,但是 10 多年来食品可追溯体系建设并未取得实质性的进展(吴林海等,2014),食品安全追溯制度的构建仍处于起步阶段,国家及地方在建立食品安全追溯制度过程中面临多重困难。究其原因,首先,企业对于可追溯系统采纳的认知和意愿没有得到根本性的扭转,尽管当前企业主导追溯系统建设已经成为一种趋势,但是在中国只有少部分获得追溯系统建设补助的龙头企业自愿加入,更多企业仍然没有认可加入可追溯体系的潜在效益。其次,可追溯系统各个环节之间追溯标准不统一,损害了可追溯系统的运行效率。产品供应链上只需要一个可追溯系统(Golan 等,2003a),但是由于节点企业"各自为政"、没有考虑谁来主导追溯系统更能最大化供应链整体效益,致使一个产品多种追溯编码,影响追溯效果,造成私人和公共利益的双重损失(Golan 等,2003b)。

二、产品供应链追溯的定义和意义

(一)产品供应链追溯的界定

在食品可追溯体系中,可追溯性(traceability)是一个基础概念,其他概念则是在此基础之上进行延伸和拓展的,彼此之间并没有实质区别。目前,各国和有关国际组织对可追溯性的定义尚未形成一致的意见(韩杨和乔娟,2009)。国际标准化组织(ISO)、欧盟(EU)、食品法典委员会(CAC)等从不同角度对可追溯性给出了定义,如表 1-1 所示。

表 1-1 国际组织对"可追溯性"的几种主流界定

国际组织/标准	定　义	引用
ISO 8402:1994 质量标准	通过记载的标识,追踪实体的历史、应用情况和所处场所的能力。	(Shanahan 等, 2009)
ISO 9000 标准	能够追溯"在考虑中"(Under consideration)物体的历史、使用和位置。	(Olsen 和 Borit, 2013)
ISO 22005:2007	跟踪饲料或食品生产、加工和分销在特定阶段的流动情况的能力。	(Olsen 和 Borit, 2013)
欧盟委员会(EC)	在食品生产、加工、销售、运输等所有的一系列环节中所可能涉及的物质追踪能力,这些物质包括食品、禽畜、饲料,甚至是很有可能成为饲料或者食品成分的一切物质。	(Olsen 和 Borit, 2013; Shanahan 等, 2009)

续表

国际组织/标准	定　　义	引用
国际食品法典委员会(CAC)	能够追溯食品在生产、加工和流通过程中任何特定阶段的能力。	(Opara 和 Mazaud, 2001)
欧洲议会(EP)	能够追溯到食品或饲料加工、生产、发放的全过程的能力,包括食源性动物,欲加入的物质以及正在研究中的加工成食品或饲料的物质。	(Olsen 和 Borit, 2013)

资料来源:作者根据相关文献整理所得

　　以上国际组织基本将"可追溯性"理解成追溯食品在生产、加工和分销某个特定阶段的能力(Souza-Monteiro 和 Caswell,2004)。国内外学者也从各种研究视角对"可追溯性"进行更为详细的界定,根据产品追溯的方向(Jansen-Vullers 等,2003),将其进一步细分为:追踪(forward traceability 或 track)和溯源(backward traceability 或 trace)。追踪是指顺着供应链自上而下地跟踪食品或其成分的流向,是对产品之间消耗关系的展开,其中消耗关系描述了消耗某些物料(这些物料有相同的属性集)的所有产品。溯源是指沿着供应链从下至上地回溯食品或其成分来源,是对产品之间组成关系的展开,其中组成关系描述了某产品所消耗的所有物料(王玉环和徐恩波,2004)。此外,Moe(1998)还根据食品可追溯体系实施范围的差异,将可追溯划分为企业内可追溯体系和企业间可追溯体系。不同学者也根据各自的理解对食品可追溯性进行界定,比如 Wilson 和 Clarke(1998)指出食品可追溯性是一个信息集合体,涵盖了农产品的生产历史以及从种植者到消费者餐桌整个过程的信息。Dalvit 等(2007)认为食品可追溯性是一个系统,使得在从农场到零售商的过程中,能够对动物及其产品进行识别和监管。赵智晶等(2012)指出食品可追溯性是一种能力,能够利用特定的程序严格对整个食品生产传递过程进行追踪并记录。Bosona 和 Gebresenbet(2013)指出,食品可追溯性是物流管理的一部分,即在食品供应链的各阶段获取、存储、传输关于食物、饲料、供肉动物充分的信息,对产品进行安全检测和质量控制,实现在任何时间能够向供应链上游追溯,向供应链下游追踪。Opara(2003)认为食品可追溯性是一种消费者信息反馈机制,通过先收集、加工以及传递供应链中所有食品相关信息,然后使用这些特别的信息记录方式来为消费者提供和产品原产地等相关的历史信息,其中包含种植、添加物质等。Saltini 等(2013)还认为食品可追溯性是一种全方位监督工具,通过对食品生产、流通、消费等的全程监督,实现对食品信息以及相应经营责任的追溯。

以上学者均强调食品可追溯性需要在产品的整个生命周期中,能够通过相关标识获取所需信息,记录和描述产品从生产、流通直到消费者餐桌的每次转移和处理活动。同时,食品可追溯性也是一种保存信息的系统,用于检索、追溯和追踪,使得在某个时点能够找到这些信息,并对产品质量进行监管,提高质量安全水平。针对不同产品,不同地区有各自的规制手段,因此追溯又可分为自愿性追溯和强制性追溯,自愿性追溯是指生产经营者可根据自身的意愿选择决定是否对其产品进行追溯,而强制性追溯则指生产经营者必须按照政府已制定的法规对其产品进行强制追溯。

为了保证产品的全链条可追溯,需要关注供应链上采购、生产、流通等各环节及节点企业的原材料、半成品或产成品的活动和处理轨迹。突出"供应链"的特性,能够更好地反映追溯信息的流动特点以及追溯模式的治理能力。因此,参照并总结前人的观点,本书将产品供应链可追溯界定为:在产品(尤其是食品)的生产、加工和流通过程中对特定的产品信息进行记录、存储并具有可溯源的能力。其包括单一的生产经营者在各自环节(如生产、加工、包装、存储、运输、销售等)独立完成的追溯以及各个环节的生产经营者通过合作完成的追溯。

(二)产品供应链追溯的意义

产品供应链可追溯是在供应链上形成可靠且连续的安全信息流,它对于监控食品生产过程与食品流向有很大意义,而且能够通过追溯来识别问题源头和实施召回(Regattieri 等,2007),有助于消除信息不对称并从根本上预防食品安全风险(Golan 等,2003b;Yoo 等,2015)。Hobbs(2004)把建立食品可追溯系统的意义归纳为事前质量保证(Pre-incident Quality Assurance,也称事前预警)与事后追溯(Post-incident Traceability)的基本功能。事后追溯是食品可追溯系统的基本功能,可以沿着追溯系统对问题产品实施有效召回(Smith 等,2005;徐芬和陈红华,2014),将安全问题引起的损失降至最低,并对出问题环节进行整改和惩罚,以确保食品安全(陈雨生等,2014)。事前质量保证是食品可追溯系统的另一功能(Golan 等,2003b),主要以标签形式展现食品的质量、原产地、动物福利、绿色生产等溯源信息,将食品安全的信任属性转变为搜寻属性,减少消费者的搜寻成本,在消除信息不对称方面能够发挥远大于事后追溯召回功能的作用(Hobbs,2004;Loebnitz 等,2015;Ortega 等,2011)。大量的研究表明,作为一个防范产品安全风险的信息工具,食品可追溯系统的价值能否有效实现,取决于事前质量保证与事后追溯召回功能是否能够较为完整地呈现(Aung 和 Chang,2014;Yoo 等,2015)。

除了保障食品安全、解决信息不对称、提高召回能力外,对于供应链管理而言,Golan 等(2003a)认为可追溯还可以提高供应链管理效率并实现产品差异化。周树华等(2011)认为食品安全追溯体系可通过企业库存系统整合,给企业带来更多收益。朱长宁(2015)发现追溯还可以降低农产品流通过程中的实体损耗和价值损耗。对于政府而言,实施食品安全可追溯可以使监管部门及时获取产品在供应链中的质量信息,减少监管工作量,并且可以通过有效的预警,为解决安全风险提供应对机制。对于消费者而言,信息不对称是引发食品安全问题的重要因素之一,而食品可追溯可以在企业和消费者之间搭建一座信息的桥梁,维护消费者的知情权,降低了两者之间的信息交流缺失。此外,通过可追溯来明确供应链内企业的责任,还可应对贸易壁垒(Holleran 等,1999)。总之,可追溯带来的不仅是经济效益和环境效益,更是超出于企业本身的社会效益,可追溯就是实现可持续发展的前提和方式。

(三)产品供应链可追溯系统

建立食品可追溯系统是实现食品可追溯性和透明度的基础保证。可追溯系统是指由政府强制或企业自愿建立的在产品供应的全部过程中对有关信息进行记录、存储的质量保障系统(Golan 等,2004b;Moe,1998)。作为预防食品安全风险的有效措施,它通过质量信号传递机制,在供应链上形成可靠且连续的信息流来监控食品的生产过程与流向,并通过追溯信息来识别问题和实施召回,为消费者提供所消费食品更加详尽的信息,解决或缓解食品市场的信息不完全和不对称问题(崔春晓等,2013),既能够提升企业的供应链效率与经济效益,在消费者愿意支付额外费用购买可追溯食品的情况下,结合已有的食品检验检测体系能够促进食品市场提供安全食品(Pouliot 和 Sumner,2008;Starbird 和 Amanor-Boadu,2006)。

食品可追溯系统强调设置唯一标识,需要确认食品加工、包装和存储的地点,以及供应链上的各节点企业,并对产品生产、流通全过程进行跟踪(Regattieri 等,2007)。对实施可追溯系统的产品,在其生产各个环节可实行 GMP(良好操作规范)、HACCP(危害分析和关键点分析系统)或 ISO 9001 等质量控制方法,对食品供应链上各环节的产品信息进行追踪与追溯。一旦发生食品安全突发事件,能够快速、有效地追溯到产品源头,及时处理、召回不合格产品,将损失降到最低。马汉武和王善霞(2006)指出可追溯系统主要有五大功能：确定责任主体、生产控制、产品召回、检验检疫和识别疫情。冯根尧（2009）将食品可追溯系统看作是技术和管理的统一体，目的在于通过对食品供应链生产和流通环节的监管实现商品信息的溯源和责任主体的追责。供应链可追溯系统包括属于供应链的全部节点企业及各节点之间的流通环节。

可追溯系统按照其投建主体一般分为政府主导型系统和企业主导型系统，按照溯源信息流动的方向划分为垂直可追溯系统（vertical traceability）和横向可追溯系统（horizontal traceability），按照是否存在于供应链条上划分为外部可追溯系统（external traceability）和内部可追溯系统（internal traceability）。垂直和外部的可追溯系统本质上是指政府主导下的可追溯系统，主要在供应链内多个节点企业之间彼此进行信息共享与交换，侧重在食品供应链各个节点企业之间对相关的食品信息实现交换及跟踪（刘彦平和解凡芮，2014）。而横向和内部的可追溯系统则是一种以企业占主导地位的可追溯系统，主要是在企业质量保证体系中充当该体系的一小部分，目的在于对企业产品品牌形象进行维护，对存在质量隐患的或假冒的劣质食品进行严厉打击（马汉武和王善霞，2006）。

Golan 等（2004b）认为可追溯系统是指在整个加工过程或供应链体系中跟踪某产品或产品特性的记录系统，并设定了衡量可追溯系统的三个标准，分别为广度（Breadth）、深度（Depth）和精度（Precision），其中，广度指的是可追溯系统所包含的信息范围，深度指的是向前或者是向后追溯信息的距离，精度指的是确定问题来源或者产品特性的能力。在此基础上，McEntire 等（2010）还提出了另一个指标——速度（Speed），即考察食品供应链中可追溯信息交换的速度。除了系统本身的属性，投入与收益、顾客服务、学习与发展也是衡量一个追溯系统能力的维度（郭伟亚等，2017）。

目前，可追溯系统已经在很多产品上实现并应用，如表 1-2 所列。

表 1-2　可追溯系统在不同产品上的应用

产品类别		研究文献
动物类	肉牛	(Barcellos 等，2012；Hobbs，1996；Lee 等，2011；Resende-Filho 和 Buhr，2008；Schulz 和 Tonsor，2010；Starbird 和 Amanor-Boadu，2006；Verbeke 和 Ward，2006)
	生猪	(Lu 等，2016；Madec 等，2001；Ortega 等，2014；Song 等，2008；Talamini 和 Malafaia，2010；Ubilava 和 Foster，2009；Wu 等，2017；Wu 等，2015a；Wu 等，2015b；Wu 等，2016；Wu 等，2015c；Zheng 等，2012)
	羊肉	(Donnelly 等，2009；du Plessis 和 du Rand，2012；樊宏霞，2017；张京京和李志刚，2016)

续表

产品类别		研究文献
	鸡肉	（Menozzi 等，2015；文晓巍和李慧良，2012）
	鸡蛋	（Liu，F. 等，2015a）
水产类	海鲜	（Bailey 等，2016；Hardt 等，2017；Lewis 和 Boyle，2017；Xiong 等，2016）
	养殖鱼类	（Borit 和 Santos，2015；Karlsen 等，2011a；Karlsen 等，2011b；Mai 等，2010；Ortega 等，2014；Sterling 等，2015）
蔬菜类		（Ahmed 等，2010；Alfaro 和 Rabade，2009；Liao 等，2011；Liu 等，2007；Pakurar 等，2015；陈丽华等，2016；叶俊焘和胡亦俊，2010；张兵等，2007）
水果类		（Canavari 等，2010；Liao 等，2011；Pakurar 等，2015；Xu 等，2012；张蓓和林家宝，2015）
酒类		（Exposito 等，2013；Giacomarra 等，2016）
茶叶		（Liu，X. 等，2015b；Wang 和 Yang，2015）
乳制品类		（Bai 等，2013；Charlebois 和 Haratifar，2015；Donnelly 和 Karlsen，2010；Narsimhalu 等，2015；Pant 等，2015；Yin 等，2017b；Zhou 等，2010）
中药材		（Lillywhite 等，2012）
非食用类		（Cheng 等，2013；Marconi 等，2017；Timmer 和 Kaufmann，2017）

资料来源：作者根据相关文献整理所得

可以发现，首先，动物类和水产类，尤其是前者的追溯系统技术实现受到最多研究者关注，因为他们往往与食源性疾病相关，追溯的迫切性和重要性最强。其次，动物类、水产类、蔬菜类和水果类的追溯系统研究较多，主要原因在于他们是消费者日常食用的产品，其质量安全是否有保证关系到生命健康问题，因此政府部门在主导追溯系统中也是倡导率先在这几类食品中形成试点和示范。最后，追溯系统的技术实现不再单单面向日常食品，其中药品，甚至服装也开始引入追溯系统，可以预测的是未来与消费者健康问题相关的产品都有可能引入追溯系统进行管理。

三、产品供应链追溯的研究与应用现状

企业作为承载溯源及食品安全责任承担的主体，其建立质量可追溯体系的行为，成为国内外学者关注的焦点、研究的热点，已有研究主要从建立的目的、动机、意愿及影响因素和建立的成本与收益等方面进行研究，尤其驱动力、

模式、成本效益以及绩效评价更是当前讨论的重点。企业是否具有驱动力来实施可追溯系统关系到产品全链条追溯是否能够真正展开,研究中小企业参与可追溯体系的动机和意愿仍然十分必要。产品供应链追溯在中国实施将近十年,也有不少企业参与到建设追溯体系的工作中,目前是否有形成能够推广的典型模式,值得进一步探索。成本效益是企业实施可追溯系统最迫切关心的问题,也是决定企业是否真正能够开展追溯的核心问题,受到学界广泛关注。绩效评价是考察一个追溯系统是否能够真正发挥效益的一种事后评价研究,也是这个领域还未有很多学者关注的焦点,本书将会讨论如何设计追溯系统评价的指标体系和相应的方法论。

产品供应链可追溯已在实际中完成了广泛的应用,尤其在欧美国家有将近 20 年的应用史,目前已形成几个主要的发展特征和趋势。首先,应用行业越来越广。上一节已经介绍可追溯系统在动物类、水产类、蔬菜类、水果类、酒类、茶叶、乳制品类和中药材的应用,而当前产品供应链追溯已经进一步应用到非食品,比如服装、稀土、汽车零配件等产品上。其次,由于经济和社会发展水平的差异,欧美国家较早在食品安全上立法,并引进了食品可追溯规范和体系。当前,产品可追溯思想开始被非发达国家,尤其是亚洲、南美等国家引入,而可追溯的研究也开始从发达国家转移到发展中国家的层面上。最后,从技术更新上,可追溯系统历经 20 余年,已经在技术上发生了革命性的改变,当前二维码技术和区块链技术开始成为热点,而追溯的技术还在进一步研究和发展中。

第二章　产品的可追溯体系

一、可追溯的法律制度

企业在提供食品的质量安全信息方面存在逆向选择和道德风险,政府的介入是必要的(Rouviere 和 Royer,2017;费亚利等,2011;刘增金等,2016a),学者们在肯定政府干预作用下,利用博弈理论(杨正勇和侯熙格,2016;赵荣和乔娟,2011)、公共选择理论(韩杨和乔娟,2009)等研究食品可追溯体系建设中的政府行为,以寻求达到一种更有效的资源配置状态,促进食品可追溯的有效实施。政府管制的总目标是实现社会公共利益(韩杨和乔娟,2009),食品安全是政府切身关心的事情,追溯是有效的治理手段。很多国家和地区已经将构建食品溯源体系上升到法律法规层面。表 2-1 回顾了国内外与食品追溯相关的主要监管机构和法律法规(Bonbled,2000;Tang 等,2015;邓瑜,2017)。政府不仅是政策制定者、引导者,也应该是可追溯系统建设与管理的参与者。

表 2-1　国内外食品可追溯体系建设内容

地区	主要监管机构	主要法律法规/制度	系统示例	系统类别
欧盟	欧盟健康和消费者保护总署 欧盟食品安全局 欧盟食品与兽医办公室	食品安全绿皮书 食品安全白皮书(2000) 第 178/2000 号法规 第 178/2002 号法规(核心) 第 852/2004 号法案 其他法规和条例	食品及饲料快速警报系统 牛肉制品追溯系统 转基因食品跟踪系统	所有食品 & 强制性
美国	食品安全检验局 FSIS 动植物检验局 APHIS 食品药品监督管理局 FDA 疾病预防控制中心 CDC 环境保护署等 15 个部门	联邦食品、药品和化妆品法(1938) 生物反恐法案(2002) 食品安全跟踪条例(2003) 食品追溯白皮书(2004) 2009 年食品安全加强法案 食品安全现代化法案	国家动物识别系统 NAIS 企业自建系统	部分追溯 & 自愿原则

续表

地区	主要监管机构	主要法律法规/制度	系统示例	系统类别
日本	食品安全委员会 农林水产省 厚生劳动省	食品安全基本法 食品卫生法 饲料安全法 家畜传染病法 农药取缔法 植物检疫法等	牛肉身份证制度	部分追溯 & 强制性
中国	农业部 商务部	上海市食用农产品安全监管暂行办法(2001) 食品信息可追踪制度(2002,北京商委) 制定了食品追溯相关的标准和指南(2005) "十二五"期间加快肉类蔬菜流通追溯体系建设的指导意见(2011)	肉类蔬菜流通追溯体系	部分追溯 & 强制为主

资料来源:(郑火国,2012)以及作者整理

(一)欧盟

1. 食品安全监管机构及职责

欧盟的食品安全监管实行欧盟和各成员国的两级监管制度。在欧盟一级,直接负责食品安全监管的机构有三个,分别是欧盟健康和消费者保护总署、欧盟食品与兽医办公室、欧盟食品安全局。其中,欧盟健康和消费者保护总署负责提出食品安全管理法规,欧盟食品与兽医办公室负责监督成员国和第三国是否遵守欧盟的食品卫生法及相关规定。2002年6月21日正式成立的欧盟食品安全局是一个独立的咨询机构,其主要职责是向欧盟委员会和欧洲议会等决策机构就食品安全风险提供独立、科学的评估和建议,并负责向欧盟委员会提出一切与食品安全有关的科学建议(钱永忠等,2010)。

2. 食品安全法律法规

欧盟的食品安全法律法规包括两个层次:第一个层次是以基本法为基础,相继颁布的食品安全领域原则性规定;第二个层次是在以上法规确定的原则指导下形成的具体措施和要求。目前,欧盟已经形成了以第178/2002号法规为基本法的食品安全法律体系,主要包括以下几个重要的法律文件:

（1）食品安全绿皮书

1997年4月，欧盟委员会发表了关于欧盟食品法规一般原则的"食品安全绿皮书"，对过去30年里欧洲共同体食品法规的变化趋势进行了总结。绿皮书认为，与各成员国的食品法规相比，欧共体层面的食品法规基本原则和职责要求不明确，法规内容陈旧、零散、缺乏核心，要求欧洲议会对立法框架进行改进。同时对食品立法的前景进行了咨询和建议，为欧盟食品安全法规体系建立基本框架奠定了基础。

（2）食品安全白皮书

2000年1月12日，欧盟委员会正式发布了"食品安全白皮书"。该白皮书是欧盟及其成员国建立食品安全管理机构及措施的核心文件，白皮书首次引入了"从农场到餐桌"的概念，明确指出要落实食物链中各参与主体的任务和责任。

（3）第178/2002号法规

2002年1月28日，欧盟第178/2002号法规正式发布，对食品和食品安全进行定义，并规定了食品安全法律的基本原则及要求，阐述与食品安全有影响事务的一般程序，明确了食品安全立法的总体原则和目标，设立了欧盟食品安全局进行食品风险评估和信息搜集，建立了食品安全问题监测预警系统。在欧盟食品安全相关法律体系中，(EC)178/2002是关于食品可追溯性最主要法规，明确规定在欧盟销售的所有食品都必须可追溯。该法规还提出了Trace Fish计划，主要目标是调查水产品供应链质量安全状况，编制水产品可追溯体系执行标准。

（4）食品卫生法规

2004年4月29日，欧盟公布了四个补充的法规，分别是《食品卫生》《动物源性食品具体卫生规定》《供人类消费的动物源性食品的官方控制组织细则》和《确保符合饲料和食品法、动物健康和动物福利规定的官方控制》，统称为"食品卫生系列措施"。

根据欧盟法律规定，各成员国必须将欧盟法律法规及指令转换为本国国家法律。一般来说，欧盟法律不具体规定各成员国履行义务的机构，各成员国可以根据其法律体系自行决定（孙键等，2017）。

3. 食品安全可追溯系统实施状况

欧洲早在1991年颁布的《欧洲有机法案》就要求为每一地块建立农药、肥料等的使用情况，以监控有机农产品的生产过程（方海，2006）。2000年7月，欧洲议会、欧盟理事会共同推出（EC）1760/2000法令《关于建立牛科动物检验和登记系统、牛肉及牛肉制品标签问题》，要求从2001年1月起欧盟及其主要成员国建立牛肉制品追溯系统（周峰等，2007）。2001年10月，欧盟委员会通过2065/2001号法规，规定自2002年1月1日起，所有进口水产品必须标明名称、生产方式和捕捞区域等信息，以保证产品的可追溯性。2005年1月欧盟进一步要求在欧盟内销售牛肉制品、生鲜水果和蔬菜都必须具备可追溯性，禁止不具备可追溯性的食品进口。

欧盟还开始尝试采用最新的科研成果增强食品安全可追溯系统的可靠性，例如尝试利用DNA标记技术提供动物制品的追溯。此外，针对转基因食品建立了专门的跟踪系统，要求转基因食品的参与者都要记录转基因食品生产加工过程的信息，且保存时间在5年以上。

（二）美国

1. 食品安全监管机构及职责

目前，美国联邦政府共有15个部门涉及和参与食品质量安全管理，但主要包括农业部下设的食品安全检验局（FSIS）和动植物检验局（APHIS），卫生部下设的食品药品监督管理局（FDA）和疾病预防控制中心（CDC），环境保护署在食品质量安全监管中也承担着重要角色。另外，国土资源部（DHS）、商务部和国防部等，以及农业部下的农业研究署（ARS）、农业市场署（AMS）、经济研究署（ERS），卫生部下的国家卫生研究所（NIH）等与各州和地方政府相关部门配合，形成食品安全管理网络（潘晓芳，2005）。美国食品安全管理机构有三大明显特征：纵向三级（联邦层面之上、联邦层面、州和地方政府层面）运作、横向（联邦层面）多部门联合、"产品管理为主、分段管理为辅"职能划分。联邦层面之上的管理机构是由各部长组成并直接受总统管理的高级决策层，例如，1997年，克林顿政府发起"食品安全运动"，并于1998年成立"总统食品安全委员会"，负责协调美国的食品安全工作。联邦层面的管理机构包括农业部、卫生部、环境保护署和其他联邦政府相关部门。农业部的职责是农产品的理性监测和抽查、进出口动物疫病和植物出入境检疫、产品生产卫生许可和包装标识管理、HACCP体系执行、相关危害风险评估及风险管理等。主管食品安全职能的是食品安全检验局和动植物检验局。卫生部主要职能是人类疾病监控，防止传染病、食源性疾病等爆发和流行，负责人药和兽药登记管理，与食品安全相关的下属机构是食品药品监督管理局和疾病预防控制中心。环境保护署主要负责制定农药、环境化学物在不同产品中以及安全饮用水的限量和有关法规,公布杀虫剂的安全使用指南;预防有毒物质和废物进入环境和食品链。州及地方层面管理机构需要在相关食品质量安全重大事务上密切配合,做到信息传递畅通、决策执行到位。

2. 食品安全法律法规

美国食品安全立法始于 1906 年《联邦食品和药品法》的颁布与实施,最具里程碑意义的是 1938 年颁布的《联邦食品、药品和化妆品法》。上述两部法规对美国乃至全球食品安全立法具有深远影响,为美国食品安全监管体系的形成和走向奠定了基础(方海,2006)。

到目前为止,美国已制定和修订了 35 部与食品安全有关的法规,主要法令有以下几部:

(1)综合型基本法律

《联邦食品、药品和化妆品法》将食品、药品和化妆品管理授权给食品药品监督管理局,明确规定,除肉、禽和部分蛋类归食品安全检验局管理外,其他所有国产和进口食品的生产、加工、包装、储存,以及新型兽药、饲料和食品添加剂的销售许可,都由 FDA 监管。该法对加工生产环境和卫生条件、企业资质认证;对标准监管程序;对掺假、贴错标签食品,紧急召回的食品的控制等内容都作了详细规定。

《食品质量保护法》对食品中最高残留限量做出明确规定。该法规定,对于未经环境保护署登记许可、不符合农药最高残留限量标准的农产品和食品不得进入美国境内销售。

(2)监管类法律

《禽类产品检验法》《联邦肉类检验法》《蛋类产品检验法》等监管类法律规定:确保销售给消费者的肉类、禽类和蛋类产品是合乎卫生,防止掺假,并进行正确标识和包装。只有通过美国农业部检验检疫合格的肉类、禽类和蛋类产品,才允许在美国境内运输和销售。

(3)补充性法律

在美国,还有一些法律是由于发生了重大的食品安全事件而制定的。2009 年 1 月美国加州发生了沙门氏菌污染花生酱导致 9 人死亡的事件,2009年 7 月 30 日,美国众议院通过了《2009 年食品安全加强法案》,该法加强对食品加工厂商的检查与监督,提高食品药品监督管理局的权限,包括赋予该机构制定农场初级原料生产标准和召回追溯系统、强制召回受污染食品、扣留不安全食品、限制或禁止来自某个地区的不安全食品流通,以及就可能违规情况索取相关数据等。此外,由于在美国连续爆发的严重食源性致病菌导致的食品安全事件,2009 年 3 月 3 日通过了《FDA 食品安全促进法》。

3. 食品安全可追溯系统实施状况

2002 年通过的"生物反恐法案",即《公共卫生安全和生物恐怖准备与反应行为》,将食品安全上升到国家安全战略的高度,提出"从农场到餐桌"的食品风险管理(方炎等,2005)。2005 至 2009 年,美国通过国家动物识别系统(National Animal Identification System,NAIS),逐步实现全国范围内动物养殖、加工、运输的可追溯管理,NAIS 包括三个核心环节,分别是养殖场注册、动物标识和信息跟踪。动物养殖场向各州提交相关信息以获得唯一的养殖场编号;已注册的养殖场从官方获取动物识别标签,并向 NAIS 数据中心提交养殖过程信息;由于养殖、加工、销售等因素导致的位置变动,所涉及的养殖场编码、屠宰场编码、动物标识,以及转运信息及时更新到数据库中。

(三)英国

1. 食品安全监管机构及职责

在英国,食品安全监管在中央一级,具体负责部门是环境、食品及农村事务部和食品标准局,地方各郡、区设立相应的机构,采取垂直管理的模式。涉及食品质量安全监管的部门主要有环境、食品及农村事务部(DEFRA)和食品标准局(FSA)。依据《食品安全法》(Food Safety Act 1990)的规定,英国的食品安全监管职能设在原农业渔业及食品部(MAFF)。1999 年 12 月英国中央政府机构改革后,农业渔业及食品部更改为环境、食品及农村事务部。在食品安全方面,DEFRA 的职责是确保食品供应的可持续性、安全与健康,负责农药和兽药监控,参与农业标准和农产品标准的制定、监督及管理。1999 年 11 月,英国议会通过《食品标准法》(Food Standard Act 1999),决定成立一个独立的食品安全监督机构——食品标准局。食品标准局是最重要的食品质量安全监管部门,于 2000 年 4 月开始运作,主要负责从农场到餐桌全过程的所有食品安全和标准方面的事务,包括四个方面:一是制定或协助制定食品政策和条例;二是向政府提交食品安全的建议、向公众发布有关食品安全的信息,通过严格的实施和有效的监管保护消费者;三是搜集并审查与食品有关的信息,对食品、食品原料、饲料、饲料原料的生产、流通和使用进行观测;四是监督、评估和检查其他食品安全监管机构的执法活动。

由于英国农业以畜牧业为主导的农业结构特点,肉类卫生局(MHS)是食品标准局的一个重要执行机构,其主要工作是向所有已登记注册过的肉类企业提供肉类检查服务,以保证肉类产品的卫生和被屠宰动物的福利(钱永忠, 2010)。

2. 食品安全法律法规

英国的食品安全法律法规和技术标准基本照搬欧盟的相关规定。在坚持基本原则的基础上,对于一些具体问题,根据国情制定了具体的法律法规,主要包括:

(1)食品安全法

1990 年颁布的《食品安全法》建立在以往食品安全和消费者保护的法律基础上,并对其进行了修订,是英国食品安全监管的一部主要法律。该法律专注于基本原则,涵盖了与食品相关的商业活动、食品来源、食品接触材料等,覆盖了从初级生产到配送、零售和餐饮的整个食品链。

(2)食品标准法

1999 年发布的《食品标准法》是英国食品安全监管的另一部重要法律。依据该法律,建立了食品标准局,界定了食品标准局的职能和权力。该法律修订了关于食品安全和涉及食品的消费者利益的法律,制定了关于食源性疾病监测通报及动物饲料的条款。

(3)食品卫生条例

2006 年,英国在欧盟 852/2004 法规的基础上制定了《食品卫生条例》,该条例着眼于制定食品的基本卫生原则,重点是如何确定并控制食品制造和销售中各个环节的安全风险,同时,制定了对所有食品企业及运营者的基本卫生要求,明确设置了食品企业安全生产的职责。

(4)其他专门性法规

对于食品安全某些特定的领域,英国也制定了相应的法律法规。2003 年出台了《英格兰肉制品条例》,该法规在 2008 年修订为《英格兰肉制品条例(修正案)》。农药残留是食品安全监管的另一个重点,英国也制定了一系列规定,1952 年制定的农药管理法,经过多次修订,到现在内容日趋完善。在英国,农药的储存、供应、广告宣传、销售和使用必须依照 1985 年颁布的《食品与环境保护法》、1986 年的《农药管理条例(修正案)》和《农药最大残留量条例》进行管理。现行的《农药管理法规》是在欧盟相关法规的基础上进行了补充和完善(涂欣,2008)。

3. 食品安全可追溯系统实施状况

英国建立了基于互联网的家畜跟踪系统(Cattle Tracking System,CTS),

该系统是家畜标识与注册综合系统的四大核心要素之一。家畜的饲养记录都被记录在 CTS 系统中,以便于定位和跟踪(浩锐,2006)。家畜标识与注册系统的四要素包括标识、农场记录、身份证和家畜跟踪系统(殷俊峰等,2008)。标识是指每头家畜都有唯一的编号,一般通过耳标标识;农场记录是指农场详细记录了家畜出生、转入、转出、死亡的所有详细信息;身份证是指对于 1996年 7 月 1 日之后出生的所有家畜,必须建立身份档案;家畜跟踪系统记录了拥有身份证的家畜从出生到死亡整个阶段的转栏信息。通过 CTS 在线网络,农场主既可以登记注册新的家畜,还可以查询其拥有的家畜信息。

(四)日本

1. 食品安全监管机构及职责

为理顺食品安全管理体制,日本不断重组和整合部门,目前已形成食品安全委员会、农林水产省、厚生劳动省三方协同的监管体系(孙杭生,2006)。厚生劳动省是食品安全的风险管理机构,其主要职责是执行《食品卫生法》;根据食品安全委员会的评估鉴定结果,制定食品添加剂、药物残留限量标准;执行食品加工卫生管理;监督指导本国及进口食品流通过程的安全管理(孙杭生,2006)。

2. 食品安全法律法规

日本食品安全管理的历史较长,相应的法律、法规体系比较健全。与食品安全相关的法律法规主要有《食品安全基本法》《食品卫生法》《饲料安全法》《家畜传染病法》《农药取缔法》《植物检疫法》《KJAS 法》等。

(1)食品安全基本法

2003 年 5 月颁布,2007 年 3 月最后修订的《食品安全基本法》是在疯牛病及各种食品安全事件频发的背景下制定的。该法以保障食品安全、保护公众健康为目的,首次将风险分析的科学方法引入食品安全管理工作,明确风险评估及风险交流的主要职能,提出食品产业链各环节全程管理的理念。

(2)食品卫生法

《食品卫生法》以防止饮食引起的健康危害、保护公众健康为出发点,从公共卫生角度制定的法规。包括两个方面的规定,一是制定食品规格标准、设施标准、管理操作标准和标识标准;二是进口检查和国内食品经营检查。

(3)其他法律法规

在具体的食品安全管理领域,主要依据《农药取缔法》《药事法》《家畜传染病法》《饲料安全法》《KJAS 法》《植物检疫法》等对农药登记与销售、兽药生产与销售、人畜共患病防疫、饲料生产与销售、制定并监督实施JAS(日本有机农业标准)等进行管理。为了确保这些法律法规的实施,日本还制定了一系列相关的强制规章,为标准的制定实施、食品质量检测检验奠定基础。

3. 食品安全可追溯系统实施状况

为应对疯牛病,日本于2001年建立了肉牛可追溯系统。2002年5月,日本政府制定了"牛肉身份证"制度,消费者通过互联网,即可获知牛的品种、养殖、屠宰以及流通过程信息。2002年6月,日本将食品追溯系统延伸至大米、牡蛎产业,消费者通过大米包装上的电子标签可以了解大米的产地、生产者、生产过程中使用农药和化肥,以及加工等具体信息(于维军,2004)。日本国会于2003年6月立法通过了《牛个体识别信息管理及联络特别措施法》,其中规定了牛肉销售履历表制度,要求自2003年12月1日起所有牛肉包装必须具有八大内容的履历表。

二、可追溯的重要产品类别

根据国务院办公厅颁布的《关于加快推进重要产品追溯体系建设的意见》(国办发〔2015〕95号)的要求,当前可追溯的重要产品包括食用农产品、食品、药品、农业生产资料、特种设备、危险品、稀土产品。要不断提升生产经营企业的追溯意识,鼓励并推动其加快建设所经营产品的追溯体系,并进一步改善追溯体系建设市场环境。本书的研究主体主要面向食品和药品的追溯体系,以下将主要介绍几类具体的产品。

(一)肉类

肉类制品的消费量随着经济社会发展,呈现出明显的增长态势,2017年我国生猪存栏量超过4.3亿头,猪肉生产超过5300万吨,较2016年水平有所下降,这是由于国家主动调控猪肉生产过剩产能,强调环保在生猪养殖中的重要作用,关闭不符合环保要求的养殖企业。与此同时,国际猪肉价格却持续走弱。国内肉制品加工企业均面临着转型压力,以质量管理为主要转型策略的肉制品生产企业在未来将获得长足发展。完善肉制品供应链全程质量管理,将掌握危害肉制品质量的关键环节中的关键信息进行采集监控,如养殖阶段养殖投入品使用信息、质检信息、屠宰配送环境信息、销售场所环境信息等,掌握肉制品从养殖到消费全过程关键危害控制点的关键数据信息,一方面能够向消费者提供优质肉制品,另一方面能够促进企业转型,提高利润。

猪肉质量安全可追溯体系应是对整个或一部分猪肉供应链的质量安全信

息的全程可追溯,可以包括对繁育、养殖(含兽药、饲料和饲料添加剂)、屠宰、加工、储藏、运输、批发、零售、餐饮消费等与猪肉供应有关的所有生产经营环节或某一些环节的质量安全信息做相关记录,且每一个环节的信息应互通互联,以便在出现质量安全事故时可以查明原因、界定责任主体,及时召回不安全产品,减少损失。猪肉质量安全可追溯体系在市场上扮演了第三方传递产品质量信息者的角色,起到了沟通生产者、消费者和政府监管部门的媒介作用。可以将养殖使用的饲料、兽药、免疫及屠宰、流转过程的信息传递给猪肉加工企业和消费者,将猪肉的信用品特性通过信息标识转化为搜寻品特征,让消费者明白消费、放心消费。同时,由于消费者按质论价,也有利于督促猪肉生产企业诚信经营、落实食品安全责任、提高质量管理水平、树立品牌形象。通过实施可追溯管理,也可以将私屠滥宰、病害猪肉阻挡在市场之外,有利于定点屠宰企业扩大规模,提高市场占有率和经营收入,提高定点屠宰企业实施追溯的积极性和有效性,因此政府很有必要实施猪肉质量安全可追溯体系来提高全社会的猪肉质量安全水平。

(二)果蔬类

果蔬作为人体重要的营养来源,其果蔬质量安全与民众身体健康息息相关,然而我国果蔬品质量安全存在不少问题,如农药残留、劣质化肥过度使用、果蔬园重金属污染等问题,致使果蔬产品质量无法保证,而且果蔬出了问题,也很难追踪与溯源到具体环节或具体责任主体,为此国家从 2010 年起就开始在全国范围内推行果蔬产品的可追溯体系建设。

当前,果蔬产品质量追溯功能实现的关键环节包括信息采集、信息传递、信息载体和信息查询四个方面。信息采集是实现追溯的基础,质量追溯需要采集的信息主要包括农产品个体(批次)信息、生产过程信息、投入品使用信息、生产者信息、产地信息等。当果蔬在市场上流通时,上游生产经营主体采集到的信息还需要准确无误地传递到下游生产经营主体,实现信息传递和交换的无缝对接。否则,任何一个环节断了,整个链条就断了,也就无法实现追溯。在信息传递过程中,需要有信息载体来承载所采集到的信息,以便于信息在各个主体之间的传递和交换,追溯功能的实现还需要公共信息平台,便于果蔬产品质量信息的汇集和查询。要完成对果蔬产品追溯管理,必须对其核心的生产、加工配送、销售和消费者关注果蔬产品信息建立必要的基本信息库,以便完成安全追踪与追溯。果蔬质量追溯系统的推广对企业生鲜农作物的生产进行了有效的监督,间接地提高了生鲜农产品的质量,也可以减少食品安全事件的发生。

（三）药品类

确保全球药品供应链的完整性和安全性是医疗服务全球化面临的最复杂和最具挑战性的问题之一，假药等问题药品在供应链中的流通是患者安全面临的潜在风险因素。伴随我国医药行业的迅猛发展，"齐二药""欣弗"等重大药害接连发生，暴露出我国药品生产、流通、使用环节的监管漏洞，因此亟须建立一套药品追溯体系，有效打击假劣药品，保障药品供应链安全。

药品生产经营企业是药品信息化追溯体系建设的责任主体，由药品生产经营企业构建的药品追溯系统，是药品信息化追溯体系的核心和基础。药品信息化追溯体系需要药品追溯系统承载，药品追溯各参与方的追溯需求也都要通过药品追溯系统来具体实现。2018年11月1日，国家药品监督管理局正式下发了《关于药品信息化追溯体系建设的指导意见》，明确药品上市许可持有人和生产企业承担药品追溯系统建设的主要责任，药品经营企业和使用单位应当配合药品上市许可持有人和生产企业，建成完善药品追溯系统，履行各自追溯责任。在具体实施上强调"一物一码，物码同追"和"链条追溯，形成闭环"，因此在建设药品追溯体系上，药品流通企业面临着新的标准和要求。随着药品互通互联追溯体系的建立和完善，将最终实现药品流通全过程来源可查、去向可追，有效防范假劣药品进入合法渠道，确保发生质量安全问题的药品可召回、责任可追究。

（四）乳制品

"乳品可追溯体系"，即对乳品供应链各环节的所有相关信息加以登记、存储，并实现查询的质量保障体系。建立乳品可追溯体系有其固定的步骤，通过观察、登记、检查、取样、检验等方式来确保消费者需求的所有乳品信息的真实准确性，并把这些信息运用某种科技手段"汇聚"在乳品的可追溯标签中，也就是给每个乳产品都加配一个"身份证"。乳品可追溯体系使乳品具备可追溯性，以便于在整个供应链中对乳品的流向及属性特征进行跟踪，从而对整个供应链过程加以监控与管理，一旦出现乳品质量问题，可以迅速反应，查明问题来源，免除更大的损失与危害，必要时展开召回并对违规行为进行严厉惩治，以此来提高乳品质量水平。乳品质量安全控制应当布局在产品供应的全过程中，从上游饲料种植加工、奶牛的养殖、原料奶的收集等再到中游乳品的加工、储存、运输，最后到下游贸易，都要进行信息的记录传递，要保证最终消费者手中的乳品都能实现全程各环节信息可追溯。因而，乳品可追溯体系既可以作为乳品质量安全保障体系,也可以作为很有效的乳品供应链信息管理体系,又可以作为身份储存体系,无论对于生产者还是消费者都是很有意义的。

可追溯乳品,即在乳品供应链的整个过程中,各相关责任主体都要建立乳品可追溯体系,按照可追溯要求的方式进行乳品制作加工,登记并对各有关信息加以传输,运用标识手段把原料乳来源、制作加工过程、存储条件、检验检疫等可追溯信息置入可追溯标签中,以供查询之需,从而使该乳品具有可追溯性。跟普通乳品对比,可追溯乳品的主要特点体现在以下几个方面:(1)消费者能够经由可追溯乳品上的可追溯标签查询该乳品的所有相关信息,了解其质量和安全性;(2)可追溯体系可以确保乳品安全,且对其的建立与维护需要一定的成本,因此,可追溯乳品的质量安全一般说来要优于普通乳品,同时,其价格也要比普通乳品贵;(3)一旦该乳品发生质量问题,各相关企业及监管单位可以通过可追溯信息对问题来源进行快速定位,必要时加以召回,防止问题产品扩散,把损失降到最低。

(五)水产品

水产品质量安全是食品安全的重要组成部分,关系到人民的身体健康,影响着经济发展和社会稳定。近年来,水产品食物中毒事件频频发生,水产品因药物残留过多出口被拒的现象更是屡见不鲜。因此,水产品质量安全问题关系国计民生,引起了相关部门以及社会各界的关注。水产品质量安全可追溯体系通过记录水产品在生产、运输、加工、流通及消费等过程的详细信息,并将这些信息通过各种途径公开、公示,接受社会各界监督,使产业链上的所有主体都能全程了解到产品全部信息,有效保障了水产品的质量安全。

水产品质量安全可追溯体系包含追踪和追溯两个层面的含义,追溯主要用于水产品出现质量安全问题时进行责任追查、问责并及时将问题产品召回。建立合理有效的水产品质量安全可追溯体系,是提高水产品质量安全管理效率的重要途径之一。我国水产品质量安全可追溯体系建设刚刚起步,处于初级阶段,存在诸多问题,需要社会各界通力合作。在法律法规和政策支持方面,我国逐步提高了水产品可追溯监管的作用,已经颁布并实施了水产品质量安全可追溯相关的法律法规。中央政府和地方政府都非常重视通过法律法规的建设来推进水产品质量安全的治理,这些法律法规的颁布并实施,有力地推动了我国水产品可追溯体系的建设。我国食品和水产品安全管理有关监管机构也积极地推动水产品安全的行业标准体系建设,并取得了一定的成效。这些行业标准直接或间接地推动了水产品质量安全可追溯体系的实施。

（六）酒类

近年来,假冒伪劣现象日益泛滥,严重影响了正规企业的生产经营,扰乱了市场经济秩序。这其中最为猖獗的就是酒类造假,由于假酒的成本较低,一旦假酒鱼目混珠进入市场后,不法分子就会从中获取高额利润。假酒不仅损害企业的利益和信誉,而且给消费者的生命安全造成了严重的伤害。构建酒类质量安全追溯系统,是提高酒类质量安全的重要方式和手段。酒类质量安全追溯系统是一个涉及酒类的生产包装、仓储、配送运输、销售等全过程各环节的信息追溯平台,该系统关乎生产厂家、仓储中心、配送中心、销售者、政府监管部门和消费者在内的所有实体的切身利益。酒类生产企业在可追溯体系实施过程中,应梳理产品供应链覆盖的环节,按酒类生产流程中的主要环节规范追溯信息记录。酒类安全追溯过程中需要重点记录的环节至少包括:原料、发酵、贮存、稳定性处理、灌装、成品,以及食品添加剂、食品工业用加工助剂和包装材料、原酒。

三、可追溯体系建设的实践经验

（一）实践经验

1. 欧盟

欧盟的食品追溯制度的建立源于屡次爆发的"疯牛病危机",为此,欧盟分别于 2001 年推行鱼类产品的可追溯建设,2003 年出台政策要求转基因食品进行个体标识,并具备可追溯功能,2004 年开始建设蛋制品产销档案制度,2005 年 1 月颁布法令《食品法》,明确要求境内销售的牛肉、水果和蔬菜等食品必须建立食品可追溯系统。

欧盟食品可追溯体系的建设是以政府主导为主,以立法的形式推动食品可追溯体系的建设。食品追溯技术手段不断推陈出新,相关的理论体系研究也是与实践紧密结合,条码技术、自动识别技术和生物技术针对不同的追溯对象都有了较为广泛的推广。

2. 美国

美国建立食品追溯制度的动机有两个方面,一则应对日益频发的食品安全事故,二则出于生物反恐的考虑,将食品质量安全上升到国家战略需要的高度。在食品追溯体系的建设机制上,美国的建设方式以企业自建为主,政府强制为辅。国家针对动物产品的生产流通发布原产地标识要求,并建设了国家动物产品的追溯系统,对于其他食品的可追溯性建设则强调市场需求的导向,鼓励企业自主开发建设贯穿食品供应链的可追溯系统。在建设的范围上聚焦于供应链的上游环节,强制要求产地和生产企业建立食品可追溯体制,并明确规定产地种养殖环节标签标识的具体要求。

在建设的手段和方法上,美国政府力推食品行业采用 RFID 射频识别技术作为个体标识载体的追溯技术。同时,强化动物养殖和加工环节的质量安全管控,例如,建立 PQA(Pork Quality Assurance,猪肉质量保证)体系解决生猪药物残留超标的问题,在食品加工环节采用 GMP(Good Manufacture Practice,良好作业规范)和 HACCP(Hazard Analysis And Critical Control Point,危害分析和关键控制点)体系认证,加强质量监管。

3. 日本

日本为了应对国内屡禁不止的食品质量安全事故,顺应民众对食品企业加强监管的呼声,从欧盟引入了"食品可追溯制度"。

2003 年开始,日本建立了牛肉的追溯系统,对饲养的牛只编码赋予身份,记录牛只流向信息。从 2005 年开始将可追溯的对象由牛只向其他肉制品和蔬菜、水果、水产品推广。到 2010 年,日本对国内的食品基本建立了可追溯体系。以农产品为例,它是以行业组织为主导力量,强制其成员农户对农产品生产的各个种植信息进行记录,并建立相应的产销档案,为每种农产品施加唯一的标识码,生成基础数据库。食品供应链的下游节点企业会将流通销售的相关信息添加在对应标识农产品的产品数据库中,终端消费者凭着标志码就可以获得产品的向上溯源信息。

4. 中国

相比西方国家,我国的食品追溯建设起步较晚,但是最近几年建设力度开始加大,追溯的品种也日益多样。在动物产地的监管方面,我国于 2006 年发布了新的《畜禽标识和养殖档案管理办法》,同时废止 2002 年施行的《动物免疫标识管理办法》,新办法对畜禽的标识、养殖档案管理、信息管理、监督管理作了明确规定,并对动物耳标的设计规格和规范做出了明确要求。同时,对水产品和水果的可追溯建设以企业为主导逐步建立了起来。

在食品追溯系统的试点建设方面,2011 年财政部和商务部联合下发公文开展肉菜流通追溯体系建设的试点,对建设的原则、流通环节节点的设计及配套的标识载体做出了总体概括,为各地具体地开展活动提供了指导。商务部先后分三批确定了肉菜流通追溯体系建设的试点城市,总计达 35 个城市,覆盖我国东部、中部和西部的大中型城市,目前,试点城市的建设正在有条不紊地进行,辐射效应逐步显现。

(二)经验启示

欧美等发达国家食品可追溯建设起步较早,总体呈现如下几方面的特点:第一,这些发达国家的农超对接一体化程度高,导致依托于供应链的食品可追溯的长度大大缩短,源头监管的重要性便凸显了出来。第二,以企业自主建设内部食品可追溯系统为主,国家主导的区域性食品可追溯系统为辅,后者更偏重技术、政策法律等方面的规范和引导。第三,食品可追溯的技术手段和标识载体不断推陈出新,食品可追溯技术依托于食品原料生长的不同情境趋向于精细化。

纵观我国的食品追溯体系建设,是以政府为主导力量的,而现有的食品供应链的监管是"以分段监管为主、品种监管为辅",这体现在可追溯建设中就是我国食品追溯体系的建设集中在流通环节,产地作为食品原料的来源并未纳入其中,人为地将食品供应链的可追溯体系进行割裂,可追溯功能的发挥受到影响。未来全食品供应链的监管,或者将流通环节的可追溯体系与产地的追溯系统进行无缝对接势在必行。

第三章 产品供应链追溯的模式

一、供应链追溯模式的划分

Golan 等(2004)将食品质量安全可追溯体系从建设主体上分为两种类型,分别是企业自愿可追溯体系和政府强制可追溯体系。企业自愿建立可追溯体系的前提是收益大于成本,在市场失灵的情况下,企业供给的可追溯性低于社会期望水平,政府强制实施食品安全可追溯是对市场失灵的补充。与企业自愿可追溯体系不同,政府强制可追溯体系具有强制性、普惠性、间接性的特点(陈红华等,2017),如表 3-1 所示。强制性是指政府通过制定政策法规和技术规范,强制要求企业实施可追溯,是一种政府意志的体现。这就决定了要保持体系有效运行,一方面,政府制定政策法规要考虑操作性和可行性;另一方面,执法要严格,防止企业的机会主义。普惠性是指对实施范围的所有企业和消费者一视同仁,没有差异。企业必须按要求执行,不执行就会受到处罚;所有的消费者都可以通过可追溯体系查询质量安全信息,享受信息服务带来的便利。间接性是指政府要通过企业实施可追溯,政府自身不能完成可追溯体系的建设和运行。而企业自愿实施的产品可追溯体系具有自愿性、差异性和直接性的特点。在面临的风险上,政府强制性体系可能出现政府失灵,由于信息不对称、政府执法监督不到位可能出现企业道德风险,造成可追溯性效果达不到预期目标;企业自愿实施的产品可追溯体系可能出现市场失灵,表现为企业提供的可追溯不能满足社会需要。

表 3-1 政府强制和企业自愿建立产品可追溯体系的特性比较

指标	政府强制可追溯体系	企业自愿可追溯体系
参与方式	强制性,通过政策法规强制约束企业实施。	自愿性,通过企业自身或自愿缔结契约合同实施追溯。

续表

指标	政府强制可追溯体系	企业自愿可追溯体系
参与范围	普惠性,对政策法规范围内的所有企业和消费者一视同仁,没有差异,实施的目的是保障质量安全,提高全社会质量安全水平。	差异性,企业根据自身实际和目标市场决定可追溯的广度、深度、精度,实施的目的是细分市场,获得溢价、扩大市场份额,针对的消费人群是高收入者。
参与主体	间接性,政府只能通过企业实施可追溯,企业可能出现道德风险,政府可能监管不到位。	直接性,企业自身实施,可能对市场出现欺骗性。
预期风险	政府失灵	市场失灵

　　功能定位不同,可追溯体系的构成结构不同,广度、深度、精度不同。如企业自愿建立的可追溯体系以获得超额利润、提高企业知名度、扩大市场份额为目的,可追溯的信息广度、深度、精度的范围取决于需要投入的成本和预期的收益,只有在净收益为正的情况下,企业才可能自愿实施可追溯,通常企业提供的追溯达不到社会期望水平(Golan等,2004)。由于我国市场体系不够发达,企业诚信体系不够完善,消费者对企业提供信息的信任度不高,造成了企业自愿实施可追溯的积极性不高,需要政府的强制介入。政府强制性可追溯体系也因监管体系建设的主体不同,宽度、深度、精度有所不同。以猪肉为例,农业部门主要负责养殖环节的质量安全管理,要求实施生猪繁育、饲养到屠宰环节的疫病防治和质量安全追溯;商务部门负责流通环节的管理,则要求实施对生猪屠宰、批发、零售等流通环节的质量安全追溯。上海等城市从界定企业质量安全责任出发,实施企业责任主体追溯;而成都市等则从质量安全管理出发,实施主体和客体同步追溯。这种分部门、分地区的可追溯管理方式与我国猪肉生产经营的大市场、大流通要求不符合,需要建立全国统一的、适应我国猪肉生产经营方式的技术标准和运行管理模式。

二、政府主导型模式

(一)供应链结构特征

　　首先,该模式下溯源信息的流动方向是"辐射状"的扇形结构,如图3-1所示。

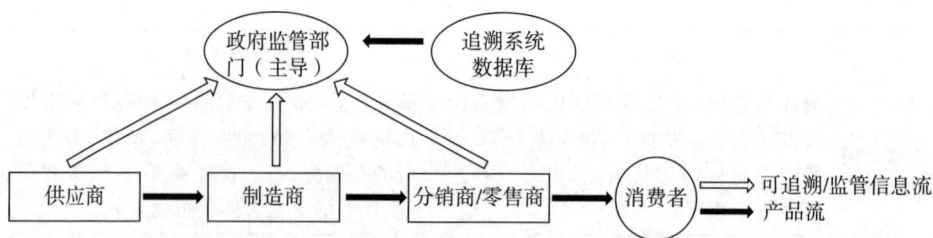

图 3-1　政府主导型模式的追溯结构图

　　在这种运作方式下,政府独立于产品供应链,与供应链各个成员没有贸易往来,能够促成他们达成溯源合作的主要原因在于政府的强制要求和供应链成员的主观意愿。除了企业主动加入的行为外,政府会强制要求一些企业必须参与政府追溯系统,这些企业将按照政府制定的标准提供可以与政府追溯系统对接的数据库。对于这些企业,政府是有约束力的。但是由于政府系统无法应对和管理越来越多的企业和产品,对不同产品不能因地制宜,而只是提取共同的一些质量数据,系统的追溯能力和效果也十分有限。在这个系统下,另外一个问题是除了被强制要求纳入追溯体系的企业外,对于规模小而分散的农户、合作社或零售门店,政府系统显得比较无力。事实上,这些主体独立建立追溯系统的能力几乎没有,他们若是要实施追溯,只能依靠政府、第三方或者供应链其他成员。采用政府系统,无疑可以获得系统的追溯规模效益,降低整体的追溯成本。

　　在信息交换上,供应链企业是各自独立与政府追溯系统进行数据交换的,而非通过上下游间接联系的。独自传输数据一方面可以迅速获取某个环节的追溯信息,方便传输给政府系统,获取统一的数据编号和追溯码;另一方面,可以避免下游企业盗取上游的渠道信息。信息流是单向汇聚的,汇聚增加了一条供应链完整追溯的难度,因为需要协调足够多的成员,如果该产品链很长且密度很大,那无疑很难实现全链条追溯,当然政府追溯平台出现的目的最主要在于弥补成员间权力和能力不足以成为追溯的建设者和协调者的问题,所以政府追溯平台可以更有效地整合规模较小的企业参与追溯,降低供应链企业参与追溯的成本。

　　但是从溯源信息收集的角度看,要完全搜集每个企业的信息是很难的,前提在于这些企业或者农户愿不愿意加入政府追溯平台。考虑到不同供应链企业所能提供的追溯信息的能力不同,当前政府平台所设立的追溯信息的宽度和精度都不是很高,这样一定程度上弱化了追溯的能力,但是降低了企业成员在追溯上的负担。尽管如此,当前不少供应链,往往只有一到两个成员加入追溯体系,尤其在供应和制造端的企业更多,物流和零售端的企业往往不会加入政府平台,这也是当前政府平台往往只能提供产品源头信息而不能有效提供产品渠道和终端信息的原因,但是至少供应和制造商完成了追溯,并赋予产品追溯码,只要下游没有改变这个追溯码,那产品还是有能力实现召回的。

在强制性的可追溯系统中,政府为主导主体,企业为被监管主体。每个主体都由两个平台(外部消费者平台、内部监督平台)组成,其中内部监督平台由五个子系统(法律法规标准系统、标签系统、维护系统、档案系统、质量安全监督系统)组成。政府主体的供应链可追溯系统分为两部分:一部分是面向用户的公共平台系统,一部分是面向企业的监管系统。公共平台系统用于接收消费者反馈以及发布对企业的抽查、监管管理等信息,发布信息来自政府相关部门,权威可靠,能够提高消费者对食品安全的信心。用于监管的系统,用于核查供应链中各个企业的可追溯程度以及真实性,这个系统和企业系统相连,实现同步监控。

(二)模式特点

政府强制是一种政府管理行为,政府强制性产品可追溯体系具有强制性、公共性特点,强制性主要体现在政府主导型企业大多是应政府或上级监管部门要求,由政府出台政策法规被动履行义务,强制供应链企业实施产品质量安全可追溯体系。公共性则是指由政府统一建立可追溯信息、平台,收集、汇总供应链企业的质量安全信息,向企业、消费者、政府管理者提供产品质量安全信息查询和使用服务(李佳洁等,2018)。

建立政府主导下的供应链可追溯系统涉及多个企业的产品信息数据库、标签数据库和产品质量安全追溯数据库。实现政府相关部门对供应链上企业的产品质量安全的信息全过程的监管,以及生产行为的规范管理,做到产品质量信息可查询、可追溯、可监管。该可追溯系统的建设目标有:

(1)产品流向可跟踪:从种植环节开始,根据供应链的流程以及各个供应链中客体要素的记录,达到随时可以定位产品、跟踪产品去向的目标。

(2)问题环节可查明:当出现食品质量安全问题时,可以通过可追溯系统及时查找问题环节,追溯到问题主体,找到问题原因,进而针对原因做到快速的处理和召回,避免食品安全事件的扩大。

(3)产品源头可追溯:通过产品供应链的逆向追溯能够获得源头信息(销

售信息—加工信息—种植信息）。

（4）处理信息可查询：政府层的可追溯系统，通过向公众公布处理信息，增强民众对食品质量安全的信心。

政府主导型的追溯模式的主要目的是保障食品质量安全，其主要功能有五个方面：

（1）降低食品安全风险。当出现食品安全事故时，能迅速找到事故原因，迅速召回不合格产品，减少召回成本和对消费者的危害。

（2）强化企业的食品质量安全责任。当发生质量安全事故时，能及时追查责任企业，明确企业的法律责任和赔偿金额，避免企业的机会主义行为。

（3）为消费者提供质量安全信息，减少消费者的信息搜寻成本，避免出现"柠檬市场"。

（4）提高政府的质量安全管理水平，通过信息手段，及时了解企业行为和政府管理部门的管理行为，提高政府的公信力。

（5）改善宏观调控。通过信息平台收集、汇总、分析信息，如价格、产量、销量等信息，为宏观决策提供数据支持。

（三）应用实践

厦门市自2012年开始展开农产品质量安全追溯工作，并建立了厦门市农产品质量安全追溯系统。该系统是在现行农业标准化实施模式的基础上，建立生产者、批发商、消费者和监管者四位一体的共享平台，是一个集主体备案、信息披露、检测预警、标识管理、市场查验和安全评级等六大核心功能为一体的综合性追溯信息管理系统（见图3-2）。

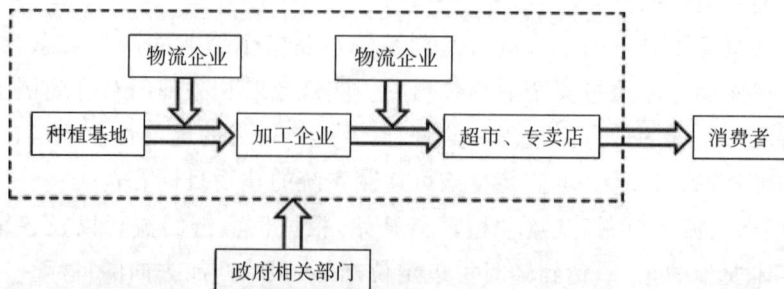

图3-2 政府主导型模式的产品供应链结构

厦门市农产品质量安全可追溯系统以产地、产品、生产主体以及销售主体编码为基础，建立标准化生产监管二维追溯编码，使得附着该条码的产品在全市范围内可以进行信息追溯。以生产者的生产信息、产地环境信息、产品检测信息为数据源，建立生产和销售主体、生产环节信息数据子库，信用等级评价和企业信息展示数据子库，编码管理及查询数据子库，农产品质量安全监督检测与预测预警数据子库。以生产者企业、合作社、基地为主体，建立企业信息申报、生产信息记录自查监管方式。以信息评价指标体系为基础，通过管理平台实现自动等级评价，根据申报信息、生产记录程度、产品监测数据等指标为依据，对企业和产品信用程度进行评级，并通过网站进行展示，形成了监管系统、企业空间、查询系统、信用等级评价系统以及农产品质量安全监督检测与预测预警系统等五个重要组成部分。

三、企业驱动型模式

（一）供应链总体特征

企业建立可追溯系统的驱动力主要体现在提高企业竞争力、塑造品牌形象，是市场竞争的需求。具体来说，企业驱动型企业建立可追溯系统的驱动因素有以下两方面：第一，提高企业市场竞争力，塑造品牌差异。农产品可追溯系统在目前消费者眼中尚且是一个比较新鲜的概念，能以相对合理的价格买到放心、健康的水果（蔬菜），并且"可追溯""扫码"等概念吸引消费者眼球，可追溯农产品就具有其得天独厚的市场，有了市场就能带动销量，为企业取得可观的经济效益。第二，借用可追溯系统引进提高企业管理能力。可追溯系统的建立要求企业更加清晰地认定各个环节、部门的职能，从生产、包装、销售各环节都要被逐一记录，各部门明确自身任务的同时企业的管理水平就得到了提升。

企业驱动型的追溯模式有以下不同的特征。

第一，从实施主体来看，该模式是指企业主动需要，并承担建立追溯系统的主要成本和费用。

第二，从建立动机来看，主要出于企业微观层面考虑。一方面，提高企业管理水平，解决出口中的技术性贸易壁垒；另一方面满足消费者日益增强的食品安全需要，塑造品牌差异，建立竞争优势。

第三，从所需条件来看，企业驱动型模式需要意识充分、实力雄厚的强势企业，而且只有具备一定管理基础和条件的企业才具备实施可追溯的前提和基础。同时可追溯系统在实施企业里本身不能是孤立的一套系统，它必须与企业具备的其他管理手段相结合才是可行和现实的。

第四,从收益的设计思路来看,该模式以点带面(选取重点企业,逐步推广),在设计中还尤其注意企业的个性和需求,有些可追溯系统就是根据企业HACCP管理系统所需进行设计。

第五,从追溯效果来看,该模式可以根据企业能力追溯到不同的深度。

第六,从利益保障机制来看,该模式把如何保障农户利益、激发农户积极性作为可追溯系统的最重要保障机制,大都采取"公司＋基地＋农户"的组织形式,对农户都采取提供服务、利益共享的形式,激发农户热情。

第七,从追溯系统采用技术手段来看,当前蔬菜主要采用 EAN·UCC 码追溯,肉制品采用 RFID 技术。主要采用技术手段包括:地理信息系统(GIS)、全球定位系统(GPS)、RFID 技术结合传感器的温度监控系统。

第八,从推广难易程度来看,对推广企业有要求:只有企业实力雄厚,具备一定的企业管理水平,具备一定的信息基础,可追溯系统必须与企业的管理水平提高能够切实挂起钩来才具备推广的前提,而这样的企业在中国数量有限。

企业驱动型可以进一步划分为供应商主导型、制造商主导型、流通商(批发商/分销商)主导型、零售商主导型和第三方主导型的追溯模式。

(二)供应商主导

1. 追溯结构

首先,该模式下溯源信息的流动方向是"拉式"结构,如图 3-3 所示。在这种运作方式下,供应商在确定可追溯水平的时候要充分考虑产品特性、下游企业的配合度和消费者的偏好,有时为了应对消费者对产品溯源信息的要求,供应商不得不改善其追溯系统的广度和深度。对于下游企业,供应商作为追溯体系的主导者,需要充分考虑下游尤其较低层级的客户(即客户的客户)是否有足够的意愿和能力参与其主导的追溯体系,以及供应商自身是否有足够的影响力让非主导者提供所在环节的产品溯源信息。在这一模式中,溯源信息逐级上传,很少由终端零售商直接传输给供应商平台。但是,一旦追溯网络高度融合,节点企业和供应商平台形成闭环的追溯结构,所有节点能够实现与核心企业完全对接,最终形成全链条可追溯。供应商主导模式还有一个明显特点,即追溯信息流是单向流动的,这使得供应商只需要将更多的精力放置于单向应对下游企业的追溯活动便可。

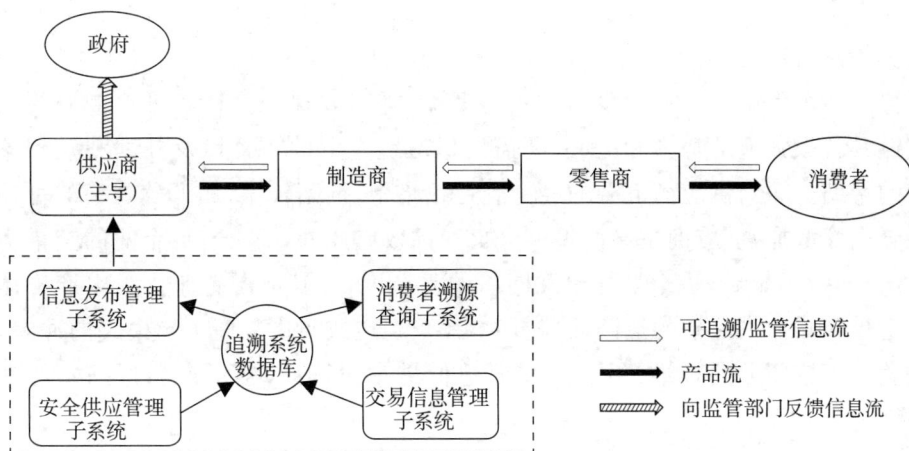

图 3-3　供应商主导型模式的追溯结构

　　但是，从溯源信息收集的角度看，将追溯平台设置在供应链的始端，数据收集的难度很大，尤其要呈现产品完整的后向过程和终端信息需要花费很多成本。供应商需要清楚这个准备出库或出厂的产品从源头起可能需要经历多少个不同环节企业的处置，并且了解如何获得这些环节企业的产品质量信息。供应链的深度和网络密度直接影响了其溯源的效率。供应商需要有足够的"强势"和"优势"，才能够完全掌控追溯活动。因此，供应商主导型的模式较少应用在加工产业链中，特别是供应商提供的为原材料而非半成品，或者产品的后续流程非常多而复杂；而更多地应用在供应商提供的是半成品或者完成品，如生鲜果蔬、牛奶等。因为，对于复杂的加工品，供应商如果仅是原料的供应者，纵使其实力再强，也无暇且无意愿关切后续原料转化为产品的过程，追踪原料最终以何种形式被用在哪些终端产品上超出了供应商的业务范畴。不过，从另一个角度来看，供应商主导的追溯模式也有潜在优势，尤其在溯源标准的统一上。由于在始端已经确立溯源标准和统一追溯码，后续的企业可以按照这个追溯码不断更新和加入产品加工和渠道信息，避免出现因为溯源标准不相容或编码重复制定而造成的成本损耗，一定程度上提升产品追溯的效率。

　　2. 追溯网络的复杂度和交叉性

　　供应商驱动模式的追溯复杂性主要体现在下游追溯链条的长度和追溯网络的密度上。产品的源头信息可以得到保证，但是渠道信息以及后续产品加工信息的获取难度很大，这也是当前许多供应商主导模式下的产品渠道信息缺失的主要原因之一。当供应商提供半成品后,产品如果经过多个环节的加工和物流,供应商需要向下游进行协调追溯的困难和不确定性就增大了,更别提要是整个下游的经销和零售网络很复杂,那么要保证全链条可追溯需要供应链具备很强大的势力和决心,还需要供应链企业的支持以及外部利益相关者的帮助。而当供应商下游的经销企业很集中,链条较短,那下游网络的可控性会大大增加,供应商主导的追溯会更加高效。此外,下游节点企业的交错度(inter-sectionality)也会增加追溯网络的复杂度,尤其下游企业作为生产主体自身也是其他供应链的追溯领导者时,无疑会造成与供应商主导模式的冲突,究竟编码按照谁的标准来统一,需要他们进一步协商,确保产品追溯码的唯一性。

3. 追溯的动态性、响应度和稳定性

在供应商驱动的追溯模式中,结构的稳定性取决于供应商作为主导者对其下游企业的掌控和协调能力。供应商对其直接下游可以实施控制力,但对于其下游的下游则影响较弱,因为他们之间可能没有直接的贸易关系,供应商要获取该环节的渠道信息往往借由一级客户获取。正是因为追溯信息是层级推进的方式,供应商要保障下游追溯网络的稳定性往往需要维持其与直接合作伙伴的关系。在这个追溯模式下,供应链结构的动态性会有所强化,供应商会根据下游企业和消费者的反馈而做出响应(responsively),不断更新其系统表现和整合追溯网络。但是因为距离消费者和终端零售商较远,该模式的响应能力还有待改进。同时,供应商主导模式呈现"拉动型"结构,这种结构往往需要供应商具备较强的响应能力,以对下游成员和消费者的需求及时做出动态调整。核心企业可能会因为下游企业的压力而实施社会责任行为,供应商不仅需要考虑产品的源头信息,也需要应对下游企业的压力,协调与下游企业在追溯信息和活动上的关系。此外,面对可能出现的市场和政策的不确定性,供应商与其他供应链成员的协作也需要进一步在追溯网络中动态调整,才能保证链条的追溯性。

4. 追溯网络的中心度和距离

在供应商驱动的追溯模式中,供应商处在产品链中的中心位置,节点企业属于"链"中的一个环节,与整条链保持一致的动作和方向。为了进一步推进全链条可追溯,供应商可能会通过垂直整合的方式,向上整合和并购规模更小的农户,实现供应端的完全追溯,或者拓展直销功能,向下整合物流运输渠道,实现经销端的完全追溯。抑或采取横向整合的方式,并购同级别的竞争对手,

拓展追溯的范围。由于距离消费者和零售商较远,所以在此模式下,零售环节的追溯能力不太可控,供应商与部分零售商无直接交易,因此较难直接要求他们加入追溯体系,而只能依靠下游客户间接协调。另外,由于距离消费者较远,一方面响应消费者溯源要求的速度较慢,消费者通过查询可追溯系统提供的有效信息,虽然在一定程度上可以保证食品的安全,但是由于信息的深度、广度、精度会直接影响到成本,因此信息不一定可以完全满足消费者的需要。另一方面,消费者监督产品追溯的能力也有限,较难与供应商形成直接联系。在出现问题产品需要召回时,由于距离消费市场较远,尽管可以依靠政府监管系统迅速锁定产品批次,但是仍需供应商出面协调,处理与下游客户、终端客户之间的复杂关系。

5. 主导者的协调

供应商作为追溯网络的驱动者和主导者,主要负责中央数据库和统一追溯平台的建设、链内追溯活动的安排以及相关的技术指导工作。非主导者,即供应链其他企业需要配合主导企业来完成自身的内部追溯工作,分享相关的产品信息。节点企业内部追溯是实现全链条可追溯的前提,供应商与各主要节点的关系如图 3-4 所示。供应商作为主导者,可以采用各种治理机制来激发其他节点企业的追溯参与意愿,包括正式契约或非正式的关系等工具。同时由于权力的不平衡,供应商管控了产品追溯的所有业务,更容易率先获得追溯的红利,并且追溯权力的差别也能够对产品的定价、生产等决策问题造成影响。供应商在促进全链条可追溯上进行了内部和外部协调活动。

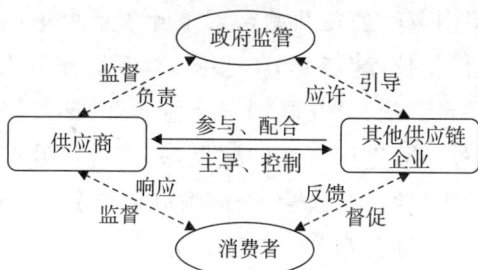

图 3-4　供应商与其他节点企业的关系

6. 模式评价

供应商驱动的追溯模式是以供应商为核心和建设主体的追溯实践方式,主要应用在需要高度关注上游源头信息的产品链,尤其是农产品供应链。农产品供应链的组织通常较为松散,在发展过程中也受到节点企业自身的资本和技术实力的限制,尤其是覆盖面比较小,对农户的指导和监督以及下游零售渠道的影响都很有限。因此,需要选择规模较大,领导能力较强的供应商成为追溯核心。在农产品供应链中,供应商驱动型的追溯模式有几种具体的实现形式,包括"公司+合同基地+农户""公司+自有基地""合作社+农户"和"中介组织+农户"。在这四种行为模式中,政府的作用和职能是相同的,通过法律法规规范农产品可追溯系统建设的标准,为企业和农户提供统一的技术指导、资金支持,并划拨专项基金对可追溯技术等进行研究。政府指导和促进供应商统一追溯体系的建立和实施,并对可追溯系统、信息、产品质量等进行监督控制,也对企业和农户具有一定的约束能力。

7. 应用实践

厦门茶叶进出口有限公司创建于 1954 年,隶属于世界 500 强企业中粮集团旗下中国茶叶有限公司。主营"海堤"牌茶叶产品,是一家集生产、研发、贸易于一体,国内最具实力的乌龙茶、红茶生产销售企业。公司占地近 3 万平方米,拥有一批经验丰富、长期从事茶叶相关领域工作的高级技术、管理人才。公司将产品的卫生、安全摆在企业发展的首位,全面推行无公害种植技术,先后通过 ISO9000 体系、HACCP 体系、GAP 认证和欧盟、日本、美国的有机认证以及 FSSC22000 体系认证;检测中心通过"国家实验室"资格认证,使公司的茶叶农残和重金属检测技术走在全国的前列。厦茶海堤品牌先后获得"中国驰名商标""中华老字号""福建省名牌产品""福建省著名商标"等称号,销售网络遍及全国及海外 58 个国家和地区。

从 2013 年起,厦门茶叶公司开始探索茶叶质量可追溯,通过运用 RFID、二维码、条形码等现代化技术,与 PDA、监测、视频监控等设备集成,搭建茶叶全产业链安全追溯平台。依托"互联网+智慧农业"的战略布局,对产品从源头、生产、加工、流通各环节进行全面的监管,并实现茶叶产品从基地种植、鲜叶采摘、原料粗制、加工包装、仓储管理、运输流转的全过程追溯和信息智能采集,以及对各个节点的追溯信息的采集和展示。依照国家茶叶的追溯标准执行,积极推进标准化茶叶溯源体系建设。消费者终端通过扫描二维码可追溯查询到茶叶从销售信息种植、采收、生产加工、物流、销售等信息,让消费者可以放心购买、安心饮用。

(三)制造商主导

1. 追溯结构

首先,该模式下溯源信息的流动方向是"推拉式"结构,如图 3-5 所示。在这种运作方式下,制造商结合了拉消费者和推供应商的优点,能够响应消费者的溯源需求,并且考虑供应商的溯源水平(邱祝强等,2010)。因为渠道商、零售商在追溯信息流是推式,因此这时候制造商往往相对更为被动,在确定溯源标准和水平上要充分考虑下游的需求和能力。在这种运作方式下,供应链各节点集成度较高,有时为了满足客户差异化需求,不惜追加供应链成本,属买方市场下供应链的一种表现。这种运作方式对供应链整体素质要求较高,从发展趋势来看,拉动方式是供应链运作方式发展的主流。因为供应商在追溯信息流是拉式,因此这时候制造商往往会占据主动,企业可以在供应商不能提供有效信息的时候拒绝供应商的供应。在这种运作方式下,供应链上各节点比较松散,属卖方市场下供应链的一种表现。

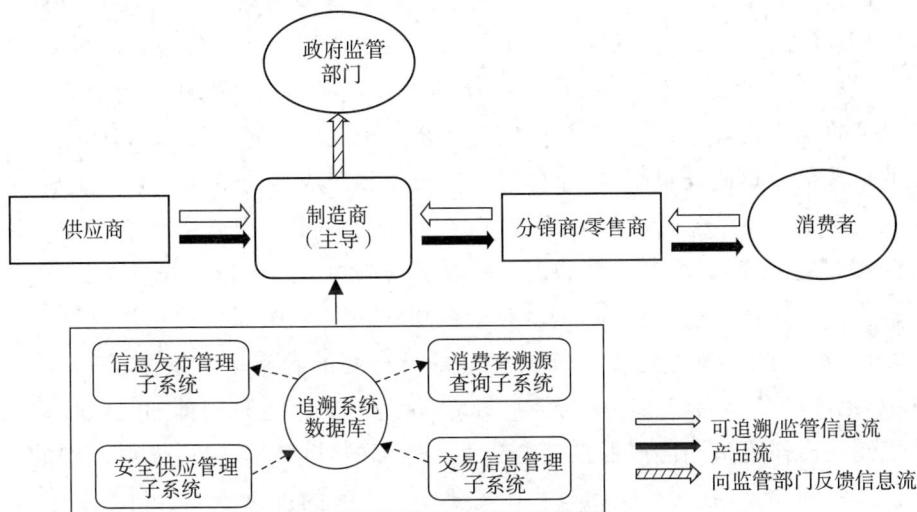

图 3-5　制造商主导型模式的追溯结构

信息是层层推进的模式,而不是由非直接上下游直接到中间的制造商。这是因为对于制造商而言,供应商的供应商、客户的客户未必与其有直接的交易往来,甚至他们之间互不相识,因此谈不上可以直接把追溯的数据传输给自己,只能通过一层推一层的方式,借由每一层供应商、客户的力量,最终汇聚到制造商的大数据库中,完成全链条追溯。信息流是双向流动的。制造商位于追溯网络的中心位置,双向信息流可以确保直接上下游溯源数据的完整性,因为制造商对有直接交易关系的上下游的约束能力更强。但是双向信息流也会增加制造商的负担,既要对接上游,又要兼容下游,可能会导致更多的溯源的投入。

在制造商驱动的模式中,溯源信息收集的效率性和效果相对较好。制造商与直接上游和下游有贸易往来,数据收集的难度相对较小。而且制造商往往处于产品生产的主要环节,也是易受污染的关键风险控制点,制造商作为追溯平台的核心,其所在环节的追溯成效会远高于其他环节,因此从风险控制上,这个模式至少可以规避较多潜在加工风险。但是,仅仅在加工环节可追溯是不够的,还需要将追溯的对象延伸到供应链的上游和下游,而层级的深度和网络密度会直接影响制造商溯源的效率。制造商需要在多级供应链中建立一定的治理策略和协调机制。

2. 追溯网络的复杂度和交叉性

制造商驱动模式的追溯复杂性主要体现在追溯网络的耦合度和链条长度,以及其他供应链成员的信息化水平。尽管制造商位于追溯网络的核心,当上游原材料提供商和下游的零售终端数量很多且呈散状分布时,制造商追溯的难度将加大。并且,当节点企业出现复杂的跨度层级时,制造商获取较低层级的追溯信息也同样很困难,原材料与半成品和产成品的转换数据可能缺失,难以实现全链条信息追溯。因此,制造商需要进一步梳理其所在供应链的网络分布和层级,面对不同层级的供应链成员采取相应的治理方式,比如对于一级合作伙伴采用直接的协调方式,对于低层级成员采用间接的协调方式。此外,由于追溯供应链的交叉性,节点企业既可能处于下游零售商主导的追溯体系中,也可能在其他产品链中扮演主导者或者参与者,这种内部的交错性也增加了制造商作为追溯协调者推进全链条可追溯的难度。与供应商主导型的追溯模式不同的是,制造商驱动模式还需要应对上游的供应环节的溯源工作,在这种主导结构下,尽管追溯信息的广度和精度未必很高,但制造商较为容易对整个产品从源头到终端的链条进行粗略的梳理。而在供应商主导型中,制造商往往很难明晰,一旦其提供的原材料或半成品需要再加工,还需要经过几个复杂的生产环节。

3. 追溯的动态性、响应度和稳定性

制造商驱动的追溯模式从整体上看结构较为稳定,主导者对于其直接上下游的掌控力更强。但是对其低层级供应链成员的控制力较弱,尤其当产成品仅按批次管理,将很难实现对具体产品的销售区域或位置的追踪,制造商需要建立和维持与非直接合作伙伴之间的关系。该模式下的追溯网络一直处于动态调整之中,主要表现在制造商需要应对下游企业和消费者的溯源需求来改善其系统的追溯能力,以更加迎合消费者质量信任的需要,能够较快响应和反馈消费者的溯源感受和产品使用反馈,形成与消费者良性互动的信息平台。同时,该模式可以快速对不同企业和利益相关者的要求和目标转变做出响应。尤其是当下游企业的配合度不高或者参与意愿不足时,制造商可以快速采取其他互惠或惩罚的机制来维持溯源供应链协调。在产品出现问题时,能够第一时间锁定风险,迅速做出召回批次的决定。

4. 追溯网络的中心度和距离

制造商处于追溯网络的中心位置,其有效地巩固了供应链的协调性。供应链本身就是一个整体合作、协调一致的系统,处于核心位置的制造商通过向其上下游进行有效的调节,促使所有成员为了一个共同的目标协调动作、紧密配合。在这个模式下,制造商可以通过垂直和水平整合的方式改善和提升供应链的溯源能力。通过垂直整合的方式,对上游的供应环节和下游的物流甚至零售环节进行整合,可以显著改善这几个区域的追溯状况;在水平整合上,整合其他规模较小的生产商,提升该产品在制造环节的追溯性。同时,在这一模式下,制造商距离初始端的供应环节和终端的销售环节距离相对比较均衡。供应商更靠近制造环节,制造商可以随时联系和检查供应环节的追溯情况。制造商也可以与其下游的经销环节接触,监督下游的追溯活动。政府在该追溯模式上是直接与制造商形成对接关系的,制造商可以协助政府监管部门对产品质量形成全流程的监管。

5. 主导者的协调

作为供应链追溯的驱动者和主导者,制造商承担了统一追溯系统的建设,追溯标准、标签和信息的确定,追溯活动的配置与协调等。但是依靠主导者的付出远远不够,全链条可追溯还需要各个供应链成员的配合,供应链成员都需要完成自身的内部追溯工作,制造商与主要节点的关系如图3-6所示。制造商会与供应商企业协商追溯编码的统一、信息的内容和数量传输的频率、采集信息和传输信息的程序和标准。制造商作为主导者,可以采用各种治理机制来激发上下游节点企业的追溯参与意愿。制造商和其他供应链成员的追溯也接受外部利益相关者的监督。在这一模式下,制造商对追溯的主导权会进一步延伸到对经营业务的控制和权力。一旦制造商管控了产品追溯的所有业务,其更容易掌握供应链追溯的优势,利用追溯水平的调整来对产品的定价、生产、销售等决策问题产生影响。

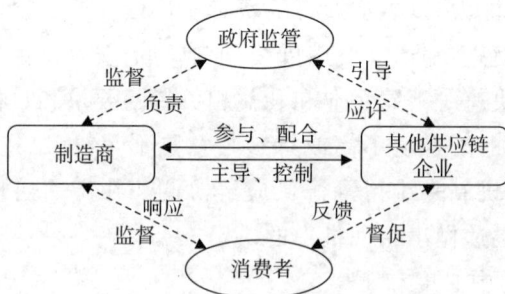

图 3-6　制造商与主要节点成员的关系

6. 模式评价

以龙头企业为组织形式的制造商主导型模式,通过与专业第三方系统开发和咨询公司合作或自行开发满足供应链内部一般需求和特殊需求的可追溯系统,能够提供深入的、专业化的可追溯服务以及相应的增值服务。其容易与直接上下游建立紧密的产销关系,实现产销一体化经营。这种模式在需要深加工的产品种类上具有非常广泛的应用。制造商主导模式在信息传递方面显然优于供应商和零售商模式,主要是因为产销合约使得公司同上游供应商之间、下游经销商之间的交易成为重复博弈,农户和公司需要建立自己的信誉,必须承担将质量信息向下传递并接受被逆向追溯的责任。但是在这种模式下,制造商与上游供应商双方契约的约束力通常比较脆弱,这需要通过制定正式的合约来明确权责,同时也需要借助非正式治理机制(比如签订长期战略合作协议)来维持关系。同时,提高生产端的组织化程度有利于制造商主导模式更好地实现可追溯信息有效传递。制造商主导型模式以供应链为依托运作,需要贯穿上下游,实现追溯数据报备、产品质量数据记录、物流过程信息追踪、数据分析与优化。这类平台开发难度大、成本高、功能完善,不仅可以实现产品质量追溯,也能实现物流过程的实时跟踪,并能优化物流与供应链运营管理绩效。

7. 应用实践

厦门古龙食品有限公司是一家大型的食品罐头制造企业,经营范围包括肉、禽类罐头制造,水产品罐头制造,蔬菜、水果罐头制造等。企业目前生产的产品和服务涵盖罐头、软包装食品、调味品、中式菜肴及工业旅游等,通过了ISO9001、HACCP、BRC、IFS等认证。厦门古龙食品有限公司企业技术中心实验室是罐头行业唯一一家通过"中国合格评定国家认可委员会"认可的实验室,是"省级企业技术中心"。其产品供应链架构如图 3-7 所示。

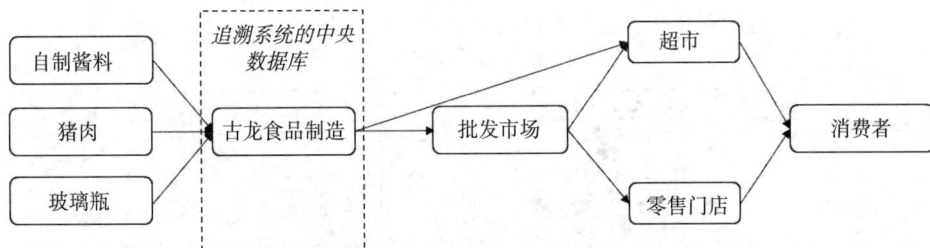

图 3-7　古龙食品的产品供应链结构图

　　2011 年,古龙按照"立足工业,走出工业""立足罐头,走出罐头"的转型方针,为社会提供"绿色、健康、方便"的产品。古龙不断强化食品安全意识,抓住产品研发、物资采购、检验检测、生产加工四个环节,按照重要产品追溯体系建设示范工作部署,以供应链建设为基础,以信息化建设为手段,以标准化管理为抓手,购置赋码包装线、生产监控系统等,建立以自身为核心的全链条信息化可追溯平台,打造红烧肉罐头产品来源可溯、去向可追、责任可究的追溯链条,取得了一定的成效。

　　(四)批发商/分销商主导

　　1. 追溯结构

　　首先,该模式下溯源信息的流动方向是"推拉式"的结构,如图 3-8 所示,即上游供应商/制造商将追溯信息"推"向批发商,下游分销商/零售商将追溯信息"拉"回批发商。批发商居于产品链的中/下游,双向协调上下游的内部追溯活动。此外,批发商的追溯系统还与政府的强制追溯体系和监管系统完成对接,实现追溯信息在政府系统的备份。在这个追溯结构中,批发商可能存在不止一个供应商和分销或零售商,还可能面临所批发产品的特性各不相同。批发商主导追溯的难点在于设计满足不同产品特性和应对上下游溯源复杂度的追溯规则。

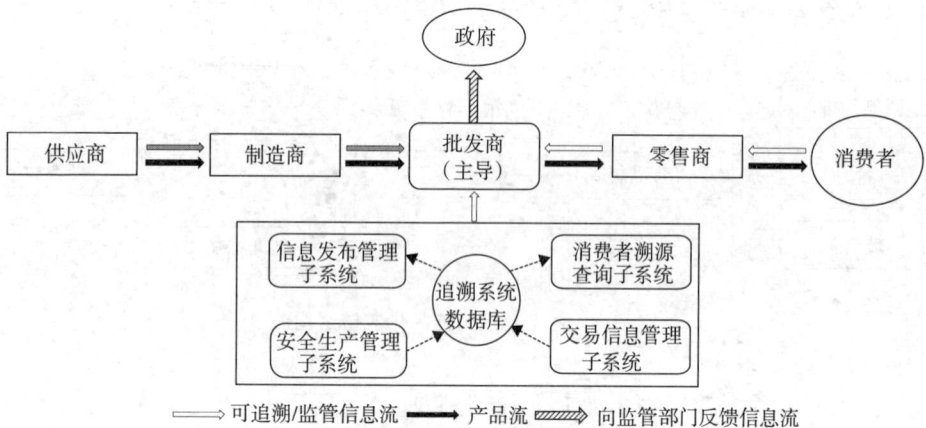

图 3-8　批发商驱动型模式的溯源结构

　　供应链企业的追溯信息流是通过层层推进的方式传输的。批发商的追溯系统直接对接第一级供应商和客户的信息系统，从第一级合作伙伴中获取上游和下游的产品质量、环境和渠道信息。批发商会直接要求其一级合作伙伴按照其确定的溯源标准提交相应的溯源信息，而一级合作伙伴也会用批发商的溯源标准要求其上下游告知对应的产品信息，最终全链条企业依照批发商的溯源标准形成可追溯网络。批发商需要同时应对双向的追溯信息流，相比单向而言，尽管增加了追溯的困难和复杂度，但是较容易采集到完整的溯源信息。批发商可以采用一些契约机制，比如溯源收益共享、现金补贴、价格折扣等，来引导上下游企业积极配合其追溯平台。

　　2. 追溯网络的复杂度和交叉性

　　追溯模式的复杂度主要体现在供应网络的紧密度。当追溯网络密度很大、节点企业数量众多、地域分布较广，且节点企业组成的跨度不同时，批发商作为领导核心，其协调上下游追溯活动的复杂性会提升，较难获取极低层级的上下游企业的溯源信息，尤其当产品链的深度很高时，更会加大供应链各环节主体之间在与产品质量相关信息沟通方面的难度，由此造成的信息不对称导致产品安全市场供需的不均衡。此外，当上游供应商或制造商同时又是其他追溯供应链的关键追溯点时，产生的各种交错追溯链条也会增加批发商协调治理的难度。批发商需要与他们协调内部追溯的流程、系统对接的标准和信息交换的速度和质量。

3. 追溯的动态性、响应度和稳定性

批发商不仅需要能够较快地响应消费者的溯源需求和市场的变化,同时也要考虑供应链其他成员的溯源感受,尤其是供应链中零散分布的农户和零售终端,他们是否能够按照批发商的要求来采集和识别信息,是否能够分担批发商全链条追溯的工作,值得进一步思考。强势的批发商能够根据市场溯源需求的变化而动态更新产品的溯源信息标准,为消费者呈现更偏好的产品信息。而势力较为一般的批发商则需要通过与上下游企业进行协商,才能进一步调整其可追溯能力。整个以批发商为核心的追溯网络的稳定性取决于供应链成员的关系和相互配合的能力。

4. 追溯网络的中心度和距离

批发商处于追溯网络的中心位置,对上下游企业的追溯行为进行监督和协调。供应链本身就是一个整体合作、协调一致的系统,处于核心追溯点位置的批发商需要发挥对上下游有效调节的作用,促使所有成员达成一个共同的追溯目标。在这个模式下,垂直和水平整合是批发商能够改善和提升产业链溯源能力的主要方式。通过垂直整合,对上游的采购和供应环节和下游的物流甚至部分零售环节进行整合,在信息采集上显著改善网络中的追溯薄弱点。在水平整合上,整合其他规模较小的批发商,提升该产品在批发环节的话语权和追溯性。

5. 主导者的协调

批发商作为供应链追溯的驱动者和主导者,主要负责中央数据库和统一追溯平台的建设、追溯码的确定和标准制定、追溯活动的分配以及上下游的追溯技术培训与指导等工作。而非主导者,即其他供应链企业需要做好内部追溯工作,配合批发商的统一安排。批发商与其他节点的关系如图 3-9 所示。为了激励上下游企业参与追溯,批发商制定一系列的协调机制,包括签订正式合同、开展联合技术培训来建立关系等。正因为批发商所具备的领导权,其也会对供应链的主营产品业务施加影响,主要体现在批发商会利用产品的可追溯水平来影响在各级供应链中的定价、销售等决策。

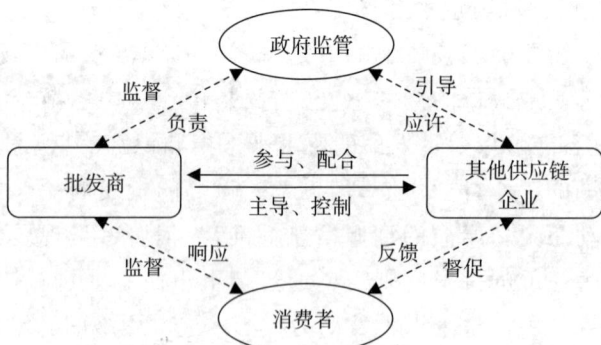

图 3-9　批发商与主要节点成员的关系

6. 模式评价

批发商驱动的追溯模式是以批发市场和经销商的分销网络为依托,通过核心的批发商与上下游企业建立交易关系而形成的大流通模式,适用于产品分散、信息不集中、不对称的行业。从信息传递的角度来看,该模式通过把供应商资源(如农户)组织起来,能够提高产品生产过程中的质量控制水平,能够把可靠的质量信息传递给下游零售商和消费者,并且通过引入电子化、标准化的集中交易方式,比较容易实现信息的逆向追溯。但在这种模式存里,批发环节下游的零售环节(包括运输、储存、再包装、再加工、销售等环节),分散的不可追溯的交易仍然是"非重复博弈",这些环节的信息不对称仍然没有解决。同时,提高分销端组织化程度是实现信息在供应链上逆向追溯的前提。

7. 应用实践

建发酒业为"中国上市公司百强"——建发股份旗下专业的优质酒类供应链服务商,拥有强大的资源后盾和近二十年的酒类经营管理经验,是中国进口葡萄酒行业的佼佼者。建发酒业运营包括五粮液在内的来自世界十多个主要酒类出产国的近六十大知名品牌,旗下的进口葡萄酒均为全球多个国家的主流品牌。目前,建发酒业已经在全国各主要城市建立起业务机构,营销网络覆盖除港澳台之外的全国所有省份,与 2000 多家专业酒类经销商构建了战略合作关系,并组建近千人的专业团队提供服务支持。其产品供应链架构如图 3-10 所示。

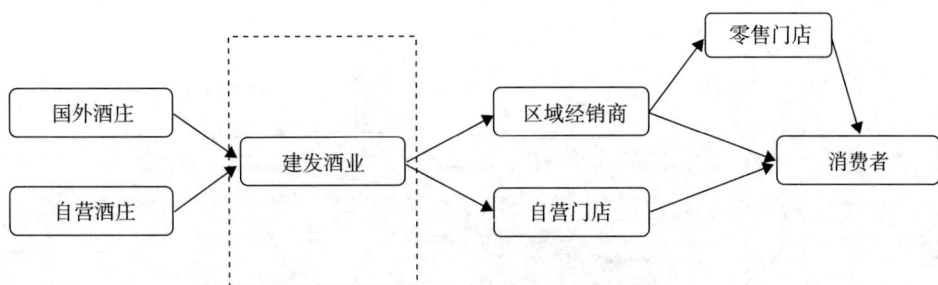

图 3-10　建发酒业的追溯管理系统

　　建发酒业作为其所在环节的流通商,通过编排其供应链的溯源活动而形成流通商主导的追溯模式。其在收到国外葡萄酒生产商的产品后重新制定产品溯源标签,记录葡萄酒从国外酒庄到国内的销售网络,直到消费者手中的产品足迹和溯源信息。建发酒业溯源系统提供统一的数据交换接口服务中心,可根据政府平台需要进行数据对接,全力支持政府统一追溯平台和大数据平台建设,实现"来源可查、去向可追、责任可究"的立体追溯体系。

　　(五)零售商主导

　　1. 追溯结构

　　首先,该模式下溯源信息的流动方向是"推式"结构,如图 3-11 所示。在这种运作方式下,零售商尽管需要考虑上游企业的溯源水平,但是其所处的核心位置相对主动,即零售商可以要求其上游的卖家按照其设定的追溯标准(尤其是信息的广度和精度)提供和分享相应的产品信息(黄彬红,2013)。但在实际案例中,往往会出现上游供应商只能提供其所能收集到的原产地、品名、数量等产品基本信息而直接"推向"下游。因此,对于零售商而言,结构的难点之一在于如何利用其买方市场优势来约束和引导上游的可追溯行为。他们需要考虑上游企业的感受和源头风险,尤其是供应商的供应商是否有足够的意愿参与追溯,或者直接供应商是否有能力要求其上游按照零售商的追溯标准提供相应的产品信息,甚至加入零售商的追溯平台。

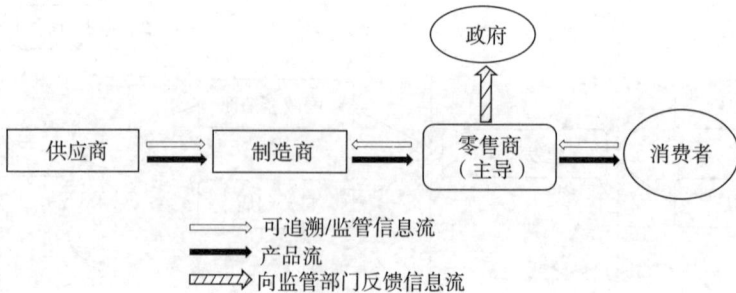

图 3-11　零售商主导型模式的追溯结构

　　零售商主导结构下的追溯信息获取是层层推进的模式,而非由各层级供应商直接传递至零售商统一平台,这同样是因为供应商的供应商未必和零售商有直接的交易往来与合作。因此,在系统设立初期,零售商主导的追溯系统"深度"往往是短板,因为其只能采集直接供应商的产品信息,或者被动地采用"间接"的方式委托其一级供应商去要求其上游供应商同样履行相应的溯源标准,需要借由每一层级供应链成员的合作才可能实现全链条追溯。在这个运作模式中,追溯信息流是单向流动的,其优势在于零售商只需要专门应对和监督上游供应商的追溯行为和活动,在追溯效率和成本优化上大有改进。但是,由于零售商的各类产品供应商链条长度不一,往往很难保证最终溯源信息完整呈现产品的源头和所历经过程,需要花费很多精力。零售商需要了解这个准备进货的产品其从源头算起经历了多少个不同环节的企业的处置,并且了解如何获得这些环节企业的产品质量信息。供应链的深度和网络密度直接影响了其溯源的效率。零售商需要有足够的"强势"和"优势",才能够完全掌控在整条供应链推行的一个短期内不会提升企业利润反而会增加企业负担的追溯活动。

　　2. 追溯网络的复杂度和交叉性

　　零售商主导的追溯模式所面临的复杂性主要是上游供应网络的追溯不确定性。上游供应商既有食用品的企业,也有提供生鲜农产品的个体户,各自溯源的需求和能力不相同,增加了零售商协调的复杂度。对于食用品,从原材料到最终的产成品需要经历较多的环节和企业,这些节点企业是否都能参与追溯网络,监督产品质量和环境信息值得考虑。而对于上游农户,尽管其链条较短,但是其完成内部追溯的能力不足,需要零售商提供更多的溯源支持。零售商管理第一级供应商的溯源活动尚且不容易,在面对不同跨度和层次的上游网络,其复杂性不言而喻。更有甚者,上游的制造商往往也可能是其他追溯网络和供应链的追溯点,众多的网络和节点企业形成了交叉结构,上游企业还能否按照零售商的标准实施内部追溯,无疑增加协调管理的难度。因此,零售商需要不断梳理和组织供应网络,缩短产品流通环节,提高流通效率。

3. 追溯的动态性、响应度和稳定性

在零售商主导的模式中,由于追溯网络任务和结果的不平衡,容易出现不稳定的情况。比如"搭便车"的情况频繁出现,即上游企业,尤其是有品牌的制造企业不主动参与追溯,而是依靠零售企业完成追溯,却享受"可追溯产品"的声誉。正是因为这种"不公平",可能使得上下游企业之间的关系受到影响。但是,因为追溯网络是动态调整的,零售商作为领导企业,可以充分发挥其资源调配和协调能力。比如,与上游制造商达成合作,将追溯与订购量挂钩,倒逼制造商克服机会主义和被动性。另外,零售商主导模式的动态性还体现在其能够快速响应消费者的溯源信息需求,并与其他供应链成员进行协作达成供应链溯源上的动态调整。但是由于零售商位于供应链下游,一旦改变溯源标准,还需要依靠上游所有企业配合,相比于供应商主导模式,其推进溯源动态调整的效率不高。

4. 追溯网络的中心度和距离

尽管零售商占据追溯网络的中心位置,掌握了产品追溯的话语权,但是在具体运作中,其主导的全链条追溯难度很大,尤其在于极上游供应商(比如农户)追溯数据的采集。从整体上来看,制造环节和零售环节的追溯协调性较强,供应环节追溯协调性较差。在这个运作模式中,零售商可以尝试在垂直整合上,合并上游的物流、分销商;也可以在水平整合上,整合其他零售企业,提升产品在零售环节的追溯性。规模较大、实力较强的零售商还可以向供应环节进行整合,尽可能掌控产品的源头质量。同时,在此模式下,一方面,零售商与上游(供应商)的距离较远,产品源头控制存在风险。零售商追踪供应环节的质量信息难度较大,而供应商响应追溯系统的能力也十分有限,需要引入更多治理机制。另一方面,零售商与消费者距离较近,能够较快地响应和反馈消费者的溯源需求,并与消费者达成基于产品品质的互动。比如在产品出现问题时,能够第一时间锁定风险所在,迅速做出召回批次的决定。

5. 主导者的协调

零售商作为供应链追溯的驱动者和主导者,主要承担追溯系统的建设与管理、追溯活动的配置以及技术指导工作,而非主导者,即其他供应链企业尽管不需要建设中央数据库和统一追溯平台,但是需要配合主导企业来完成自身的内部追溯工作,及时分享相关的产品信息。零售商与主要节点成员的关系如图 3-12 所示。节点企业内部追溯是实现全链条可追溯的前提。零售商作为主导者,可以采用各种治理机制来激发其他节点企业的追溯参与意愿,包括正式契约或非正式的关系等工具。同时由于权力的不平衡,零售商管控了产品追溯的所有业务,更容易率先获得追溯的红利,并且追溯权力的差别也能够对产品的定价、销售等决策问题造成影响。

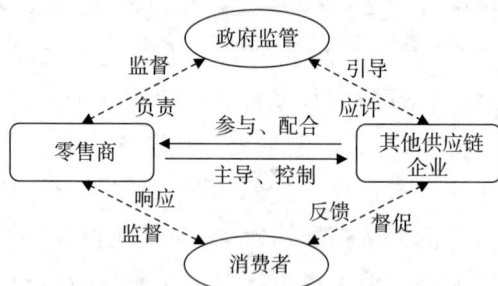

图 3-12　零售商与主要节点成员的关系

6. 模式评价

零售商主导的追溯模式以连锁超市门店的零售网络为依托,通过与农产品生产基地和农户形成稳定的合作关系,能够实现农产品供应链最大限度的上下游一体化(最彻底的垂直一体化)和集约化(最短的农产品供应链,直接联系最上游和最下游,避免一切中间环节),无疑是非常有竞争力的一种供应链模式,其特点就是有效率。在零售商主导的追溯模式的最大障碍是分散的小农生产模式,农户参与追溯体系的意愿和能力决定了产品溯源信息的质量。超市应激发整个零售供应链中企业,特别是农民专业合作社建立并实施可追溯体系的兴趣,为可追溯体系的实施建立长久的激励机制。提高销售端组织化程度是实现信息在供应链上逆向追溯的前提。销售端的过度分散化将导致销售终端难以对质量安全信息进行逆向追溯,或是销售环节不具备对质量安全负责的能力。而组织化的销售端有实力对质量安全信息进行检测和跟踪,也有能力进行逆向追溯。从这个角度讲,以各大超市为代表的"连锁零售网络"正是提高了销售端的组织化程度,从而推动了产品供应链在提高质量安全方面的水平。

7. 应用实践

厦门闽篮超市有限公司是厦门地区目前模式最新的生鲜连锁超市,经营松柏生鲜店、湖里生鲜店、禾祥生鲜店、海沧嵩屿生鲜店、海沧天籁生鲜店和海沧云樽生鲜店,形成了生鲜及便利店两种业态并存的经营模式,辐射厦门市思明、湖里、海沧区,总营业面积7 000平方米,所售商品达16 000多种,是一家统一采购、统一核算、统一管理的现代连锁企业。其产品供应链架构如图3-13所示。

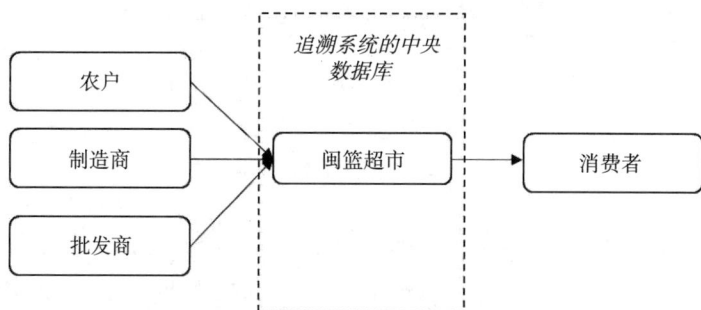

图 3-13　闽篮超市的产品供应链结构图

厦门闽篮超市有限公司严格按照重要产品追溯体系建设示范工作部署,以供应链建设为基础,以信息化建设为手段,以标准化管理为抓手,打造以自身为核心的蔬菜、肉类等农产品流通来源可溯、去向可追、责任可究的全链条可追溯体系,取得了积极的成效。平台以信息技术、二维码技术、信息采集技术等手段,通过建立蔬菜、水果、肉禽、水产四个大类农产品追溯体系,记录农产品从种植、养殖等源头到流通、销售环节的信息,做到农产品归本溯源,便于问题的追溯与问责。

(六)第三方主导

1. 追溯结构

首先,该模式下溯源信息的流动方向是"汇聚式"结构,如图3-14所示。在这种运作方式下,追溯信息流从供应链各个位置向第三方所处的网络中心汇聚,区别于政府主导型模式,第三方平台还需要对接政府强制追溯和监管系统,将所有产品信息与监管机构共享。通常,第三方机构与供应链各个成员之间没有直接贸易往来,能够促成他们达成溯源合作的原因主要在于供应链成员的主动意愿以及他们所能调动的参与第三方追溯平台的资源和能力。正因为如此,第三方所处的位置相对弱势,需要企业的主动配合和其他利益相关者的共同合作才能完成全链条数据的采集。但是相对的,供应链成员对第三方机构没有明确的约束力,因此第三方平台会更为独立和客观,这正是第三方追溯认证受到消费者信任的主要原因。

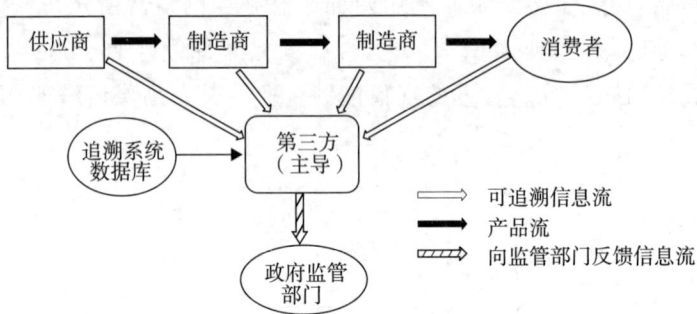

图 3-14　第三方主导型模式的追溯结构

在第三方主导的追溯模式中,节点企业的内部追溯系统单独与第三方平台对接,供应链成员彼此间在追溯数据传输上少有关联。对于供应链成员来说,他们不需要将追溯向其上下游进行协调,追溯如同是"外包"出去的服务,克服了某一方主体作为追溯领导者难以促使其更低层级的供应商参与追溯的问题。当然,上下游在追溯上没有互动可能也会产生不利的影响,比如上下游的追溯信息可能出现重合或者不对称。追溯信息流是单向汇聚的,汇聚增加了一条供应链完整追溯的难度,因为需要协调足够多的成员,如果该产品链很长且密度很大,那无疑很难实现全链条追溯,当然第三方平台出现的目的最主要在于弥补成员间权力和能力不足以成为追溯的建设者和协调者的问题,所以第三方平台可以更有效地整合规模较小的企业参与追溯,降低供应链企业参与追溯的成本。

2. 追溯网络的复杂度和交叉性

在第三方主导的追溯模式中,追溯复杂度主要体现在供应网络的高密度和长链条,以及节点企业信息化能力的不均衡。当供应网络密度很高、节点企业涵盖众多不同规模和能力的农户或者下游零售门店时,要依靠第三方平台逐一采集产品信息并形成全链条可追溯的难度较大。尤其小企业信息化和管理水平较弱,可能导致追溯点难以对接。因此,第三方机构需要寻求更多的外部协调机制来引导产品供应链的追溯活动,比如需要寻求政府部门的政策支持。此外,当产品链出现交叉点时,即一些节点企业同时又是其他追溯模式的成员时,面对不同的追溯标准,这些企业还能否配合第三方平台的工作,无疑给平台增加协调管理的难度。

3. 追溯的动态性、响应度和稳定性

第三方平台集中了特定的人、财、物和信息等资源以服务和支持产品供应链的全链条追溯工作,平台需要对节点企业的溯源感受进行评估和适时调整,以建立符合产品特性和企业能力的追溯标准。第三方平台能够快速反馈消费者的溯源需求,但是要动态调整溯源信息的标准,需要与节点企业进行充分协商。追溯网络是相对稳定的,第三方机构不太会随意更改产品追溯标准和规制。

4. 追溯网络的中心度和距离

第三方平台处于追溯网络的中心位置,扮演追溯活动协调者的角色。考虑到第三方对供应链企业没有交易往来,较难构成对企业的追溯意愿的约束,其协调行为可能需要通过与政府、行业协会或者供应链中溯源意向最为强烈的企业合作,而当第三方平台具备一定实力时,为了提升追溯的广度和深度,其可以对供应链上下游进行整合,解决上下游追溯信息化困难的问题。第三方作为追溯网络的核心,与供应链始端和终端均控制在足够短的距离内,以便于快速响应不同主体的追溯需求。追溯数据是单向传输的,因此第三方平台能够单独处理不同节点企业的追溯信息,而不用经由其他成员,这极大地提高了追溯效率。平台还能够响应消费者追溯需求并较容易与政府监管系统完成对接,进行数据交换和备份。

5. 主导者的协调

第三方作为主导者,除了负责追溯系统的建设外,还承担了技术指导和培训供应链企业的内部追溯等活动。而供应链企业需要与第三方平台进行产品追溯上的协作。在该模式中,第三方与主要节点成员的关系如图 3-15 所示。与企业模式不同,第三方平台和供应链企业不存在交易行为和竞争关系,因此节点企业更愿意将信息分享给第三方平台。而相比政府模式,第三方更加灵活、专业和独立,能够迅速处理追溯上的技术难题或提供解决方案。作为追溯网络的领导者,第三方平台还能够发挥协调供应链追溯的作用,通过借助供应链核心企业和强势的外部利益相关者(如政府)的力量。

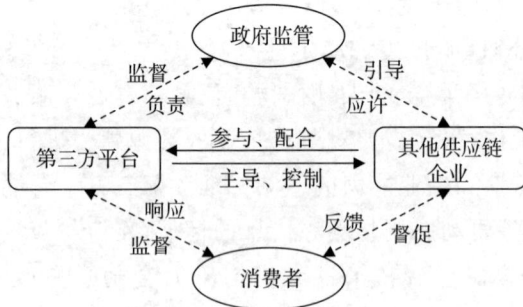

图 3-15　第三方平台与主要节点成员的关系

6. 模式评价

大量的食品安全事故发生在以中小企业为主体的农产品供应链中,这类供应链结构既不存在具有领导地位的核心企业,又很少出现规范有序的供应链合作层级,而是呈现一种网络状无组织的供应链结构。依靠这些企业通过内部的交易因素而自发形成追溯链条几乎不可能,处于政府和企业之间的第三方平台模式作为外部治理工具不失为一种可行的方案。第三方主导的追溯模式具有行业特色的垂直平台,服务于众多中小企业,它可以解决了中小企业因资金实力有限,无法开发追溯系统,应用软件更新成本高,综合性数据服务缺乏的问题。同时,正因为第三方机构独立于供应链之外,除了可追溯功能外,其可以发挥更重要的作用,比如进一步掌握安全检测技术和安全标准检查能力,在产品安全的治理和保障中起到了关键的支撑作用。平台透明度和公信力促使第三方主导的认证成为全球食品安全的重要标准,如 Global GAP 就是适用于全球范围农产品认证的自愿性私人标准。

7. 应用实践

阿里的农业"满天星"二维码防伪溯源方案是中国目前比较成熟的第三方追溯平台之一。该计划致力于农产品防伪溯源问题的解决,给食品安全带来更高层次的保障和市场价值。该计划与农产区直接对接,盘活区域优质农产品资源;阿里通过先进的二维码防伪追溯系统,对农产品的生产信息、流通等相关数据做追踪反馈,并通过当地政府、农检局等搭建原产地数据同步。消费者通过扫描商品码,就能对该农产品品质信息形成认知。

该平台采用农产品质量追溯互联网保障模式,将通过植入阿里巴巴满天星扫描码技术,推广至全国,倡导和实践农产品质量安全。在农产品表面粘贴二维码防伪标,依托阿里的先进技术,确保农产品有据可查、真伪可辨,消费者在购买此种农产品时,可以利用手机的二维码扫描软件识别追溯农产品信息,包括产地、品牌等信息,非常全面,能够为规模较小、分布较散的中小农业企业、农户提供第三方的产品追溯方案。

（七）政府主导型模式和企业驱动型模式的比较

政府和企业建设质量安全可追溯体系的目的都是保证产品的质量安全。通过对产品从生产到消费的供应链的全程跟踪,确保在问题发生后能够进行追溯和召回,并进行责任追究。但是二者的出发点、管理方式、参与主体、受益面等有所不同(陈红华等,2017),具体见表3-2。

表 3-2　政府强制与企业自愿建立产品质量安全可追溯体系的区别

区别项目	政府强制	企业自愿
出发点	提高群众对产品安全满意度	树立品牌,提高市场占有率
管理方式	追溯准入管制	契约或纵向一体化
参与主体	产品供应链的所有业主	契约业主
受益面	所有收入阶层的消费者	较高收入阶层的消费者
产品价格	基本没有变化	比普通产品高出 20%～40%
追溯标准	相对统一的政府规范	企业标准

（1）出发点不同。政府实施追溯主要是改善政府形象,提高消费者对产品安全的满意度,减少产品安全风险,促进经济社会健康发展;而企业实施追溯,主要是为了细分市场,树立企业品牌形象,提高市场占有率,获得社会平均价格之上的超额利润。

（2）管理方式不同。政府强制性可追溯体系建设是以法律法规或者政府规章制度的方式实施市场准入管制,是一种强制行为,实施可追溯的主体是被动的或者不情愿的。为了提高追溯效果,政府需要在政策上和资金上对企业给予支持,降低企业的追溯成本,激励企业按照政府的要求规范操作;如果仅有管制和惩处,没有激励,企业可能会利用信息不对称做出道德缺失和弄虚作假的行为,导致可追溯信息失真,可追溯体系成为摆设。而企业自愿建立的可追溯体系是一种契约行为,依靠纵向一体的契约关系,约束契约方按照标准提供合格产品,分享收益。消费者对这种产品的信任度较高,对适度提高售价容易接受。

（3）参与主体不同。政府强制性产品质量安全可追溯体系是一种制度性的普遍约束,要求产品供应链上的所有业主遵守执行。由于参与主体管理水平等参差不齐,交易费用较高,安全风险相对较高。而企业自愿可追溯的参与主体仅有经过选择的契约方,容易达成共识,减少了交易费用和违约风险,产品的安全保障程度较高。

(4)受益面不同。由于政府强制性的产品质量安全可追溯体系覆盖整个产业链,因此从宏观上讲,可以更好地规划产业链的发展,更好地实施宏观调控。同时,在政府规制下,市场上销售所有的产品均是质量安全可追溯的,所有的消费者都能够享受安全追溯产品,最大程度提供质量安全可追溯产品,对社会的福利是增加的。企业提供的质量安全可追溯产品的消费人群相对较窄,如一些公司销售的可追溯产品主要面向高收入人群,普通消费者受价格约束难以享受到高科技带来的好处。

(5)追溯标准的不同。在政府可追溯模式下,政府制定统一追溯标准,消费者可以在一个平台上查询不同企业、不同供应环节的质量安全信息,容易形成权威的标准体系。而企业实施的可追溯体系是根据企业的成本预算确定,追溯标准也因企业而异,可以根据产品特性和供应链成员的能力来制定可追溯编码,更具灵活性。

值得注意的是,应该选择何种可追溯主导模式需要综合考虑多方面的因素。首先,需要从风险点出发,观测产品特性和可能高风险流程。企业可以根据同一行业过去暴发风险的可能性,判断哪些企业参与了同类产品的关键环节。其次,关注产品的供应网络。一方面,应该关注目标公司是否处于网络中心位置,是否掌握供应链话语权以成为强势企业。另一方面,可以从规模、数量、份额、密度、距离来判断目标企业的上下游企业集中度。最后,识别目标公司的能力。既要注意企业资源是否足以搭建这样一个追溯体系,又要分析目标企业是否具有沟通、协作和整合等协调能力。此外,除了供应链内部因素外,外部利益相关者的因素,比如政府、消费者乃至社会公共机构的意见也会对产品选择何种追溯主导模式产生影响。

第四章　产品供应链追溯系统的建设

一、产品供应链追溯系统建设的动机

目前世界范围内企业建立追溯系统的方式有两种,一种是政府强制建立,一种是企业自愿建立。一般政府强制建立的实施标准低于企业自愿建立的标准,追溯系统的复杂程度也低于自愿建设。很多企业在符合政府强制建设的标准的基础上,为了更好地实现供应链的经济、环境和社会的可持续发展,自愿增加追溯系统的复杂程度。自愿建立追溯系统企业面临一个重要决策,就是供应链追溯系统的能力水平决策,企业需要明确影响其实施追溯系统的因素,并深入分析追溯系统的成本和潜在的收益,才能科学合理决策追溯系统的能力水平,建设合适追溯水平的追溯系统。

很多企业都是在政府强制要求下才投资建立可追溯系统的,但是从过去几年欧盟国家实施可追溯系统的经验看,比如牛肉产品,即使在强制要求下也只能缓慢执行。显而易见,企业认为可追溯系统带来的利益并不大,所以没有执行动力。企业动机是追溯系统成功实施的一个关键因素(Donnelly 等,2011),那么企业实施可追溯系统的执行动力究竟是什么? 有哪些因素可以驱动企业实施可追溯系统呢?

通常有两个或更多的因素影响产品供应链追溯系统的实施和应用,这些驱动因素可以分成以下几类:监管因素、食品安全和质量因素、社会因素、经济因素、技术因素、利益相关者的压力和其他动机。

（一）监管因素

1. 法律法规

为解决食品质量和安全问题,以及所有权纠纷问题,政府设立的相关的法律法规是产品实现追溯的最重要推动力。为了响应应运而生的法律法规,越来越多的食品企业开始建立并应用可追溯系统。企业必须遵照执行相关的法律法规,达到监管要求,才能进入市场。有些研究表明,为防止消费者信心丧失,保持市场力量,以及保护消费者福利的政治压力,是推动大型零售商投资实施食品追溯项目的主要动力(Bertoliniet 等,2006;Heyder 等,2012;Liao 等,2011;Resende-Filho 和 Hurley,2012)。

当前,强制性的食品追溯法律正在实施,欧盟通过引入一般的食品法来实现食品追溯的强制执行(Kher 等,2010;Schwägele,2005)。追溯数据既包括强制性的数据,也包括可选择的数据。强制性的数据包括产品批号、产品标识码、产品描述、供应商标识号、数量、计量单位、买方标识号;可选择的数据包括供应商的名称、联系方式、收货日期、原产国、包装日期、贸易单位、运输车辆标识号、物流服务提供商标识号、买方名称和发货信息。

2002 年欧洲的《通用食品法》(EU 2002/178)和美国的《生物恐怖应对法》的颁布,使得食品的可追溯性成为所有食品企业的一项强制性要求。

在欧盟和日本,零售业引进追溯系统是强制的,而在美国是企业自愿实施的(Smith 等,2008)。由于这个原因,美国在发展和实施牛的识别和可追溯系统方面落后于欧盟的一些国家(Schroeder 和 Tonsor,2012;Smith 等,2008)。

提高侵权责任法的有效性,可以激励企业生产安全食品。民事诉讼的威胁以及由此产生的经济损害和品牌资本的损害,激励企业提供安全食品。只要全行业的可追溯系统能够促进法律责任的建立,企业采取措施提高食品安全的动机就会得到加强(Hobbs,2003;Souza-Monteiro 和 Caswell,2004)。

2. 质量认证标准

食品安全质量认证体系通过控制食品原料、加工(制造)和储运、销售过程的关键点,弥补了单纯依靠最终产品检验进行食品质量控制的不足,可最大限度地减少食品安全危害风险。食品可追溯体系必须与 HACCP、GMP 和 ISO9000 等质量技术管理与质量认证体系有机结合才能发挥作用。同时较为完善的食品安全质量认证体系,还表征着企业具有一定的技术能力,具有低成本实施可追溯体系的优势,因此,质量认证体系对企业投资食品可追溯体系具有较高的影响程度。

另外,执行了质量认证体系的企业实施可追溯体系的成本相对较低,更愿意在实施质量认证体系的基础上,投资食品可追溯体系(Banterle 等,2006)。

(二)食品安全和质量因素

1. 食品安全和质量控制

食品安全和质量控制是企业建立可追溯系统的主要驱动力。

可追溯体系为食品安全提供了一个很好的保证,通过了解整条链的食品质量,可以在产品销售给消费者之前,识别并剔除不合格的产品。另一种方法是按照必需的质量标准调整食品的环境条件,这样就可以避免不安全产品的出现。

而且可追溯体系的引进使得在食品供应链中出现问题时,可以从产品供应、生产、运输等过程中找寻出原因并采取措施纠正,也就是说,可追溯系统同样可以起到预防的作用。

Sparling 等(2006)应用主成分分析法,将企业实施追溯系统的激励因素划分为广泛的类别,反映了实现产品可追溯性的三个基本驱动因素:产品问题、市场驱动、法律法规。使用问卷的方法对加拿大的乳制品行业进行实证研究,结果表明,在实施追溯系统之前,管理人员的主要动机是减少食品安全事故发生的风险,以及发生风险后降低自身的责任等与产品召回有关的因素。市场驱动因素对于那些生产自有品牌产品的工厂更为重要。

2. 食品安全风险管理

从 20 世纪 90 年代开始,食品可追溯性已成为重要问题,来源于食品安全问题(如口蹄疫、牛海绵状脑病(BSE)、二噁英危机、禽流感、三聚氰胺污染的牛奶),和水产品安全事件,食品造假,以及包括劳工问题的可持续生产问题等(Bertolini 等, 2006;Engelseth, 2009;Hobbs 等, 2005;Hong 等, 2011;Kelepouris 等, 2007;Liao 等, 2011;Liu 等,2012;Salampasis 等, 2012;Van Dorp,2003;Van Rijswijk 等,2008;Wognum 等,2011)。

通过标注产品批次,登记产品目的地和原始信息,有潜在危害或受污染的产品都可以在商品交易时除去或从消费者手中召回。在农业和食品行业,风险管理寻求降低产品召回造成的损失。召回造成的损失数量受召回事件发生的可能性以及短期和长期损害程度的影响(Smith, 2008)。召回事件发生的概率受产品特性的影响较大,例如,肉类和蛋类比谷物或其他干粮更容易受到微生物污染(Golan 等,2004)。短期损失源于召回的物流成本、缺货导致的营业额减少、实验室分析的费用、与零售商和消费者的危机沟通以及内部流程快速改进的投入。长期成本是由企业形象受损、企业声誉和品牌价值受损、产品重新推出成本和强化营销费用,以及内部流程和供应链的更根本重新设计造成的。管理者认为追溯系统是有用的,可以降低产品召回的概率(由于改进库存管理等功能)、短期损失(因为召回批次的减少)和长期的损失(如由于更快的召回,减少形象、声誉和品牌价值的损害)。

（三）社会因素

1. 公众对食品安全的信心

有效的可追溯系统可以帮助增强公众对食品安全的信心，并在出现食品安全问题时，迅速查明和隔离来源，保障进入市场的渠道。对产品可追溯性的额外保证有助于建立消费者信任，尤其是当消费者对政府保护食品供应安全的能力的信心已经减弱的时候，比如在疯牛病之后的欧盟和日本。在这些情况下，零售商试图通过提供质量保证来填补消费者信心方面的空白，并将可追溯性纳入其中。

另外，消费者对食品安全的担忧程度与可追溯食品消费需求紧密相关，消费者对食品安全的担忧程度越高，市场上可追溯食品的消费需求越大，这将直接增加企业生产可追溯食品的收益，必然成为影响企业投资食品可追溯体系的重要因素（吴林海等，2012）。

2. 消费者对高质量食品需求的增加

可追溯系统可以提供改进的客户服务水平，能够更好地满足客户特殊的质量要求，例如特定的颜色、成熟度、质地、味道、等级或货架期。就像杧果，当它们被放上零售架的时候，时常是未成熟的、生的（坚硬果实），然而大多数消费者则寻找"可以马上吃的"杧果。

3. 识别转基因和非转基因的需求

促使食品公司实施可追溯系统的社会问题有：提高消费者对食品的信心，提高生活质量和改变生活方式，增加消费者收入，提高社会公众对健康的意识等。消费者对非转基因工程产品的需求不断增长，但是消费者很难发现一种食物是否通过基因工程生产的。为此，在食品追溯系统中，企业不应仅仅试图遵守政府规则，而应充分提供消费者需要了解的信息，如各种食品属性、原产国、动物福利和基因工程相关问题（Golan等，2004）。

4. 改善竞争环境

农产品质量安全可追溯系统通过信息共享增强供应链之间的信任，提高供应链之间的契约性，可追溯系统的采用使企业与其上下游企业的关系及所处的环境得到改善，例如，通过实施可追溯体系，使企业产成品质量得到提高，消费者的压力减少，法律环境得到改善，买方和供应商的合作关系更加和谐。

在实际运营中，企业实行质量可追溯体系是各种因素相互起作用的结果。不同类型、不同发展战略指导下的企业对质量可追溯体系的认识存在差异，企业规模、企业经营者的食品安全意识、产品类型等因素都会影响企业实施质量可追溯体系的决策。

（四）经济因素

明确影响企业引入追溯系统的经济因素，有助于理解追溯可能带来的净经济效益的程度。在美国，企业实施追溯系统的驱动力主要来源于经济动机，而非国家的追溯监管。在美国，除了控制动物疾病的流行，经济动机还影响了畜牧业可追溯系统的发展（Golan 等，2004）。经济动机还包括：保护动物财产不被盗窃；证明（通过可追溯性文件）动物拥有有价值的属性，如最新的疫苗接种；证明动物福利规定到位，使动物应该得到更高的价格。

Hobbs 等（2005）研究了在肉类和畜牧业部门实施可追溯系统的经济动机，结果表明将可跟踪性与质量保证捆绑在一起有可能提供更多的价值。

1. 市场利益

国际市场的需求是生产者实施动物身份识别系统的主要原因之一。食品国际贸易的发展除了受竞争优势、成本等传统因素影响外，更受食品安全性和是否具备可追溯性等非传统因素的影响，非关税贸易壁垒更关注食品质量的安全属性（吴林海等，2014）。从 2002 年开始，由于欧盟和美国等国家陆续要求进口食品必须具备可追溯性，因而我国的一些食品出口企业逐步开始实施可追溯体系，以满足国际市场的需求和提高出口食品的竞争力。

食品质量和安全危机反过来又在国家和国际层面造成重大的经济和市场关系危机。如，欧盟禁止从中国进口水产品，声称水产品中检测到的兽药、冰毒、杀虫剂和重金属残留量超过了欧盟标准（Liu 等，2012）。这可能会影响中国的贸易，中国每年出口到欧盟的水产品约 306 万吨，价值 97.4 亿美元。

根据 Liddell 和 Bailey（2001）的研究发现，国际市场的需求与实施可追溯体系的意愿呈正相关。目前中国食品出口到 200 多个国家和地区，国际市场的需求必然影响企业对追溯系统的投资意愿。

潜在的市场效益和可追溯性概念的设计、管理和营销是海产品行业实施可追溯系统的重要驱动力（Thompson 等，2005）。许多海产品的目的地市场在推动企业采用可追溯性方面发挥着重要作用。市场对可追溯性的影响可能与特定的法规要求有关，这些法规包括出口到市场目的地的产品、健康和安全法规、消费者对各种"认证"产品的需求，以及企业自身对产品差异化的渴望（Sterling 等，2015）。

在国际贸易中，农产品可追溯体系已经成为各国农产品质量安全控制体系的重要组成部分，并逐渐成为农产品国际贸易的技术壁垒之一。巴西、阿根廷等国家实行该体系是为了满足进口国家的需要,获取市场准入。加拿大和澳大利亚的食品企业提高食品安全的驱动力则主要来自国外,其提高食品安全的动机在于维持和扩大出口市场。

另外,追溯系统的使用可以帮助政府纠正市场失灵(Golan 等,2004)。

2. 降低风险事后成本

当食品安全事故发生后,可以通过追溯系统溯源供应链上的产品或动物。在加拿大和欧盟畜牧业实施的追溯系统,证实了可以降低事故发生后的成本。有效的追溯可以使食源性疾病的范围得到控制,从而通过限制接触可能不安全食品的人数,进而减少医疗成本、生产力损失等公共成本。通过识别和隔离污染源,可追溯系统还可以通过更有针对性的召回来降低产品召回成本,通过责任识别保护无责任公司免受未能投资于良好生产实践的搭便车者的侵害,从而降低行业的企业成本(Hobbs 等,2005)。

3. 降低运营成本

Hobbs 等(2005)认为,实施质量可追溯体系可以降低供应链各主体之间的交易成本和管理成本,在食品安全事件发生时能够减少企业损失。

首先,通过使用可追溯系统,可以降低产品损失等进而降低成本,当产品过期时,过剩产品的费用很高,生鲜产品的产品损失是零售最重要的成本。为了避免产品损失,生鲜产品的供应链管理远远比干制食品更为重要。对生鲜产品来说,关键在于处理好双重目标,一方面避免产品脱销,另一方面根据有限的货架期来减少产品损失。

其次,通过运用完整精准的可追溯系统可以有效降低物流成本,如,通过改进供应链管理,降低库存水平;减少运输差错,减少重复投递的次数;增加运输工具的装载水平;自动确认和登记以节约时间和人力,减少错误和即时洞察存货水平等的真实情形;充分利用配送中心、仓库和运输工具等的空间;高效地返回物流单位,如托盘等(Ian Smith,钱和等译,2010)。

另外,通过使用可追溯系统可以提高食品供应链的信息化程度,促进食品供应链的垂直整合。遵循新的制度方法,特别是交易成本经济学,Banterle 和 Stranieri(2008)认为追溯系统会影响供应链组织的制度。

供应链垂直一体化的程度和水平影响了可追溯体系的成本,特别是对小型食品生产企业的影响更大,垂直一体化程度越高的企业实施可追溯体系的成本越低,投资意愿与水平越高(Banterle 等,2006)。

采用自愿可追溯系统,提高了食品安全和质量水平的提高,推动了供应链竞争力的提升,在某些情况下,还会促使加工商接受零售要求。通过引入垂直合作的新模式,并提供与之相关联的新的交易治理,自愿追溯系统的正确实施为供应链主体之间的业务流程重组提供了必要条件(Banterle 和 Stranieri,2008)。

在欧盟,强制追溯系统的应用对供应链垂直关系的影响有限,而第二级水平的自愿追溯系统会促成供应链垂直管理的重组。

Banterle 和 Stranieri(2008)使用实证研究的方法,研究意大利的食品供应链,在采用更高要求的自愿追溯系统后对供应链交易特征的影响。结果表明,自愿追溯系统的实施可以提升资产专业化程度,降低供应链的不确定水平。自愿追溯系统的引入,对原来使用口头协议的企业来说增加了垂直协调,对使用合同的企业来说增加了交易条件的变化。但是对于垂直整合的企业,就没有出现交易治理的变化,因为他们已经进行内部维护。

可追溯性还降低了消费者和下游食品经销商的监督和执行成本,从而使他们能够发现问题所在,并寻求法律补救。

追溯系统还可以让政府运行更有效的监控和检查程序,这些程序的重点是审计公司的记录,而不是直接监控公司的行为。

通过系统对信用属性(包括与食品安全、动物福利、环保生产实践等相关的属性)进行标识,为消费者降低信息成本(Golan et al 2003a,2003b;Hobbs 2003)。例如,Clemens(2015)讨论了日本食品零售商的一项营销"事故肉"的策略,其中包括关于疯牛病状态的信息、关于这种动物的基本生产信息,以及整个供应链追溯到原产地农场的可追溯性信息。这种形式的可追溯性执行事前信息功能,注重主动提供信息和质量验证。根据 Golan 等人(2003b)的研究,这是一个宽度更宽的可追溯系统。

4. 获取竞争优势

近年来,食品消费呈多元化、个性化、高层次趋势,食品市场细分明显,各国食品企业通过差异化战略占领市场。企业实施质量可追溯体系不仅能够保证食品的质量安全,而且还能帮助供应链节点企业实现产品差异化策略,生产适合于不同消费群体的差异化产品,提升品牌效应,从而在激烈的竞争中赢得市场。发展中国家的大型企业更倾向于采用非强制性的食品安全体系认证,建立自己的品牌来维持消费者的忠诚度。企业实行可追溯体系是一种长期投资,把提高食品安全作为提高国内和国际市场竞争力的策略,这类企业已经拥有一定的品牌形象,愿意把实施质量可追溯体系作为获得持续竞争优势的战略选择。

5. 政府补贴

相对而言,可追溯系统的经济效益被认为是较弱的驱动力,因为高效的全链可追溯系统是资本和资源密集型的,需要大量的初始投资。然而,更好的市场准入、更好的产品价格、潜在的政府资金是推动企业实施追溯系统的重要因素。

确保食品安全是政府的责任。政府往往通过监管、惩罚与支持相融合的组合性措施来提升食品安全水平。政府的资金以及技术支持会极大地影响企业投资实施可追溯体系的成本与积极性。因而能够获得优惠政策的企业越愿意投资实施可追溯体系,愿意投资的水平也越高。Golan 等(2004)、杨秋红和吴秀敏(2009)的研究认为,政府资金和技术的支持将有助于企业降低成本,影响企业投资实施可追溯体系的积极性。Schulz 和 Tonsor(2010)的研究表明,政府的支持措施、惩罚手段等极大地影响了美国母牛生产者投资实施可追溯体系的意愿与行为。

6. 技术因素

有效的可追溯系统需要更复杂的设备和系统,起初由于设备和系统的复杂性以及与之相关的高成本,这些追溯设备和系统没有引起食品公司的注意。然而,新兴的更廉价的新技术正在激励企业开发集成供应链所有阶段信息的全链可追溯系统。特别是,随着基于纳米技术的可追溯设备的发展,新的可追溯系统的成本降低和效率提高,预计将极大地激励粮食公司积极参与食品可追溯系统的开发和实施(Chrysochou 等,2009)。

可追溯技术的发展在三个主要领域产生了较大影响。第一是使得可追溯体系无所不在,在可追溯体系中不断增加的信息量以及不断普及的电脑形成了全球范围的食品供应链。现在,我们能够掌握产品的原产地、各个细节信息,比如产品处理、生长环境、杀虫剂和除草剂的使用等,都能够记录在追溯系统中,这样可以使生产者、销售商和消费者更了解产品质量与风险。第二是可追溯信息的集中化与分散化的矛盾运动。一方面,集中化是根据供应链不同阶段和不同合作伙伴,将可追溯信息整合在一个中心数据库内,供应链中的各成员通过因特网上的一个中心数据库录入各自的信息或者信息的参考资料。另一方面,分散化只提供当地的可追溯信息,不存在中央数据库,可追溯体系建立在对相关产品信息的收集和整合功能上。第三是将可追溯的功能与其他商业功能相融合。可追溯最初是以控制食品安全事故的影响作为发展动力的。现在,政府和企业都开始将可追溯作为一种可达到多种目标的工具来使用,包括食品安全管理、食品质量管理、物流、加工效率、成本控制、市场营销以及其他方面。因此,可追溯拥有了一个独立化的商业功能,同时也是 ERP、物流、商业或质量管理方法的一部分。

(五)利益相关者的压力

1. 政府管制

政府在可追溯体系实施中主要表现为监管和激励,即从外部营造改进食品质量安全的压力和动力,激励和约束供应链节点企业行为,及时发现各种不安全食品,向社会披露相关信息,辅助消费者进行食品消费抉择。一些小型企业更容易受外力驱动实施质量可追溯体系,例如,为了服从管制法规和政策的要求,中型企业通过游说政府制定与其出口国市场标准相接近的官方标准来维护自己的利益,小型企业则主要是联合公众和非营利性机构制定符合其利益要求的质量分级标准及体系。

2. 消费者的需求

消费者在质量可追溯体系中的行为主要表现为使用动机和支付意愿。国外的研究表明,消费者乐意为可追溯系统的实施支付相应成本费用,并且认为开发针对这些特征的可追溯系统能够获得可观利润;食品安全检测认证比其他任何属性(包括原产地标签、追溯性、产品的亲和性等)更有价值,消费者更倾向于认可密封性、保质期等直接表明质量安全保证的信息,能够提高消费者对安全食品的认知程度,让消费者更多地了解产品的内在品质,提高消费者的支付意愿。国内已有研究表明,消费者对具有表明食品安全标签的食品表现出强烈的购买意愿,愿意支付额外费用,但是对价格表现得很敏感。

3. 其他利益相关者的要求

目前一些企业实行质量可追溯性是迫于下游企业或者采购商的压力,以及一些非政府组织对企业的食品安全要求等。这些利益相关者迫使企业实施质量可追溯体系。

二、产品供应链追溯系统建设的成本收益分析

我国目前通过政府引导,企业自愿建设的方式进行可追溯系统的建设和实施,企业自愿建立可追溯系统首先要考虑的就是成本—收益问题。

食品质量安全可追溯系统的建立需要供应链上所有主体的参与,包括上游供应商、生产加工商、物流商、零售商和消费者,以及政府相关部门。古典经济学的"经济人"假设理论认为,企业作为社会的重要经济组织,始终以盈利为目的。企业建立可追溯系统需要投资一定的信息技术和信息系统,增加了企

业的成本,只有当实施追溯系统带来的收益大于或等于成本时,企业才有意愿建立可追溯系统。

企业必须增加关于追溯系统的成本和收益的认知,因为这可以帮助企业在实现过程开始之前确定可追溯单元的颗粒度级别:不同颗粒度级别的可追溯信息可以用于什么? 哪些信息与谁相关?

(一)追溯系统成本分析

1. 影响追溯系统成本的因素

进行追溯系统成本分析时主要考虑的影响因素(Golan 等,2004)有:可追溯性的范围越广,记录的信息越多,可追溯性的成本就越高;事务的深度和数量越大,可跟踪性的成本就越高;精度越高,跟踪单元越小、越精确,跟踪成本越高;产品转化程度越高,追溯体系越复杂,追溯成本越高;新会计制度的数量越多,并且实施方案越多,追溯的启动成本就越高;追溯的技术难度越大,追溯的成本就越高。

杨秋红和吴秀敏(2008)的研究提出影响企业建立可追溯系统的成本因素主要包括:可追溯系统的深度、宽度和精确度,企业与上下游各部门之间的协作关系,企业产品生产流程,技术因素和其他。

结合已有研究,归纳可追溯系统的成本因素如下:

(1)可追溯系统的广度、深度和精度

美国学者 Golan 等(2004)根据可追溯系统自身特征的差异设定了衡量可追溯系统的三个标准:广度(breadth)、深度(depth)、精度(precision)。广度是指系统所记录信息的范围。就目前来说大多数企业记录原材料的产地、名称、购买时间等基本信息,其他相关信息记录弹性很大,一般由企业自主决定。记录信息越多,成本越大。深度是指可以向前或向后追溯信息的距离。追溯深度越深,所耗费成本越多。精度是指可以确定问题源头或产品某种特性的能力。精度反映一个追溯系统能够查明产品运动或特征的程度。精度越高,追溯系统的成本越大。可追溯系统的广度、深度和精度一方面要受到产品特性的制约,另一方面要由企业自身决定,是影响其成本的一个最重要的因素。

(2)企业与上下游各部门之间的协作关系

首先,企业建立可追溯系统需要与供应链各部门之间进行协调,从而发生的协调成本因企业与上下游各部门之间的协作关系不同而不同。食品加工企业与上下游各部门之间的协作关系有四种:现货交易式、合同订购式、战略联盟式和垂直一体化式。现货交易式即完全通过市场进行交易,企业与上下游各部门之间关系松散,企业建立可追溯系统的协调成本最高;合同订购式即企业与上下游各部门之间通过订立合同的形式实现交易,与现货交易式相比,这种方式相互之间关系稍微紧密,但由于履约率较低,协调成本较大;战略联盟式和垂直一体化式,由于企业与供应商和销售商建立了利益共同机制,企业建立可追溯系统所涉及的协调成本相对较低。其次,与上下游各部门之间的协作关系也会影响企业生产具有可追溯性产品的原料供应和销售,直接影响企业建立可追溯系统的平均成本。

(3)企业产品生产流程

企业产品生产流程影响可追溯系统信息记录的多少,以及信息记录和产品标识的繁易程度,进而影响到可追溯系统的成本。如果是初加工食品,在加工企业内所记录的信息成本和标识成本都较低;如果是深加工食品,其追溯流程更长,记录信息更复杂,标识次数越多,成本就越高。比如,相对于一块猪肉而言,一瓶猪肉罐头可追溯系统的成本就高得多。

(4)技术因素

从某种意义上来说,食品供应链内原有信息技术水平直接影响企业建立可追溯系统的成本。同时,随着科学技术的发展,如无线射频识别技术(RFID)、GPS等先进技术在可追溯系统中的应用,将大幅降低追溯系统的操作成本,进而使单位产品的追溯成本降低。

(5)其他

影响建立可追溯系统的成本的因素很多,除上述所列之外,还包括可追溯系统在整个行业中的发展情况,企业内外部相关人员对于可追溯系统的认知和接受情况等。

2. 追溯系统成本构成

(1)按照企业建立可追溯系统的程序来分,可追溯系统的成本有:

①标识成本。食品标识是食品可追溯系统建设中最为重要的环节。在标识过程中会发生多项成本,主要包括引进编码系统(如 EAN.UCC 系统)成本、使用标签费用和采用人工或机器加贴标签所发生的人工成本或购买机器费用等。

②信息采集成本。这包括对食品原材料生产过程信息的采集和对食品加工过程信息的采集。对食品加工过程信息的采集主要包括信息记录和信息收集。这两个环节的信息记录和收集所增加的劳动耗费、材料耗费或其他费用为信息采集成本。

③信息录入成本。对于已经记录的食品生产过程的相关信息需要进行整理、分析,并且录入电脑,进行传输;另外,产品属性信息则需要进行编辑、录入和传输。在信息整理、录入和编辑过程中发生的人工成本和录入信息所需要的软、硬件环境支持所发生的费用构成了信息录入成本。

④信息查询成本。这包括企业设立在超市或集贸市场的消费者终端查询设备的购买和维护、相关软件或操作系统的购买及维护、信息查询系统的网页设计和维护、消费者关于可追溯信息的疑难问题解答而产生的相关管理费用等。

⑤其他成本。这主要包括 4 个方面:第一,第三方信息中心由中介组织(认证机构或行业协会)担当,企业作为会员可能每年向中介组织缴纳一定的会费;第二,企业在建立可追溯系统后对于企业原有的管理模式和生产流程造成冲击,进而可能产生费用;第三,建立可追溯系统以后需要对企业员工进行相关知识和技能的培训,产生培训费用;第四,企业建立可追溯系统对供应链上各部门需要协调,产生协调成本。

(2)固定成本和变动成本

①固定成本。固定成本主要包括以下几个方面:生产流程的改造、协调,电脑硬件、软件的采购或局域网建设,编码系统的采购或开发,加贴标签和标签识别系统及相关硬件的采购,多媒体终端设备的采购,设备和软件系统的修理和维护,相关技术人员工资,对企业员工和相关技术人员的培训,企业交由信息中心的服务费等。

②变动成本。变动成本主要由以下几部分组成:原材料溢价,加贴标识、记录信息、整理和录入信息所增加的人工成本,标签成本,以及为建立可追溯系统而增加的电费等。

(二)追溯系统收益分析

沟通和理解追溯系统带来的收益,对于成功实现追溯系统很重要(Sohal,1997)。如果一个企业不能识别追溯带来的收益,那么追溯意愿就会减弱,这将会影响企业投资记录产品信息的信息技术的投资意愿(Karlsen 等,2012)。

Sterling 等(2015)提出与有效可追溯性相关的业务利益的三个关键领域是:提高降低成本的业务运营效率;开发新市场或新客户中公司层面的竞争优势;减轻公司面临的市场和运营风险。研究发现,可追溯性提高了效率和客户服务,降低了一定的风险,增加了市场竞争优势,为参与企业带来了显著的经济效益。其他好处包括减少库存(降低营运资本成本)、更有效的召回管理以及更有效地利用劳动力和其他资源。并发现,一些在协调和协作价值链中运营的企业确实通过可追溯性的实现增加了收入。

根据 Moe(1998)的研究,内部可跟踪性的好处如下:更好地规划资源的优化利用,改进过程控制,产品数据与特征和过程数据的相关性,满足产品标准的因果指标,避免高质量和低质量材料的混合,易于在质量管理审计中检索信息,为在控制和管理系统中实施信息技术解决方案打下更好的基础。供应链可追溯性的好处如下:满足法律要求,避免重复测量,有机会销售特殊的原材料或特色产品,更好地激励保持原材料的固有质量,有效的召回程序,以及更好的质量和过程控制。

追溯系统的成本评估相对直观,而评估追溯系统的收益则比较困难,这些收益通常是多方面的,而且是无形的或间接的,往往需要在追溯系统实施之后的较长时间内才会体现。这也是为什么食品行业对可追溯性采用比较缓慢的原因之一(Verdenius,2006)。

1. 影响追溯系统收益的因素

在进行追溯系统收益分析时主要考虑的影响因素有:供应链协调的价值越高,供给侧需求管理的可追溯性的好处就越大;市场越大,可追溯性在供应商管理、安全和质量控制、诚信营销等方面的好处就越大;食品价值越高,可追溯性对安全和质量控制的好处越大;安全或质量故障的可能性越高,使用安全和质量控制的可追溯系统减少故障程度的好处就越大;安全或质量故障的惩罚越高,其中包括市场损失、法律费用或政府强制罚款,减少可追溯性安全或质量故障的范围的好处就越大;预期溢价越高,可追溯性对信任属性营销的好处越大(Golan 等,2004)。

杨秋红和吴秀敏(2008)的研究提出企业建立可追溯系统的收益的影响因素,主要包括消费者对具有可追溯性食品的支付意愿、食品安全问题发生的概率、食品安全问题的发生给企业带来的损失、建立可追溯系统后供应链管理效率的改善程度、产品差异化和品牌化等。

(1)消费者对具有可追溯性食品的支付意愿

这种支付意愿取决于消费者对于该种属性食品的理解程度、个人或家庭消费习惯、生活水平以及支付能力等。如果支付意愿较高,企业受到消费者的需求拉动,规模生产具有可追溯性产品,从而提高系统使用率,降低具有可追溯性产品的边际成本,为企业创造较大收益。反之,如果消费者对具有可追溯性食品和普通食品的支付意愿相同,企业缺乏生产的直接动力,造成资源闲置,产生沉没成本,从而降低可追溯系统给企业带来的收益。

（2）食品安全问题发生的概率

企业建立可追溯系统的最终目的，正是当出现食品安全问题时，可以根据所记录的信息快速有效地追溯问题源头，区分问题产品和安全产品，撤回尚未销售的问题产品，以此增强消费者信心，并将企业损失降到最小。企业所在地区或同行发生食品安全问题时，都会对该企业造成或多或少的损失。因此，食品安全问题发生的概率越高，企业建立可追溯的收益就越高。

（3）食品安全问题的发生给企业带来的损失

当食品安全问题发生时，可能会给企业带来三方面的损失：一是消费者对食品企业失去信心，二是食品安全问题所带来的法律诉讼费用，三是政府对食品企业的惩罚措施。其中消费者对食品企业丧失信心所带来的损失是不可估量的。企业发生食品安全事件时，企业失去的市场份额越大，法律诉讼费用越高，政府对企业的惩罚措施越重，建立可追溯系统为企业减少损失越大，相应的收益就越高。

（4）建立可追溯系统后企业供应链管理效率的改善程度

食品行业是一个利润微薄的行业，供应链管理已经成为一个重要的竞争领域。可追溯系统通过从供应商到销售商的产品信息的全程追踪，为供应链管理提供了完整的信息基础。同时，建立可追溯系统使得企业与供应商、批发商、零售商之间的合作关系更为紧密，信息交流频繁，从而降低企业与上下游之间的谈判费用，缩短了供货时间，有利于企业实行高效的供应链管理。也就是说，可追溯系统的建立为企业创造的供应链整合价值越高，那么，可追溯系统创造的收益就越大。

（5）产品差异化、品牌化

食品行业产品之间差异化程度较小。为了在激烈的竞争中赢得市场，越来越多的企业努力去生产适合于不同消费群体的差异化产品。一方面，可追溯系统的建立向消费者提供两个方面的信息：过程属性信息和功能属性信息，其中，功能属性信息使食品的信任属性变为搜寻属性，消费者能够识别产品内在属性，从而使产品差异化得到体现。另一方面，通过透明的信息，增强消费者信心，以信誉树立品牌形象；同时，有效的问责机制，激励食品供应链上所有单位提供质量更高、更安全的产品，以高质量树立品牌。差异化和品牌化将导致市场容量扩大，并直接影响企业建立可追溯系统的收益。

2. 追溯系统收益构成

（1）显性收益

显性收益包括产品销售溢价收益和政府补贴。产品销售溢价收益是指销售具有可追溯性产品相对于普通产品所获得的价格优势。政府补贴是指企业在建立可追溯系统时政府采取的一系列激励措施，包括直接补贴、税收优惠和其他优惠政策所获收益。

（2）隐性收益

隐性收益主要包括：供应链管理效率提高，食品安全问题发生时降低的损失，实现产品差异化、品牌化带来的收益，企业知名度和美誉度的提高而使产品销量增加所带来的收益，高知名度、高美誉度所带来的其他隐性收益，以及企业由于建立可追溯系统从而赢得进军或扩大国际市场份额所获收益等。

3. 利益相关者的收益

供应链不同环节的参与者，追溯系统带来的可量化的利益是不同的，如在海产品供应链中，贸易商有明显的可量化的利益（Mai 等，2010）。实现可追溯性的财务负担可能由加工企业承担，而收益可能由更接近最终消费者的分销企业获得。这可以部分解释为什么追溯作为一种可见的增值营销工具发展缓慢，而且主要是受食品安全法规的驱动。

对消费者来说，它代表了一个主要与安全和质量信息相关的附加价值（Dabbene 等，2014）。消费者从增加对市场的可追溯性中获益，因为在发生食品安全事件时，消费者获得补偿的机会更大，而且他们消费的食品更安全（Pouliot 和 Sumner，2008）。

对于食品生产商来说，这是一种避免市场崩溃的工具，而市场崩溃可能会严重影响品牌，同时也是满足政策的需要（Dabbene 等，2014）。

对农场的额外可追溯性允许营销人员将责任成本强加给农场，从而鼓励农场提供更安全的食品。下游公司可以利用对农场的可追溯性，将责任转移到上游，从而减少出现食品安全问题的可能性（Pouliot 和 Sumner，2008）。Sterling 等（2015）的研究表明，许多海鲜产品的目的地市场在推动企业采用可追溯性方面发挥着重要作用，将可追溯视为创新和持续改进性能的机会的企业可以获得可度量的商业利益。

三、确立产品供应链追溯系统的能力水平

ISO 9000：2000 指南将可追溯性定义为"跟踪正在考虑的历史、应用程序或位置的能力"（ISO，2000）。ISO 指南进一步规定，可追溯性可以涉及材料

和部件的来源、加工历史以及产品交付后的分布和位置。可追溯性的这个定义非常广泛,它没有指定关于追溯对象的标准测量单位(如,一粒小麦或一卡车小麦),位置大小的测量单位(如,地段、农场或是行政县区),流程识别的标准(如,农药应用程序或动物福利),信息的存储方式(如,纸质或电子记录,产品本身或容器或一箱),信息的记录技术(如,笔和纸,还是电脑)。它没有规定汉堡包可以追溯到奶牛,或者面包中的小麦可以追溯到田地。它并没有具体说明,为了保证优质大豆的品质,为了控制谷物的品质,或者为了保证不同等级的苹果能正确支付给农民,哪种制度是必要的。

(一)追溯能力测量维度

可追溯性的定义必然是宽泛的,因为追溯性是实现许多不同目标的工具,没有一种方法可以适用于每一个目标。

Golan 等人(2004)引入了三个不同的维度来识别现有追溯能力方案之间的差异,即追溯的广度、深度和精度。McEntire 等(2010)在 Golan 等(2004)的研究基础上,提出可追溯性的水平可以用四个维度来衡量:广度(连接到每个可追溯单元的属性的数量);深度(对供应链上下游产品批次或单元可正确追溯的程度如何);精度(系统能够精确定位特定产品的运动或特性的保证程度);速度(在与食品有关的紧急情况下,可以向供应链成员通报跟踪和跟踪信息的速度,以及向公共卫生官员通报所需信息的速度)。

良好追溯系统的特征各不相同,如果不参照系统的目标就无法定义。不同的目标有助于在可追溯系统的广度、深度和精度上产生差异(Golan 等,2004)。

1. 广度

广度描述可追溯系统记录的信息量。关于我们所吃的食物有很多需要了解的,一个记录保存系统对食物的所有属性进行编目将是巨大的、不必要的和昂贵的。例如,一杯咖啡;这些豆子可以来自任何国家;种植过程中使用了大量杀虫剂,或者只有少量;种植于大型企业有机农场或小型家庭经营的传统农场;由儿童或机器收割;储存于卫生或虫害滋生的设施;脱咖啡因的使用是化学溶剂或热水。单个属性的可追溯系统可以不需要收集其他属性的信息。

2. 深度

追溯系统的深度是系统向后追溯或向前溯源的距离。在许多情况下,系统的深度很大程度上取决于它的广度:一旦公司或监管机构决定了哪些属性值得追溯,系统的深度基本上就决定了。例如,无咖啡因咖啡的追溯系统只需要扩展到处理阶段,如图 4-1 所示。

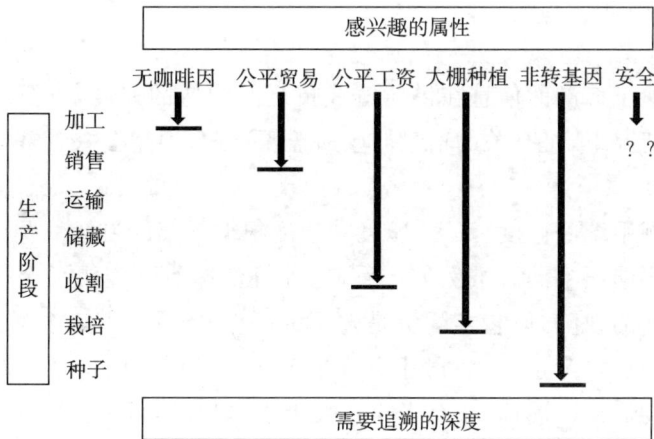

图 4-1　追溯系统的深度取决于感兴趣的属性

资料来源：（Golan 等，2004）

公平贸易咖啡的追溯系统只需要扩展到咖啡种植者和加工商之间的价格和贸易条件信息，对于公平工资的追溯系统只需要扩展到收割环节，大棚种植的追溯系统需要扩展到栽培环节，对于非基因工程的追溯系统需要扩展到大豆或种子。有些情况下，追溯系统可能只需要追溯到最后一个控制点，即建立或验证质量或安全的点。例如，一个公司的病原体控制追溯系统可能只需要延伸到最后一个"杀死"步骤，即产品经过处理、烹调或消毒。

3. 精度

精度反映了追溯系统能够精确定位特定食品运动或特性的保证程度。精度由系统使用的分析单元和可接受的误差率决定。分析单元，无论是集装箱、卡车、板条箱、生产日期、班次，还是任何其他单元，都是可追溯系统的跟踪单元。拥有大型跟踪单元的系统，例如整个饲料场或粮仓，在隔离安全或质量问题方面的精度会很差。拥有更小单位的系统，比如单独的奶牛，将会有更高的精度。同样，具有低可接受错误率的系统，例如在常规玉米储运中对非转基因玉米的低容错，比具有高可接受错误率的系统更精确。在某些情况下，系统的目标需要高精度，而其他目标则不需要高精度。

一般情况下存在三种类型的追溯单元：批次、贸易单元和物流单元。批次的定义是经过相同过程的数量。贸易单元是指在供应链中从一家公司发送到另外一家公司的单位，如一箱、一瓶等。物流单元是贸易单元的一种形式，是企业在储藏或运输前形成的集合，典型的物流单元有托盘、集装箱或一艘货船等(Karlsen 等,2010)。

4. 速度

速度反映了追溯的信息在供应链成员之间沟通的速度,以及在食品安全事故发生的情况下,将有关的信息向政府监督部门、卫生公共管理部门以及民众公布的速度。

自愿追溯系统的广度、深度、精度和速度根据系统的目标以及企业相应的成本和收益不同而不同。虽然乍一看,这种可变性似乎表明了企业自愿建立追溯系统方面的缺陷,但它实际上是效率的一个指标。只有当这样做的净收益(收益减去成本)为正时,公司才会收集关于一个属性的信息并跟踪它在整个供应链中的流动。同样,只有当收益大于成本时,他们才会投资于精确的追溯系统。因为公司平衡了可追溯性的成本和收益,他们倾向于有效地分配资源来构建和维护这些系统。

(二)行业——追溯能力水平匹配

1. 肉类供应链追溯

肉类流通在确定和跟踪动物以确定所有权和控制动物疾病传播方面有着悠久的历史。肉类生产商开发了可追溯系统,以改善产品流程,限制质量和安全故障。最近的发展正在推动企业建立起连接动物和肉类追溯系统的桥梁,并建立起从农场到供应商的肉类追踪系统。尽管技术创新有助于降低这些系统的成本,但制度和哲学上的障碍正在减缓它们的采用(费亚利,2012)。

(1)肉类供应链模式

肉类流通包括养殖、屠宰、加工、运输和销售环节,如图 4-2 所示。

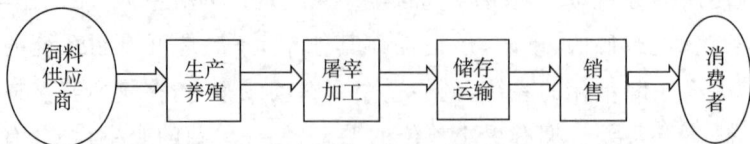

图 4-2　肉类流通环节

生产养殖环节的主要功能是饲养生猪(牛等),使其达到适宜屠宰的过程。养殖方式的不同会直接影响肉类供应链的上游特征以及和中游环节的协作方式。

屠宰加工环节是将检疫合格的生猪(牛等)加工成安全卫生肉类的过程,包括烫毛、刮毛、剥皮、去内脏、冲洗、分割成胴体、检疫等一系列处理过程。

运输环节包括屠宰前活体的运输以及屠宰后肉产品的运输。相较于活体的运输,肉产品运输对运输的要求较高,因此流通环节中会引起肉产品质量安全问题的,主要是指肉产品的运输。

肉产品的销售是肉类供应链的下游环节,也是整个供应链运行的最终目的。肉产品销售的好坏直接影响着供应链上各节点企业的效益,进而影响着供应链组织结构的稳定性。肉产品的销售主体包括直接面对最终消费者的肉类零售商,以及面对零售商的肉类批发商。消费主体包括家庭个人消费者和宾馆、饭店等团体消费者。从中国目前情况来看,肉类团体消费主体一般包括农贸市场或批发市场的个体商贩、超市以及自营或加盟连锁店等。

肉类供应链模式如图4-3所示。在生产养殖阶段以某种特定的方式将散户饲养与基地养殖结合起来,企业在取得充足的货源后,经过大规模机械化的屠宰加工之后,将猪肉送往各大超市、专卖店等处销售。

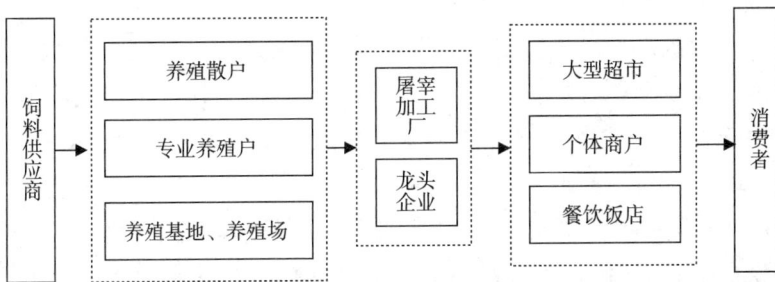

图4-3　肉类供应链模式

(2)肉类供应链追溯动机

一系列安全事故的发生,如疯牛病等,使得肉类追溯系统越来越被重视。决策者、生产者和消费者正在重新评估跟踪动物和肉类从农场到消费者的系统的价值。然而,这些事情并不是第一次促使牲畜饲养者、肉类加工和零售商为牲畜和肉类建立可追溯系统。所有权纠纷、动物健康问题和肉类食源性疾病的暴发都推动了系统的发展,以确定动物的所有权和健康状况以及肉类和肉制品的安全属性。

由于这些历史动机,在活禽和肉类流通分别创建了两套截然不同的可追溯系统:一套用于活体动物,另一套用于肉类。目前肉类流通面临的挑战是将这些系统连接起来,并开发一个系统来识别成品肉制品中的农场级别属性,换句话说,就是将肉类追溯到农场。

(3)活体动物的追溯

牲畜饲养者建立活牲畜可追溯系统有三个主要动机。第一个动机,也是最重要的,主人想要清楚地确定哪些动物属于自己,以保护自己的财产免受盗窃或损失。每当动物混在一起的时候,就像在美国开阔的牧场上经常发生的那样,主人们可能会有动机使用识别标记来区分他们的牛和其他牛。

第二个驱使牲畜主人建立活牲畜追溯系统的主要动机是控制动物疾病的传播。有效控制或根除疾病取决于饲主识别并跟踪健康和不健康动物的能力。这些信息对于计算传染病和设计有效的疫苗接种、隔离和保障计划至关重要。

为活牲畜建立可追溯系统的第三个动机是,许多有价值的动物属性肉眼看不出来,甚至专业的检测设备也看不出来。信用属性,如最新的疫苗接种,适当的医疗护理,动物福利计划,或喂养方案,可能会增加动物的价值。如果饲养者能够通过可追溯性文件证明他们的动物具有这些有价值的属性,他们就更有可能为他们的动物争取更高的价格。

这三个动机影响了美国畜牧业可追溯系统的发展。畜牧所有者已经建立了动物跟踪能力系统,以满足其中一个或多个目标,并通过扩展或收缩系统来反映动物管理、疾病暴发和消费者对信用属性的偏好等方面的动态。

①种牛(母牛犊)的追溯

牛的传统识别方法是烙印,包括热烙印、冻结烙印、隐藏烙印还有角烙印。其他动物识别方法包括文身、视网膜扫描、虹膜成像,现在比较常用的方法是标签。标签可以是简单的打印数字、嵌入微芯片,或机器可读的代码,如射频识别(RFID)。

越来越多的标签包含更多的信息,而不仅仅是动物的所有权。标签上的编码信息可以提供关于疫苗接种记录、健康历史、育种特性和其他过程属性的信息。这些信息要么直接编码在标签上,要么通过标签上的编码链接到动物的单独记录上。与规模较小的饲养者相比,规模较大的牛犊饲养者更有可能使用个体或群体牛犊识别系统,因为当有许多动物在一起饲养时,记住单个牛的特征更困难。

识别系统不仅促进买卖双方之间的交易,还有助于保障整个畜牧业的健康。动物识别和跟踪系统有助于确保不健康的动物不污染健康的畜群。动物识别也是动物疾病控制和根除的一项重要内容。

②饲育场的追溯

饲育场主要有两种类型:散户饲育场和商业化饲育场。商业饲育场的牲畜既包括饲育场拥有的牲畜,也包括其他所有者付费代养的牲畜。因此,大型商业饲育场的牲畜识别更为重要,在商业运作上也可能使用更多的品牌或耳标。品牌化或耳标化还有助于饲育场经营者更容易地根据疫苗接种记录、育种和其他特征对动物进行分类。

③从饲育场到屠宰场的追溯

准备屠宰的牲畜用卡车运到屠宰场。大多数饲养的牲畜都是在牲畜的主人(或代理人)和屠宰加工公司之间直接被交易出售的。当有价值的动物特征在销售点无法观察到时,将特定动物与其健康记录和其他特征记录联系起来的可追溯记录有助于稳定优质关系,并促进有效的市场交易。在从饲料场到屠宰场的销售过程中,在供应链可追溯文件中的每一个销售点,生产者都能以更准确地反映质量的价格销售他们的牲畜。可追溯性文档是验证可信属性(如非基因工程饲料)是否存在的唯一方法。

④屠宰的追溯

食品安全与检验服务(FSIS)条例要求屠宰场保留被屠宰动物的头部和某些器官,加上所有的识别标签,直到动物的所有部位都通过检验。屠宰场必须能够辨认出哪个头和哪个器官属于哪个动物身体。在大多数工厂,这是通过保持它们的物理同步在单独的链和传送带上。一旦进行检查,个别动物的身份就很容易丢失。在这一点上,动物的健康和安全已得到"验证",重点转移到肉的安全。

(4)肉的追溯

推动肉类和肉制品追溯系统发展的主要动机有两个:供应管理、安全和质量控制。可追溯性系统使屠宰场和加工厂能够更有效地跟踪产品流程,并协调生产。追溯系统还帮助工厂将安全或质量故障的程度降到最低,从而将损害降到最低。

一系列大规模食源性疾病暴发和对食品安全问题认识的提高,促使许多生产者采用越来越精确的可追溯系统。这些系统不仅反映了可追溯性的好处正在增加,而且还反映了技术创新正在降低可追溯性的成本。随着零售商和进口商对更安全食品的需求,以及病原体控制的科学和技术的改进,预计这些趋势将继续发展下去,从而刺激对可追溯性的额外需求和对创新的额外激励。

屠宰厂和加工厂已经开发了许多复杂的系统来跟踪生产流程,并监控质量和安全。根据 ISO9000 标准,大多数产品都是按批次或批号进行跟踪输入,然后在产品被转换为新的批次或批号。为了控制食品中的致病菌,如大肠杆菌 O157:H7 和沙门氏菌,许多加工商建立了非常精确的采样、测试和跟踪体系。

追溯记录文件使生产者能够监控其输入的质量和安全,并与供应商合作,以提高输入的质量,或淘汰不能遵守的供应商。生产商的文件也为买方提供产品质量和安全的保证。良好的产品跟踪系统有助于将不安全或劣质产品的概率降到最低,从而将不良宣传、责任和召回的可能性降到最低。

(5)连接动物和肉类的追溯系统

传统上,一旦动物身体通过了美国农业部的检查,屠宰场就不会保存每只动物的身份或特征信息。然而,现在肉类的质量定价已经开始超出了通过检验肉类本身来判断其特征的范畴,肉类价格已开始反映出与农场水平、活体动物特征(如动物福利、饲料类型、抗生素的使用和生长激素)相关的可信度属性。此外,疯牛病等疾病在动物健康和人类健康之间建立了联系,并促使许多消费者,包括那些由外国政府代表的消费者,要求追溯农场和动物喂养记录。

为了响应这些新的动机,畜牧部门已经开始建立可追溯系统,以便将动物跟踪系统与肉类追溯系统连接起来。一些系统可以并且已经被整合到屠宰线中,将群体或个体动物与其肉制品连接起来。

在动物鉴定方面的科学进步将继续降低成本,并增加动物到肉类可追溯性的传播。各种高科技的、快速的动物识别方法,如电子植入物、创可贴或标签等已经被开发出来,科学正在进步,DNA测试可以用来帮助识别和追踪动物产品。与电子标签和动物"护照"不同,生物签名几乎不可能被伪造,而且在加工后可以跟踪产品。

尽管针对动物肉类追溯能力的技术壁垒正在迅速消失,但法律壁垒仍然存在或正在建立。

该行业目前面临的挑战是协调和连接许多不同的动物和肉类可追溯性系统和优先级,并开发一个标准化的系统,以识别农场级别的、活体动物的肉制品属性。

2. 蔬果类供应链追溯

生鲜农产品的特性对生鲜农产品追溯系统的建立和实施有着重要的影响。新鲜蔬菜和水果的易腐性和品质差异要求在供应链的早期,不论是田间还是包装车间,对品质特性进行分级和鉴定。这使得生鲜农产品追溯系统的建立追求多个目标的实现,包括市场因素、食品安全因素、供应链管理因素和质量差异化因素等(陈松,2013)。

(1)生鲜农产品供应链模式

典型的蔬果流通供应链模式见图4-4。

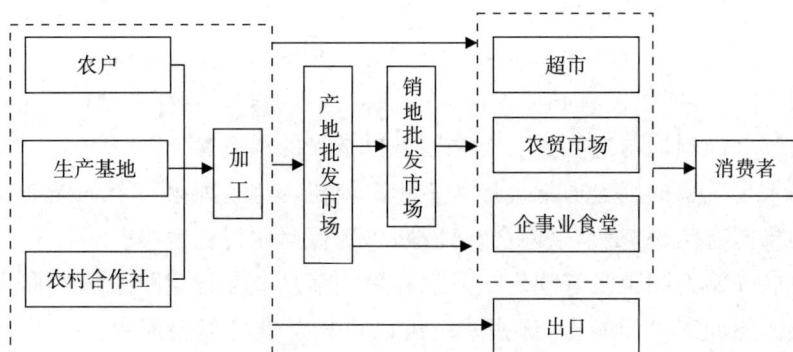

图 4-4　蔬果流通供应链模式

资料来源:(陈松,2013)

（2）种植户到运输商的追溯能力

生鲜农产品追溯链的第一步是从种植户到运输商(产地批发商)环节。种植户想要确保有人致力于代表他们销售他们的产品。承运人希望种植户遵循特定的规则,以防食品安全事故发生时能够追溯到种植户,因为任何可以追溯到种植户责任的问题都会损害承运人的声誉。

种植户的生产环节包括果蔬农产品的种植和采收两个作业,是信息追溯的源头。在果蔬农产品的种植过程中,产地环境、种苗品种,施用的化肥、农药、病虫害情况,耕作方法等都会对最终的果蔬农产品质量产生影响,因此应进行田间信息管理,详细记录这些信息;采收作业信息,包括采收时间、采收方式、预冷处理、数量等信息。且在采收作业时应明确相关责任,记录种植者和采收者的相关信息。生产环节信息管理的主体可以是基地企业、合作社管理人员以及部分个体农户,对于分散的信息管理能力低的农户,可由政府或企业对生产信息进行引导记录。

一般情况下,承运人是面向种植户市场的,要求农产品必须按批次标识,并在第一次销售前记录入账。政府的强制追溯规定并没有要求追溯批量的大小,以及包装盒上的信息多少。根据承运人和种植户的要求,批次可以不同。但是通过更小的生产单元来识别批次,可以成为一种重要的商业工具。例如,一个拥有多个苹果园的种植户可能希望每个果园都是独立的,以便能够用不同的生产实践来比较产量。一方面,从食品安全的角度来看,缩小受污染产品的来源和限制潜在损失也很重要。如果所受污染的产品都来自一个果园,那么即使一个果园出现问题,种植户其他果园也不受影响,可以继续向市场销售。另一方面使得利润的降低可以精确化。但是,没有人会追溯一个苹果来自哪棵苹果树,所以没有必要追溯到一棵树。追溯到一棵树的成本是很高的,但是其带来的利润与追溯到一个果园可以带来的利润相比差异不大。大多数会影响苹果质量的因素通常会影响不止一棵树,因此,如果一个苹果来自一个特定的果园有问题,整个果园会被处理,以确保问题得到解决。

政府强制追溯也没有规定记录保存追溯信息或会计记账系统的形式。根据企业的不同需求和能力,这些系统可以很复杂也可以很简单。大的公司可能有最先进的计算机系统。在某些情况下,零售商要求他们的供应商使用特定的计算机软件,以帮助开发票或电子订购和其他采购活动。规模较小的公司可能拥有比较简单的系统。有些公司不需要太多的信息,如果他们只为少数种植户销售产品,或者只向有限数量的购买者销售产品,一个简单的系统就足够了。

深度方面,有些政府强制要求使用追溯系统,要求农产品可以追溯到单个种植户。但也有一些例外,例如,有些种植户通过农业协会组织等将他们的产品集中在一起,并获得集中产品的平均价格。在这种情况下,追溯就不那么精确了,只能追溯到一小群种植户而不是实际的种植户。

收获的季节,种植户将他们的农产品卖给生鲜批发商并交给承运人,一些水果和蔬菜被收集起来,运到一个中央包装中心或仓库进行清洗、分级和装箱。如苹果、柑橘等,每批货物的质量和大小的分级信息都需要记录。托运人还可以收集其他有关土地或果园的数据,如特定的田地或果园、采摘者、收获日期等,便于交付给种植户、运营管理者,在需要的时候还可以实现回溯。运输商对包装纸箱进行包装和贴标,一般使用喷墨打印机。有些水果和蔬菜直接在农田进行包装,如生菜、西兰花等都是在农田进行收割、分级和装箱。运输商在每个箱子或托盘上使用标签,通常标识种植户、包装工人和日期。

(3)运输商(批发商)到销售商的追溯能力

运输商将农产品卖给各种各样的最终商业客户,有零售商、市场中介机构以及餐饮企业。买方建立追溯系统,买卖双方数据库之间的链接是每笔交易的采购订单号。如果买方要对订单进行溯源,并且有采购订单号,那么运输商可以访问关于产品的所有记录,包括批号和托盘号。在商业买家收到每一批货物时,信息就会进入公司的数据系统,该系统会跟踪货物的进入和最终处理情况。

运输商的物流环节是保障果蔬农产品优质、快速、安全地到达销售终端的作业，包括储藏、运输、装卸搬运等多种作业形式，产生信息包括仓储信息、运输配送信息、装卸搬运作业信息以及服务提供商的相关信息和过程基础信息。目前我国果蔬农产品物流服务提供商多依附于受雇者，这个过程产生的信息，可由雇主所属环节的信息管理主体进行统一管理。

批发商的批发环节是果蔬农产品通过集货商收集、批发商批发进入流通市场，这个环节是保证前段信息完整、准确地传递到最终消费者手上的桥梁环节，需要记录检验检测信息、相关交易信息、交易主体信息和交易基础信息等。批发环节中，批发市场管理方具有一定的组织化程度和信息管理能力，本环节的信息最好由批发市场管理方进行统一管理，可以通过建立市场准入机制，对上游信息进行要求，保障下游果蔬农产品的质量以及信息的查询。

（4）到消费者的追溯能力

产品可追溯的最后一步是从最后一个商业买家（通常是零售商或餐饮企业）到消费者。许多消费者可能对零售商记录他们所购买商品的想法感到不安，但是，这些信息对于溯源是非常重要的，尤其是当发生食品安全事故时。如果消费者可以把质量不合格的产品退回给零售商，那么很多可以观察到的产品质量问题都可以得到解决。例如，消费者带来一包包装好的生菜，在保质期之前已经变质，溯源就是一个例行程序，因为所有信息都印在包装袋上。

销售环节是实现果蔬农产品到达消费者手上的最终环节，也是追踪问题果蔬流向的终端，应记录交易对象相关信息等交易基础信息。销售终端企业不仅负责销售环节的信息管理，还应负责前面环节信息的上传，以方便消费者等进行信息查询。

3. 药品类供应链追溯

（1）药品类供应链模式

药品类供应链包括所有原材料供应商、药品生产企业、药品流通企业、物流企业、药品零售商和各医疗机构等节点，如图 4-5 所示。

原料供应商　→　药品生产商　→　药品流通商　→　医疗机构

图 4-5　药品流通供应链模式

（2）药品类供应链追溯动机

药品可追溯体系最主要的目的是保障药品质量安全，确保用药安全放心，其主要动机有:降低药品安全风险,当发生药品质量安全事故时,能够迅速找到问题源头,锁定并召回不合格产品,减少对患者的危害和降低召回成本;明确企业药品质量安全责任,当发生药品质量安全事故时能及时追究涉事企业的责任,减少企业的机会主义行为,规范市场管理秩序;为消费者提供药品质量安全等信息,缓解信息不对称,降低消费者的搜寻成本,避免出现"逆向选择"和"道德风险"现象;提高政府对药品的监督管理水平,有利于政府借助信息化手段及时了解药品行业发展状况。

(3)药品类供应链追溯能力

药品可追溯体系涉及药品的生产、流通、销售等所有环节,每个环节企业都要根据不同产品的特点、经营方式以及风险因素等承担不同的追溯责任。产品质量主要通过质量指标来体现,任何一种产品都有若干项可以测量的质量指标,如产品的外观、气味及各项技术指标等。由于每一个产品都是由操作人员在一定的环境中按照规定操作机器设备加工制造出来的,因此影响产品质量的因素有很多,大致可以分为两类:一是使用的原材料(material)或半成品的质量,二是生产加工工序本身的质量,包括操作人员(man)、操作方法(method)、机器设备(machine)和工作环境(environment),简称4M1E(吴德涛,1985)。原材料或半成品的质量可以由相应各项质量指标表明,生产加工工序方面的质量可以由工作人员的技能水平、工作态度,设施设备的技术参数,操作过程中的规范程度以及工作环境等确定。除了在生产加工环节,在产品的流通、销售环节也对产品质量有着重要影响,例如储存环节仓库内的温度、湿度,仓储设施装备的性能,运输环节运输车辆状况,装卸搬运环节的技术要求等。因此,药品追溯的主要内容通常包括以下几个方面(王相杰,2018):

①供应阶段。供应商是生产药品所需各类原料的源头,因而也是保证药品质量安全的源头。在这一环节所需记录和传递的信息主要有:企业信息、原料药信息、质检信息、运输信息、仓储信息、操作过程信息和人员信息等。

②生产加工阶段。生产加工环节是关系药品质量安全的关键环节,对药品质量有直接影响,主要包括原料药信息、耗材信息、生产加工工序信息以及基础数据信息。其中原料药信息包括原料药供应商信息、采购信息、质检信息、日期等;耗材信息包括耗材的名称、规格、数量、生产日期等基本信息;生产加工工序信息包括操作信息、质检信息、对应的产品合格标准信息等;基础数据信息包括生产加工企业的有关信息、药品类型、批号信息等。

③流通阶段。流通阶段包括药品的批发、分销以及物流环节。分销商信

息包括分销商名称、地址等信息以及分销商对药品进行的操作信息;物流信息包括物流企业信息、运输路线、运输节点信息、储存信息、温控信息等。

④销售阶段。这一阶段主要是指在流通阶段之后进入医疗机构方面(主要包括医院、诊所、药店)的有关信息,包括医疗机构的基本信息,在医疗机构的储存信息、操作过程信息、患者信息等。

4. 乳制品(乳品)供应链追溯

(1)乳制品类供应链模式

我国的乳品生产一般包含:原奶生产、原奶收集、原奶运输、原奶加工、成品奶运输以及销售等阶段,我国现有乳品供应链如图 4-6 所示。

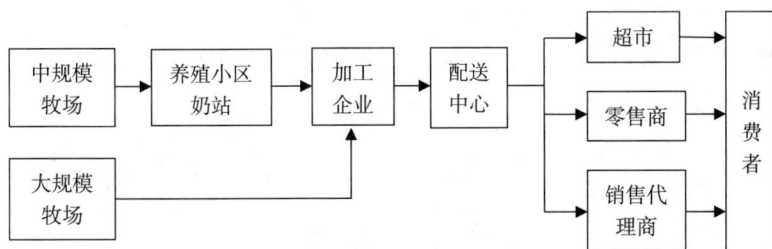

图 4-6 乳品流通供应链模式

(2)乳制品类供应链追溯动机

建立规范满足国家对乳品产品质量的监管体系系统,为乳品进入国家乳品队列提供电子台账,建立电子追溯系统,建立全面质量管控体系。

(3)乳制品类供应链追溯能力

乳品生产可追溯性系统将实现原料奶从进厂直到成品库储存全过程设定温度、压力、流量以及其他参数的电脑监控,全过程参数的实时记录,确保生产监控无死角、过程可追溯。生产时所有参数不仅进行监控和记录,同时当参数不满足生产工艺时都将进行安全报警提示,停止并锁定生产程序,得到处理并满足生产要求后方能继续进行生产,确保产品质量安全(孟凡伟,2015)。

奶牛养殖环节,通过耳标赋予每头奶牛唯一的 ID,记录饲养、饲料、药物、防疫等全部信息;并利用传感器和无线传输技术对牛舍环境等信息进行采集,通过节点的汇合整理存储于数据库中。

原奶采集阶段,将可重复使用的无线 RFID 卡连接在储运装置上,实现奶牛个体标识与液体原奶信息的有效转换。

加工阶段,采用统一的条形码,实现产品、包装材料的统一编码,并将检验和复检信息录入数据库中,与相应编码对应。

运输阶段,运用 GPS、无线传感传输、电子地图等技术建立开放式定位监管平台,不仅实现了冷藏车资源的有效跟踪定位管理,而且实现了冷藏车厢和保鲜库内温度数据的采集传输、记录和超限报警,为运输跟踪和温度监控提供解决方案。

在乳产品的销售阶段,主要通过传感器对信息进行采集,阅读器读取信息后,用超市内部的条形码替换工厂的条形码,再将替换的信息上传到服务器中,然后才能上架销售。

5. 水产品供应链追溯

(1)水产品类供应链模式

水产品供应链的参与主体主要包括养殖基地、加工厂、配送中心、零售商和消费者。如图 4-7 所示。

图 4-7 水产品供应链模式

(2)水产品类供应链追溯动机

水产品质量安全可追溯技术体系近年来被国内外有关方面持续关注,被认为是控制水产品质量安全的有效技术手段。其主要功能是:在水产品生产供应的整个过程中,对产品的各种相关信息进行记录存储。在出现产品质量问题时,能够快速有效地查询到出问题的责任主体,必要时进行产品市场秩序整顿,实施有针对性的惩罚措施,由此来提高产品质量水平。水产品质量安全可追溯要求追踪水产品(包括食品、饲料等)进入市场的各个阶段(从生产到流通的全过程),以有效实施质量控制,在必要时召回产品、商品下架、销毁产品甚至企业退市。水产品质量安全可追溯制度和体系建设是控制水产品质量安全的有效手段(黄磊等,2011)。

(3)水产品类供应链追溯能力

水产品安全可追溯系统主要涉及四个环节,分别为养殖环节、加工环节、配送环节和销售环节(朱红梅,2015)。

①养殖环节。养殖环节是整个水产品供应链的源头,因而有效实现养殖环节的追溯过程对整个水产品供应链的可追溯系统而言显得尤为重要。当水产品的质量安全出现问题时,通过安全可追溯系统可以及时发现安全问题产

生的原因,这就要求在养殖环节不仅要实现该批次产品的养殖基地的追溯,也要追踪到养殖过程中的相关产品质量安全的指标。

②加工环节。水产品的加工环节是整个供应链过程中最为复杂也是最关键的环节。在加工环节中,加工企业必须对每条生产线进行严格的监控,保证每道工序都能符合质量安全标准,避免由于员工的操作疏漏带来水产品质量的安全隐患。通常,加工环节的追溯信息主要包括加工厂的基本信息和加工过程中涉及的关键质量安全指标。

③配送环节。水产品的配送环节是水产品加工厂和其零售商之间关键的分销环节。在配送过程中,配送中心需要对不同的水产品进行入库、盘点、分拣以及配送。配送中心不仅要保证水产品在入库后的质量安全,更为关键的是要实现在配送过程中的质量控制。通常,配送环节的主要追溯信息包括配送中心的基本信息和配送过程中涉及的相关信息。

④销售环节。水产品的销售环节是供应链的末端环节,配送中心将水产品运送到零售商入库后,零售商需要根据水产品的不同对其进行编码后出库上架销售。销售环节的追溯信息主要是零售商的基本信息和销售过程信息。在销售过程中,消费者通过产品包装上的追溯码能够获取相应产品的详细信息,从而实现水产品供应链的透明化。

各环节的详细追溯信息如表 4-1 所示。

表 4-1　水产品供应链各环节追溯信息

水产品供应链追溯环节	信息记录
养殖环节	养殖基地:基地名称、地址、组织机构代码等; 养殖过程:养殖批次、水质情况、网箱编号、池塘编号、饲料配方、喂养记录、用药情况等
加工环节	加工厂:工厂名称、地址、组织机构代码等; 加工过程:加工批次、入场检测、加工时间、加工进程信息、加工添加剂、保质期、安全监测报告等
配送环节	配送中心:配送中心名称、地址、组织机构代码等; 配送过程:配送批次、入库检测、出入库时间、配送数量、产品流向信息
销售环节	零售商:商店名称、地址、组织机构代码等; 销售过程:水产品销售批次、上架时间、销售时间、水产品追溯码等

资料来源:(朱红梅,2015)

6. 酒类供应链追溯

（1）酒类供应链模式

酒类供应链的参与主体主要包括生产商、运输商、零售商和消费者。如图4-8 所示。

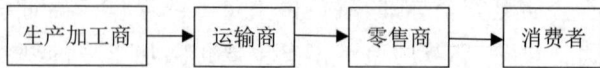

生产加工商 → 运输商 → 零售商 → 消费者

图 4-8　酒类供应链模式

（2）酒类供应链追溯动机

国家食品药品监督管理总局 2015 年 9 月发布《关于白酒生产企业建立质量安全追溯体系的指导意见》（食药监食监一〔2015〕194 号）文件，对于白酒生产企业实施产品溯源和质量监控提出指导意见，要求大力推动相关企业建立追溯体系，提高白酒质量水平。目前，利用物联网技术提高白酒产品质量，防止假冒伪劣白酒产品的出现，已经成为国内白酒企业的共识。将物联网技术应用在白酒的生产和销售的各个环节，是相关白酒企业的重点发展方向，将会大大促进白酒产业的健康发展，同时为消费者提供放心的白酒产品（张腾达和张博，2018）。

我国葡萄酒产业发展时间不长，还存在着自律意识薄弱、管理不规范和标准制订、修订等很多问题。这导致我国的葡萄酒产品质量良莠不齐，存在部分酒庄生产的葡萄酒名不符实、以次充好和假冒伪劣。甚至个别企业为了谋取利益，不顾及消费者身体健康和生命安全，在葡萄酒制作过程中滥用食品添加剂。为了健全葡萄酒行业的质量安全管理体系，必须推进原料保障能力建设，规范葡萄酒生产操作，完善葡萄酒产品质量安全标准和建立企业的诚信管理体系。

《葡萄酒行业"十二五"发展规划》明确指出，要进行产品质量安全追溯体系建设。利用信息化技术建立以保障葡萄酒质量安全为中心的追溯体系，实现覆盖酿酒葡萄种植、葡萄酒生产加工、流通、消费全过程的产品信息可追溯。可追溯体系可以起到对食品安全"确责"与"召回"的作用，明确食品安全责任的归属，确定责任人；明确不合格产品的批次，实现食品快速、准确召回；通过"确责"与"召回"，最终实现"来源可查、全向可追、责任可究"的追溯目标。

建立葡萄酒全过程信息化追溯系统，对外可实现对市场问题的快速分析判断，便于及时采取措施妥善处理，提高应对市场风险的反应速度和能力；对内可进行问题原因的快速查找分析，及时明确责任，采取改进措施，提高产品质量和食品安全管理水平。可见，建立信息化追溯系统，能够有效提高企业的风险应急处理能力，同时也是企业品牌发展的一项重要工作（王显苏等，2018）。

（3）酒类供应链追溯能力

白酒追溯系统涉及白酒产业的各个环节，从原材料的采购、白酒的酿造、原酒的储藏、白酒的灌装、产品的物流和白酒的终端销售等环节（张腾达和张博，2018）。

在白酒生产流程中，将白酒原材料信息通过射频技术写入电子防伪瓶盖。电子防伪瓶盖不同于传统图像防伪标签的瓶盖，其瓶盖内置 RFID 电子标签，用可以加密的方式写入数据，具有一次性开启后即失效的特点，杜绝了传统图像防伪标签易伪造和重复使用的缺点，具有更高的安全性。同时将白酒生产工序、质量检测等关键信息写入电子防伪瓶盖的 RFID 标签中，通过移动读取终端，将信息同步无线传送到质量溯源云平台中。

运输过程中，产品在出库时，通过 RFID 读写设备读写白酒包装中的电子标签数据，将该数据与车辆运输起止位置和车辆 GPS 数据自动匹配，从而保证了车辆运输过程的安全性和一致性，提高了白酒地区专卖的可靠性，防止出现白酒串货的风险。

在终端销售过程中，厂家市场监管人员可以通过移动读取终端，实时在卖场抽取白酒商品，读取白酒防伪电子瓶盖中的标签数据，将数据与质量溯源云平台的数据进行比对，从而对白酒商品的真伪和地区专卖进行判别和处理，保证了消费者和生产厂家的权益。

葡萄酒质量安全追溯系统通过从葡萄酒厂家生产、库存、物流、销售到消费者，形成一个完整的葡萄酒质量安全防伪溯源的管理系统，从而实现对葡萄酒产品各个安全管理环节进行有效的追踪和反馈（王显苏等，2018）。

通过一维条码、二维条码、激光标识、RFID 技术和视觉识别等自动识别技术的射频信号，可自动识别该葡萄酒的目标对象，并与葡萄酒企业的现有信息系统进行集成，整理和融合葡萄酒产品从原料栽培、酿制、管理、灌装、物流运送、经销商或零售商到消费者整个过程的相关信息。使用网上云平台，批量选择生成葡萄酒产品标签数据，印刷成相应的二维码标签，并通过手持 PDA 终端，严格把控生产、装箱、发货的所有过程，逐步且及时地根据葡萄酒产品属性录入对应产品流通信息和发货渠道信息，从而完成葡萄酒质量信息的可追溯。

尽量为每瓶葡萄酒打上一枚 RFID 标签,上面记录着该瓶葡萄酒的基本信息。因为对应单个葡萄酒产品,RFID 标签的 ID 编码具有独一无二性,无法被仿制。相比于传统的纸质品条形码,RFID 标签不存在被磨损、污染和撕毁的情况,还能防水和防磁。通过 RFID 标签一次性读写大量目标商品,并且存储,实现高效率和全自动的数据处理。另外,通过手持读写器等设备来读取每个标签的 ID 号,通过互联网连接直接共享发送给企业的数据监控系统,系统为每瓶葡萄酒建立一个记录,使得每个葡萄酒产品在生命周期内,其信息都可以通过 ID 号查询。

通过展示葡萄酒的身份识别标签,向消费者提供葡萄酒产品的源头信息和实行会员消费管理,提升大众消费者的忠诚度,从而打击假酒经销商。通过手机或一些专用终端等设备收集和反馈葡萄酒产品上的信息标码、数字码或条码,可实现对葡萄酒产品质量和售后服务的有效跟踪,也使葡萄酒企业能够准确无误地了解及判别葡萄酒产品的质量和消费者的反应。

四、产品供应链追溯系统建设相关者的决策行为分析

(一)农户追溯投资决策的影响因素

对于农户而言,是否建立农产品质量追溯制度是农户对是否采用新的生产技术而进行的投资决策行为。周洁红和姜励卿(2007)提出影响农户参与农产品生产追溯制度建立意愿和行为的影响因素主要有农户特征、价格预期、相关行为认知及外部环境四类。

1. 农户特征

农户特征包括受教育程度、年龄、种植规模和收入结构等变量。实践证明,劳动力的数量和质量在很大程度上决定了农户的经济行为。由于当前农户家庭的决策一般由户主决定,因而用户主的受教育程度、年龄等代表劳动力素质。农户受教育程度是决定农户参与农产品质量追溯行为的重要个人特征。而农业收入是农业生产投资的直接动因,农户的收入结构会对其参与追溯制度的意愿和行为产生一定的影响。同时,农户的经营规模与农户采用新技术的动力密切相关,因此,农户种植规模与农户参与追溯意愿和行为成正相关。

2. 价格预期

价格预期包括价格预期和风险预期。按照当代经济学的观点,预期是影响农户经济行为的主要因素。根据"理性小农"的假设,农户是否愿意参加农产品质量追溯制度是以预期收益最大化为导向的,价格预期通过影响预期收

入来影响农户当前的参与意愿和行为。在是否参与农产品质量追溯制度的决策中,风险主要来自市场风险(价格波动)、自然风险(自然气候的影响等)以及农户对农产品追溯制度、标准的不熟悉程度等。由于信息不全、风险和不确定性因素多,农户不得不在较小的风险和较大的收入间选择,权衡的结果往往是追求经济安定和收入稳定,选择风险较小的最大投资收益取向。

3. 相关行为及认知

以蔬菜为例,在联产承保责任制下,农户是独立的生产者和经营者,但我国蔬菜家庭经营规模小,农产品流通市场不完善。因此,农户是否参与蔬菜编码追溯制度在很大程度上取决于农民对蔬菜前景的估计、对相关技术以及政府扶持政策的认知和态度。农户与龙头企业、合作社或者专业协会等产业化组织建立联系(口头或书面协议),可以在一定程度上减少农户面临的风险,使得农户利益得到保障,同时,产业化组织本身会在技术上要求农户建立蔬菜编码制度和田间生产档案,在一定程度上促进农户参与追溯制度。

4. 外部环境

外部环境包括政府政策环境和同行的影响力。比如,浙江省的农产品产地编码制度主要是依靠政府出台一系列的扶持政策(补贴等)推动的,因此,政府所提供的政策扶持力度是影响农户参与追溯制度意愿和行为的重要影响因素。同时,小规模的种植户在采纳新的生产方式,如蔬菜编码机制或新的经营理念时,无不受到他所处村镇社区中其他农户行为的影响。

(二)加工企业追溯投资决策的影响因素

影响生产者投资可追溯体系意愿的主要因素可分外部因素和内部因素两个方面。

1. 外部因素

(1)国际市场的需求

国际市场的需求是生产者实施动物身份识别系统的主要原因之一(Bailey和Slade,2004)。如出口到英国的葡萄牙农场梨业主愿意投资更高标准的可追溯体系(Souza和Caswell,2009)。食品国际贸易的发展除了受竞争优势、成本等传统因素影响外,更受食品安全性和是否具备可追溯性等非传统因素的影响,非关税贸易壁垒更关注食品质量的安全属性。从2002年开始,由于欧盟和美国等国家陆续要求进口食品必须具备可追溯性,因而我国的一些食品出口企业逐步开始实施可追溯体系,以满足国际市场的需求和提高出口食品的竞争力。因此,产品出口的食品生产企业需要面对国际市场对食品安全和可追溯的各种要求,更愿意投资实施可追溯体系。

(2)行业的食品安全风险

较高的食品安全风险是促使食品生产企业投资可追溯体系的重要动力。食品安全风险较高行业的企业更倾向于投资实施可追溯体系(Heyder,2010)。在四大食品行业中,相对饮料和烟草制造业而言,农副产品加工业和食品制造业的企业更倾向于投资实施可追溯体系。

(3)优惠政策

确保食品安全是政府的责任。政府往往通过监管、惩罚与支持相融合的组合性措施来提升食品安全水平。Golan 等(2004)、杨秋红和吴秀敏(2009)的研究认为,政府通过资金和技术的支持将有助于降低企业成本,影响企业投资实施可追溯体系的积极性。政府的支持措施、惩罚手段等极大地影响了美国母牛生产者投资实施可追溯体系的意愿与行为。因此,能够获得优惠政策的食品生产企业越愿意投资实施可追溯体系。

(4)质量认证体系

Banterle 等(2006)、杨秋红和吴秀敏(2009)、Mora 和 Menozzi(2005)研究发现,相比未执行任何质量认证体系的食品生产企业,已经执行了某些质量认证体系的企业实施可追溯体系的成本更低,更愿意在实施质量认证体系的基础上投资食品可追溯体系。因此,已经执行了质量认证体系的食品生产企业更愿意投资可追溯体系。

(5)垂直一体化程度

Banterle 等(2006)对意大利肉制品加工供应链上的 32 个加工企业样本问卷的分析表明,食品供应链垂直一体化的程度影响了可追溯体系的成本,垂直一体化程度越高的企业,实施可追溯体系的成本越低。因此,垂直一体化程度越高的食品生产企业,可追溯体系的投资意愿越高。

2. 内部因素

(1)从业人数

可追溯体系的实施主要是基于信息技术,拥有更多融资渠道、更好规模经济效应、更丰富人力资源和较广信息来源的大企业采用信息技术的风险较低(吴林海等,2014)。因此规模越大的厂商,就越有能力实施可追溯体系。企业规模越大,则分工越细且专业化程度越高,从而投资食品可追溯体系的平均成本将随着企业的从业人数规模的增加而递减。

（2）食品生产的销售收入

销售收入也影响企业可追溯体系的投资行为。食品销售规模大的企业涉及民众的面相对广，食品安全的社会责任与面临政府监管的压力更大，更倾向于投资可追溯体系来防范食品安全风险（吴林海等，2014）。

（3）企业管理者特征

企业管理者特征包括管理者年龄、学历、性别。不同年龄、学历和性别的企业管理者对新技术、新事物的接受能力、创新性和投资的魄力等不同，进而会影响投资决策，如中年、高学历和男性管理者投资可追溯体系的魄力越大。

（4）预期收益

当食品生产企业决策者认为投资实施可追溯体系能够获得较高的现实或潜在收益时，就有投资可追溯体系的动力。因此，企业投资食品可追溯体系的意愿在一定程度上取决于对收益大小的判断。可追溯体系的投资收益比较大的食品生产企业，更愿意投资可追溯体系。

（三）政府追溯投资决策的影响因素

1. 质量安全信息不完全、信息不对称

信息不完全（information imperfect）、信息不对称（information asymmetric）问题造成消费者决策偏差和资源配置效率低下，导致市场失灵，各交易者之间出现"逆向选择"和"寻租"等问题。非对称信息是指在对策中某些局中人（即参与人）拥有但另一些局中人不拥有的信息，可以从两个角度划分：一是非对称发生的时间，二是非对称信息的内容。拥有信息的一方在交易中占有优势，反之，不拥有信息的一方处于劣势地位。由于信息的不对称，容易发生信息充足的一方为了自身利益将损害另一方利益的道德风险。著名诺贝尔经济学家乔治·阿克洛夫（1970）指出，在信息不对称条件下，消费者容易选择相对便宜的低质量产品，导致高质量产品被挤出市场，出现逆向选择（adverse selection），导致市场失灵，优质优价机制隐没，此时竞争性的市场机制是缺乏效率的，即"柠檬"市场。

比如，我国猪肉市场上出现的瘦肉精猪肉、私屠滥宰问题也是猪肉质量安全信息不对称的结果。猪肉质量安全信息同时具有搜寻品、经验品和信用品特征。消费者在购买前已经知道猪肉与其他肉类的区别和猪肉质量的主要特征，在购买时会根据自己的购买经验从色泽、味道、新鲜程度、弹性等方面去挑选；但是，对于猪肉的兽药残留是否超标、是否过了休药期、是否含有瘦肉精等信用品特征则无法判断，需要依赖检测结果或者品牌信誉保障来做判断。而且,病害猪肉携带的毒素、残留兽药、非法添加剂等对人体的损害是累加的,有时甚至是诱发性的,消费者一时难以感知,待发生损害后已难以挽回损失,需要政府部门从保护消费者身体健康的角度,强化对企业的约束和监督抽查,并向消费者传播病害猪肉可能产生的危害知识,让消费者在购买猪肉时,做出正确的选择。猪肉的这三种特性使得消费者和加工者都面临信息不完全和信息不对称问题。信息的不完全和信息不对称给生猪产品交易双方都带来了较大的损失。猪肉质量安全可追溯体系在市场上扮演了第三方传递产品质量信息者的角色,起到了沟通生产者、消费者和政府监管部门的媒介作用(费亚利,2012)。

2. 质量安全可追溯体系的外部性

外部性(externality)又称溢出效应,指参加市场交易的当事人对未参与市场交易的第三方产生直接影响时,就出现了外部性,有正外部性和负外部性两种主要表现形式。正外部性是指某个经济行为使他人或社会收益增加,而受益者无须付出成本,即外部经济;负外部性是指某个经济行为使他人或社会利益减少,而造成这种损失的经济行为主体却不必为此承担成本支出,即外部不经济。

比如,在猪肉产品交易市场上,外部性问题主要表现在:如果生猪养殖户提供质量好、安全程度高的产品,对于消费者来说,不仅解决了饥饿问题,而且增加了营养物质,使消费者保持健康。反之,如果在养殖过程中,养殖户不按安全标准养殖,如滥用兽药、非法使用添加剂、使用霉变饲料等,造成猪肉质量安全指标不合格,危害食用者身体健康,严重的可能危及社会稳定,如"瘦肉精"猪肉引发的社会危机;2004年出现的猪链球菌疫病,对养殖业造成了严重损害,都是外部不经济的典型表现。建立可追溯体系,能够及时记录生产过程的有关质量安全信息,及时排查出问题所在的环节,避免问题的放大直至产生社会不稳定等外部不经济,促进养殖业健康稳定发展和消费环境的规范有序(费亚利,2012)。

3. 质量安全可追溯体系的公共物品特性

公共物品是指公众共同享有的物品,具有效用不可分割性、消费的非竞争性和非排他性。由于猪肉质量安全可追溯体系具有保障生猪产品质量安全的功能,是所有消费者都可以共同享有的物品,而且一个消费者对可追溯的猪肉产品提供的相关质量安全信息的知晓不会影响其他消费者对此信息的享用,具有消费的非竞争性和非排他性。因此,猪肉质量安全可追溯信息具有公共物品的性质。

由于存在市场失灵,公共物品的提供有时不足。由企业自发建立可追溯体系,提供可追溯信息,如果该信息的提供成本高于企业的预期收益,那么根据经济人的理性原则,企业会放弃提供可追溯信息或者提供虚假信息,达不到社会期望水平,出现可追溯信息供给不足。另外,费亚利(2012)的研究发现,近半数的消费者比较相信政府及食品安全检测机构发布的信息,少数的消费者对生产厂商及零售商提供的信息表示相信。因此,借用政府的公信力,由政府来实施可追溯规制,搭建可追溯的信息平台,消费者会更加信任该体系,对该产品的购买意愿会更强,企业也会更愿意参与到追溯体系中。

五、产品供应链追溯系统建设的步骤和注意事项

2012 年,国家发展和改革委员会、农业部出台《全国农产品质量安全检验检测体系建设规划年(2011—2015)》,要求建设国家农产品质量安全追溯信息管理平台。根据 2018 年 12 月 29 日第十三届全国人民代表大会常务委员会第七次会议正式发布并实施的《中华人民共和国食品安全法(2018 修正)》,其中第四十二条规定:"国家建立食品安全全程追溯制度。食品生产经营者应当依照本法的规定,建立食品安全追溯体系,保证食品可追溯。国家鼓励食品生产经营者采用信息化手段采集、留存生产经营信息,建立食品安全追溯体系。国务院食品安全监督管理部门会同国务院农业行政等有关部门建立食品安全全程追溯协作机制。"因此,在国家层面上构建农产品质量安全追溯体系的总体框架,进而研究设计适用性较强的农产品质量安全追溯管理模式,主要包括追溯业务流程、技术架构、功能模块和运行机制等四个方面,给企业建立供应链追溯系统提供依据和标准。

(一)追溯系统的总体架构

推行产品质量安全追溯系统建设是强化质量安全监管的重要途径,其涉及跨部门、多环节和多主体,需要依托现有的质量安全管理机构和队伍去执行。因此,需要从国家层面统筹考虑,建立一个完善的质量安全追溯体系(陈松,2013)。

1. 建设思路

建立一个国家公共的信息平台和服务网,各省、市、县三级建立配套的追溯数据中心和分中心,统一信息技术标准和格式,将各环节、各主体的内部追溯信息对接上来,实现追溯信息全国共享、通查通识。

2. 基本原则

(1)全覆盖

追溯管理要将所有的生产经营主体纳入监管范围,比如农产品追溯系统需要包括农业企业、合作社、生产流通环节的经营主体,以及农产品质量安全监管的相关检测、认证和执法等部门。根据权、责、利一致原则,实现"法律面前,人人平等",彻底消除游离于法律监管之外的主体。

(2)易操作

信息采集方式要推荐应用多种技术,从纸质记录到移动终端信息采集方式都可以兼容。推行网络化的信息披露模板,降低使用难度。

(3)低成本

建立开放式的追溯信息公共服务平台,基础功能模块统一开发、免费应用,通过引入社会组织参与,可以调用基础数据实现个性化功能定制开发。

(4)高参与度

开发移动客户端,利用智能手机登录的方式,随时随地进行互动参与,既可以了解产品相关信息,也可以查询企业相关披露信息,还可以了解政府监管的关联信息。

(5)可持续

政府搭台、企业唱戏。全力打造电子商务服务窗口,吸引消费者的购买消费,从而调动企业加入追溯管理的积极性,政府利用监管平台,维护公开、公平、公正的诚信经营环境,保障追溯系统的可持续运营。

3. 总体布局

按照统筹规划、统一规范、兼容共享、分步实施的原则,重点建设国家质量安全追溯信息中心、鼓励并支持各省建立质量安全追溯数据管理分中心,县级农业部门设立追溯管理服务站。如图4-9所示。

```
┌─────────────────────────────────────┐
│    国家产品质量安全追溯信息管理平台       │
└─────────────────────────────────────┘
┌──────────────────┐      ┌──────────────────┐
│ 业务部门的产品质量安全 │      │ 相关部门的产品质量安全 │
│ 追溯数据管理分中心   │      │ 追溯数据管理分中心   │
└──────────────────┘      └──────────────────┘
       ┌─────────────────────────────────┐
       │   省级产品质量安全追溯数据管理分中心   │
       └─────────────────────────────────┘
       ┌─────────────────────────────────┐
       │  地、县级产品质量安全追溯数据管理站    │
       └─────────────────────────────────┘
   ┌──────────┐   ┌──────────┐   ┌──────────┐
   │   企业    │   │  合作社   │   │  批发市场  │
   └──────────┘   └──────────┘   └──────────┘
```

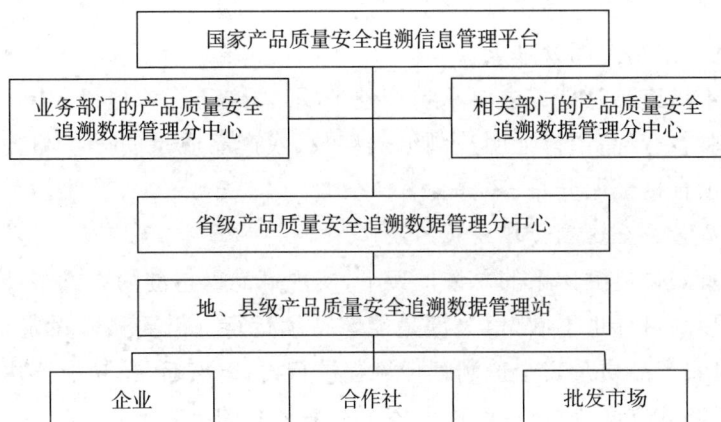

图 4-9　总体布局图

资料来源：(陈松,2013)

（1）国家质量安全追溯信息管理平台

比如农产品追溯系统建设，主要负责全国农产品质量安全追溯信息查询与数据交换服务，统一规范主体编码、生产档案、产品标识等数据采集和传输标准，制定农产品质量安全信用评价指标体系，提供优质农产品推荐、安全生产技术咨询、追溯系统技术支持、安全消费指导、受理农产品投诉等服务，实现全国农产品质量安全追溯信息共享。同时，能实现与业务部门和相关部门的追溯数据进行对接和管理。

（2）省级质量安全追溯数据管理分中心

省级质量安全追溯数据管理分中心分别负责各省的生产过程信息和生产主体的基本信息的存储、汇总、分析和评价，以及各项行业监管及行政处罚功能。根据在线分析发现的问题，结合行业和地区农产品质量安全监测结果，远程指导农业标准化生产。及时处理消费者投诉和生产者技术咨询，针对农产品质量安全突发事件快速高效地进行应急处置。

（3）县级质量安全追溯数据管理站

县级质量安全追溯数据管理站主要负责本辖区生产经营主体信息的登记备案和追溯编码的发放、农产品生产档案数据存储、农产品质量安全检测数据存储、企业产品质量合格证明填报和质量合格证明监管查询等功能。组织生产者进行农业标准化生产，定期检查生产档案记录，落实农产品包装标识制度和市场准入制度，结合农产品质量安全日常监督抽查结果，进一步核查备案信息的真实性,提供农产品质量安全追溯管理的技术培训和现场指导。

(4)批发市场追溯管理点

批发市场追溯管理点主要承担产地证明、农产品标识或农产品质量合格证明等查验、农产品销售证明追溯编码存放、农产品质量安全检测数据存储、经销商质量合格证明开具等功能。

(二)质量安全追溯管理模式的设计

在质量安全追溯体系的总体框架下,实现产品可追溯的方式多种多样,最终达到的预期目标也不同,但关键是能够持续运行。需要科学设定追溯管理的目标,对农产品质量安全追溯管理流程进行再造,然后,从功能模块、技术框架、运行机制等方面进行设计,确保整个追溯体系的有效运行。

1. 目标设定

建立农产品质量安全追溯体系的根本目的是提升农产品质量安全监管能力,保障农产品质量安全。而农产品质量安全监管最薄弱的环节是生产主体不清、风险隐患不明、执法手段匮乏、应急处置反应慢等等。因此,首要任务就是要在发现问题的同时,能够迅速找到责任主体。在现阶段,我国生产经营主体相对分散的情况下,从可操作的角度来说,精度定位最基本的要求是要能够追溯到责任主体比较合适,然后再根据企业自身条件,由主体追溯到产品批次追溯,再到全过程的追溯,逐步提高追溯的精度。

2. 追溯管理流程设计

农产品质量安全追溯管理是一种集标准化生产、规范化控制、品牌化营销和信息化服务为一体的现代农产品质量安全监管新模式。农产品质量安全追溯管理主要包括主体备案、标识管理、信息披露、市场查验和动态评价等。

(1)主体备案

政府行政主管部门对所有生产经营主体实施备案管理,企业、合作社、经销商应向主管部门进行申请,获取主体标识编码。备案信息主要包括主体名称、主体类型、产品范围、责任人、联系方式及认证情况等。

(2)标识管理

县级农业行政部门对备案的生产经营主体按照统一的编码规则发放追溯标识。生产经营者根据自身需要,在系统内生成主体追溯标识、产品批次追溯标识等,填写产品标识使用量和产品流向信息。

(3)过程信息披露

生产经营主体可登录农产品质量安全追溯信息平台,完善生产档案等相关信息。根据法律对生产档案的基本要求,制定生产档案模板,采取纸质、电子等不同形式,对农药、兽药、饲料和饲料添加剂、肥料、兽医器械等农业投入品来源及使用情况进行规范记录和依法监管。

(4)市场查验监管

定点批发市场或超市对上市农产品进行标识查验;农业行政部门可通过例行监测、监督抽查、日常巡查或消费者举报投诉等方式,对可追溯农产品进行动态监管。

(5)动态评价

建立信息披露等级评价指标和方法,根据生产经营披露产品过程信息和企业相关信息的数量、质量和真实性,以及政府部门监管信息等,对生产经营主体进行动态评价,据此给予产品安全信用级别。

3. 功能模块设计

国家产品质量安全追溯平台主要包括过程监控系统、信息披露系统、查询系统、安全评价系统和信息服务系统等五大系统。

(1)过程监控系统

该系统主要实现备案管理、标识管理、查验管理和应急处置等功能,通过对辖区内农业企业和合作社进行备案,及时掌握监管对象的基本信息;通过对上市农产品检测数据的汇总分析,及时了解农产品质量安全合格状况;通过统一编码规则自动生成追溯标签,及时统计标识的打印和使用情况;通过市场标识查验,及时掌握农产品的来源与流向。

(2)信息披露系统

该系统主要为农业企业和合作社提供多功能的信息化管理工具。获得备案资格的农业企业和合作社可以通过系统分配的用户名登录农产品质量安全追溯信息平台,建立自己的企业空间。系统既可填写生产档案、提供农产品供应信息、展示企业的品牌文化,也可进行投入品管理、标识打印管理和检测管理等。

(3)信息查询系统

为满足消费者与企业、政府三者互动,追溯平台建立了统一的查询窗口,消费者可在智能手机上安装二维码扫描软件,直接扫描产品包装上的二维码进行追溯标签,即可直接查询到产品及其生产企业的各类信息,包括产品描述、质量安全状况、生产过程控制情况,以及企业发展概况、系列产品简介和品牌管理等相关内容,同时也可通过网站按追溯码、产品名称或企业名称等查询、投诉和评价等。监管部门和企业通过后台管理，全面了解消费者反馈的信息，并及时进行沟通处理。

（4）安全评价系统

追溯平台建立农产品质量安全信息披露评价指标体系和评分规则，按照不同的指标权重进行动态评级，目的是引导企业采取更加有效的安全控制措施，披露更多消费者关注的信息。评价指标主要从产品基本信息、安全过程控制信息、政府监督检查信息和市场认可信息等四个方面对企业空间披露的信息进行综合评价，最终以安全指数或标签颜色来向消费者传递可追溯产品的内涵。

（5）信息服务系统

该系统采集和汇总经营主体的基本信息、产品信息和过程信息，关联农产品质量安全监管信息、检测信息、认证信息等，形成一个庞大的数据库，利用信息挖掘技术，可按时间、地域、品种等进行统计分析，自动化生成报表，为不同应用主体提供决策信息参考。

4. 技术架构设计

基于信息化建设基础软硬件设备的支撑，农产品质量安全追溯管理平台围绕主体备案、标识管理、信息披露、市场查验、动态评价、执法监管等业务需求，建立和完善面向全国各级农产品的质量安全监管部门、生产经营主体和消费者的信息交互平台，并通过门户网站、手机查询终端提供对外综合信息服务，构建涵盖信息采集、系统应用和综合信息服务的农产品质量安全追溯信息化管理应用完整框架。

5. 运行机制设计

根据上述设计，建立的农产品质量安全追溯模式，需要从立法约束、政策推动和市场拉动三个维度来考虑，明确生产经营者和监管部门的责任，以确保追溯信息平台可持续运行，通过对整个农产品供应链中相关主体进行备案管理，以标识为载体进行信息传递，并对关联信息进行自主披露，农业部门可以在职权范围内进行信息核查、检测验证、依法监管和宣传引导，中央追溯信息平台可实现信息查询、等级评价、问题投诉和支撑服务。

（1）驱动机制

平台建立后，首要任务就是要有主体加入，上传生产过程信息。可采取三种方式：一是严格执法，依据《中华人民共和国食品安全法（2018 修正）》和《中华人民共和国农产品质量安全法（2018 修正）》，明确要求上市农产品必须具备可追溯，否则不允许入市；二是制定标识补贴政策，引入企业按照标准化生产,如实记录过程信息,农产品上市前加贴追溯标识,依据标识使用量和披露信息量进行补贴,甚至作为其他优惠政策享受的前提条件;三是加大追溯宣传力度,创造可追溯农产品的消费需求,从而调动企业的积极性。最终建立强制与自愿双重驱动机制。

(2)备案机制

农产品供应链上的所有生产经营主体要向当地农业行政主管部门进行备案申请,由政府部门进行基本信息审核,必要时辅以现场核实,以掌握真实有效的基础信息。

(3)信息披露机制

建立农产品质量安全追溯信息披露管理办法,要求不同主体根据农产品特点和自身差异化需求,选择不同的披露方式和披露内容,但要求信息要真实可查询。

(4)动态评价机制

建立农产品质量安全追溯信息评价指标体系,包括产品基本信息、企业基本信息、生产流通信息和监管信息,以及社会第三方认证信息等,引入大众点评、专家意见和政府监督等多方参与的评价机制,其评价结果向社会公开,作为公众消费的决策参考。

(三)追溯系统的技术应用及注意事项

1. 追溯技术选择

追溯系统主要包含了信息采集、信息编码、信息存储、信息解码、信息翻译和信息管理等各项模块。信息的处理是核心工作之一,因此应认真选择适宜的信息技术。质量追溯体系可用的信息技术对比如表 4-2 所示(林宇洪等,2015)。

表 4-2　追溯系统可用的信息技术对比

信息技术	一维码	二维码	IC 卡技术	RFID 技术	基因分析技术
信息模式	数字、字母	数字、字母文字、图像	数字、字母文字、图像	数字、字母文字、图像	精密的基因图谱
信息载体	塑料薄膜、纸、物体表面	塑料薄膜、纸、物体表面	存储芯片	存储芯片	基因
信息量	小	较大	大	大	单一
读/写性	只读	只读	读/写	读/写	只读

续表

信息技术	一维码	二维码	IC 卡技术	RFID 技术	基因分析技术
读取方式	接触式扫描	接触式扫描	接触式读卡器	非接触式读卡器	仪器分析
保密性	差	一般	好	好	好
抗污损性	差	好	好	很好	好
信息寿命	短	短	长	很长	长
运营成本	中	低	高	高	很高

由表 4-2 可以看出,基因分析技术虽然溯源精确度较高,但成本昂贵,不适用于民间农产品追溯;RFID 技术和 IC 卡技术虽然寿命很长、抗污损性好,具有可读、可写的能力,但信息载体是存储芯片,有一定的成本,不适合果蔬等大批量消耗特性的农产品,同时还需要特殊的读卡装置,不便消费者随身携带。一维条形码具有成本低、便于手机扫描的优点,但是信息量太小,需要联网检索追溯信息,消耗手机流量,增加消费者的追溯成本。相比之下,二维码也能很好地支持手机扫描,且自身信息容量大,在没有互联网支持的野外环境中,也能提供一千个汉字左右的离线信息。同时二维码抗污损能力较好,油污或破损面积小于 1/4 时,仍然可以阅读。农产品的物流环境通常在户外作业,互联网的连接条件不好,作业环境较脏,作业方式较为粗暴,而二维码能较好地适应这样的工作环境。虽然印刷在纸质基质上的一维码、二维码的寿命较短,但是农超对接匹配的农产品本身就是快速消费品,所以负面影响较小。

2. 注意事项

(1)完善农产品质量安全可追溯系统责任划分

我国应明确食品链中各项主体的任务:农资生产者、农户和食品经营者拥有对农产品安全最基本的责任。政府应当理顺农产品质量安全监管体制,建立相对集中、统一的专业化监管体制并执行;消费者必须认识到他们对食品的妥善保管、处理与烹煮也负有责任(杜国明,2008)。

(2)规范农产品生产记录档案制度

建立农产品生产记录档案,以档案形式记载食品的生产环境、生产规模、生产过程中农业投入品的使用等情况,是实现食品质量可溯源的依据之一,也是培育现代农户的一条重要措施。生产档案应符合 GAP、HACCP 等质量管理要求,记录农业生产环境质量状况、农业投入品使用情况、农产品生产规模、播种收获等基本情况(伊玉伶和何静,2011)。

(3)完善农产品质量可追溯平台建设及相关知识宣传培训

创建提供农产品条形码信息的质量安全信息录入与查询系统,建立农产品从农田到市场质量安全信息快速、高效追溯体系,并结合电子商务平台,形成互联互通、产销一体化的农产品质量安全可追溯信息平台。建立起一整套针对食品安全问题的预警系统,意在通过对农产品安全隐患的监测、追踪、量化分析、信息通报预报等,对潜在的安全问题及时发出警报,从而实现早发现、早预防、早整治、早解决,最大限度地降低损失。应利用当前全社会都比较关注农产品安全的契机,加强可追溯相关知识的宣传,建立实施可追溯的社会基础(伊玉伶和何静,2011)。

(4)加大对可追溯农产品例行监测与监督抽查

对国家标准限量类危害物中对人类健康影响较大的项目进行例行监测,如重金属、农药残留、抗生素残留、农产品添加剂、工业污染物和生物毒素等,产品、区域重点可以有所不同,进而有效保障可追溯农产品质量安全。同时,对追溯产品从田间到餐桌的全过程进行监督抽查。监督企业可追溯系统运行程序,及时向公众通报违反农产品质量标准及可追溯标准的企业及产品,提供证实企业追溯系统及追溯过程满足技术标准的证明文件,帮助企业建立可追溯系统的市场信任度(伊玉伶和何静,2011)。

(5)确保追溯信息真实性

条码技术确定商品身份,依据不同的采购批次(市场采购或基地直供),在源头即对该商品赋予唯一批次码,并与追溯链条各关键节点信息完整绑定,从而实现对该商品流通信息的全链条追溯。智能可视秤(一体化称重拍照设备,拥有国家技术专利)在称重的同时,会自动抓拍商品的高清照片,同时记录下操作人员、操作时间等作业信息,无法人为篡改,有效确保了数据的真实性,同时不会加重一线操作人员的作业负担。

(6)确保追溯信息及时性

因为生鲜农产品极易腐败,导致其需要在极短的时间内完成采购到配送的全部流程。要保证用户能及时查询到溯源信息,对系统的及时性要求非常高。

(7)确保追溯系统易用性

企业一线从业人员平均文化水平较低,且工作环境较为复杂。所以系统设计一定要简单易用,才能在现场成功推行。

第五章　产品供应链追溯系统的绩效评价

一、供应链追溯系统的绩效与评价指标

(一)绩效评价的目标和意义

产品供应链可追溯系统的绩效评价主要考察在一定经营周期内,供应链可追溯系统中所涉及的企业综合经营效益和社会效益,即企业在经营、管理和成长过程中的具体表现,包括企业的盈利能力、资产运营能力、企业社会声誉(政府与消费者信任)、品牌与质量(食品质量保障)建设能力、后续发展能力等综合表现(Dabbene 和 Gay,2011)。绩效评价的目标在于:(1)为可追溯系统的更新、升级与维护提供依据;(2)对可追溯系统在精度、深度和广度等方面的表现进行评估与反馈;(3)对企业主体在可追溯系统正常运作方面的贡献进行评估;(4)获取可追溯系统在下一次更新换代中所需要改善和拓展的信息,并进行绩效改进和政策提升。

以食品供应链追溯系统为例,绩效评价的意义首先在于能够帮助食品供应链可追溯系统各节点企业在行业竞争中展现自身的优势,使其更合理地进行企业日常经营活动的决策和管理。在系统各节点企业对企业自身日常经营管理活动评价方面,有助于各企业发挥自己企业的服务特色,并减少企业本身在价格、渠道、资金链等各个方面的劣势,发现和解决企业在日常经营中可能存在的问题,有助于提升企业产品的知名度,帮助企业决策者做出更加完善的生产管理、经营等决策(刘增金等,2006)。其次,在食品质量管理和安全监控政策方面有着重要的参考价值。通过对食品供应链可追溯系统实施具体的绩效评价,政府部门和相关行业协会能够掌握食品供应链可追溯系统的实际建设情况,掌握当前有哪些绩效建设相对较好的食品供应链可追溯系统,在该系统中又有哪些环节是需要完善的,哪些环节在食品安全的质量保障中相对薄弱,最终帮助决策者有针对性地制定出相关食品治理管理和安全控制政策。最后,在制定食品行业评价体系规范中具有一定的促进作用。在制定出合适

的食品供应链可追溯系统相关绩效评价体系的基础上,充分考虑目前我国在食品供应链可追溯系统的实际建设状况,制定我国食品供应链可追溯系统绩效评价规范,这能深化食品节点企业对可追溯系统绩效评价理论及实践的认识,从而促进我国食品供应链可追溯系统的全面提升与发展(丁一卓,2017)。

(二)绩效评价的原则

当系统评价角度不同时,其构建的评价指标也会存在差异。构建供应链可追溯系统绩效评价指标,要将利益相关方(包括产品生产消费的参与各方)的利益实施全面考虑,因此从政府监管部门、消费者或节点企业角度构建的系统绩效评价指标肯定不同。本书构建的产品供应链可追溯系统绩效评价是从节点企业的角度出发的,其系统目标就是保持企业利润(财务角度),同时满足消费者和政府监管部门对猪肉质量的要求(消费者角度、可追溯系统管理角度),并保持企业可持续发展(可持续发展角度)。因此,本书评价指标设计的是从产品供应链可追溯系统节点企业角度出发,是为各个节点企业实现企业目标而设定的。

建立评价模型首先要选择合适的指标,选取指标要遵循以下原则:

(1)全面性。现在产品供应链追溯系统离不开政府的支持、企业和消费者的参与,因此在选取指标的时候,必须要从三者角度进行考虑,选取的指标能反映出三者关注的所有方面,促使评价结果更具有准确性和说服力。

(2)适用性。本书主要是对产品供应链追溯系统绩效进行评价,因此选择指标时要结合产品质量安全追溯管理的实际情况,并且容易理解,使得选取的指标能够适用不同产品供应链追溯系统。

(3)有序性和单独性。供应链管理涉及了上下游诸多环节,尤其是重点产品可追溯系统,有必要对每一个节点环节专门设立独立的指标评估体系以更加针对性、有效性地进行测量。

(4)定性与定量结合。选择指标要选择定量的指标,这样可以让结果更具有说服力,同时尽量选择易获得的数据。如果实在难以找到,再选择其他定性指标来进行代替。

(5)合理性和现实性。绩效指标体系应尽可能全面展现产品供应链的可追溯能力,这是指标构建的合理性,但是也不能将可追溯能力作为绩效衡量的唯一标准。

(三)绩效评价的内容和指标体系

为了使政府有关监督管理部门满意以及消费者认可,保障食品的安全是食品供应链可追溯系统的终极目的。本书主要从经济性、系统建设与管理、产品安全保障和可持续发展四个角度构建供应链追溯系统的绩效评价指标体系。

1. 经济性

要产生可观的企业利润以及确保更高品质的产品安全,供应链各环节必须协调配合。一旦供应链可追溯系统中各环节实现了预期的利润以及安全效果之后,消费者便会从各环节的系统化配合中受益,因此供应链的各个环节也相应地能获得利益。企业实施供应链绩效管理之所以能够使企业的运营成本降低,是因为在供应链系统密切协调运行的时候能够降低许多环节的总成本,例如订单的选择和处理、运输入库以及库存成本等。供应链中资金流的周转速度加快后,能够提高企业的现金周转速度、边际收益率和投资回报率,从而实现供应链的最大效益。经济指标体系由可追溯系统建设投入、市场收益回报、产品市场表现 3 个二级指标构成,并包含标识成本、信息采集成本、信息录入成本等 11 个三级指标。表 5-1 给出了一级指标的具体内容、包含的二级指标和三级指标及如何对各三级指标进行测量的方法。

表 5-1　经济性角度的具体指标与度量

二级指标	三级指标	指标类别	测量方法	选取依据
可追溯系统建设投入	标识成本	定量	企业调研	杨秋红和吴秀敏 (2008)
	信息采集成本	定量	供应链企业调研	
	信息录入成本	定量	企业调研	
	信息查询成本	定量	企业调研	
	管理培训费用	定量	供应链企业调研	
市场收益回报	总资产收益率	定量	企业调研	郭伟亚等 (2017)
	销售增长率	定量	企业调研	
	各环节节点企业的利润增长率	定量	供应链企业调研	
市场表现	品牌知名度	定性	企业、消费者问卷调研	Rai 和 Welker (2002)
	市场占有率的增长	定量	企业、消费者问卷调研	
	消费者渗透率	定量	企业、消费者问卷调研	

2. 可追溯系统建设与管理

实现信息资源共享以及提升产品的安全质量,保障各环节及各部门之间的功能集成,降低产品次品率,提高产品供应链可追溯系统运行绩效,从而使有关部门和消费者都满意是产品供应链可追溯系统内部管理的中心目标。为了保证产品质量的可追溯反馈,供应链可追溯系统的各个环节都应突破原有的模式,实现生产、营销、销售、物流服务等各环节的集成化运作。换而言之,不单单是追求各个节点的局部利益,而是追求更高的集体利益——高质量高品质的产品以及消费者和政府的高满意度,供应链追溯系统中的各个节点企业都应保持协调和一致、互相联系、紧密配合。

系统协调性、系统表现、政府监管能力、突发事件应急处理能力、产品信息数据库、产品信息跟踪技术共6个二级指标组成了可追溯系统的建设与管理指标体系。上下游组织间的协作方式变化程度、内部管理方式变化程度、供应链追溯系统结构模式变化程度等26个三级指标也包含在其中。表5-2指出了具体的一级指标体系建设内容、二级指标、三级指标及如何对各级指标进行测量。实现产品信息追溯能力是该维度指标体系设计的最主要目的和环节之一,反映产品供应活动的追踪能力、信息数据库的信息共享能力以及产品信息跟踪技术能力的具体指标,在供应链追溯系统的各个节点企业间都必须有所体现。

表 5-2 可追溯系统建设与管理角度的具体指标与度量

二级指标	三级指标	指标类别	测量方法	选取依据
系统协调性	上下游组织间的协作方式变化程度	定性	企业调研	郭伟亚等(2017)
	内部管理方式变化程度	定性	企业调研	
	内部资源整合程度	定性	企业调研	
	供应链可追溯系统结构模式变化程度	定性	企业调研	
	供应链节点之间融合程度	定性	企业调研	
系统表现	追溯单元级别	定量	企业调研	Stufflebeam(2013)
	追溯(成员)覆盖率	定量	企业调研	
	追溯信息的数量	定量	企业调研	
	追溯信息的质量	定量	企业调研	
	信息搜集能力	定量	企业调研	
	信息传输速度	定量	企业调研	

续表

二级指标	三级指标	指标类别	测量方法	选取依据
政府监管能力	产品质量监管制度	定性	企业调研	Wu 和 Wang (2006)
	激励政策	定性	企业调研	
	日常信息披露	定性	企业、消费者问卷调研	
	技术培训与指导	定性	政府部门调研	
	出现问题的惩罚强度	定性	政府部门调研	
突发事件应急处理能力	突发事件信息披露	定性	企业、政府、消费者问卷调研	Wasil 和 Petrovic (2016)
	紧急召回能力	定性	企业、消费者问卷调研	
	回收产品的处理能力	定性	企业调研	
	企业和品牌信誉重构能力	定性	企业、政府、消费者问卷调研	
产品信息数据库	产品安全信息共享能力	定性	企业调研	Kurni 和 Ngai (2013)
	信息查询和检索能力	定性	企业调研	
	数据安全性建设	定性	企业调研	
产品信息跟踪技术	技术可靠性	定性	企业调研	Drury 和 Arhoomand (2015)
	功能先进性	定性	企业调研	
	操作方便性	定性	企业调研	

3. 产品安全保障

供应链追溯系统成功运行的最终获益者是消费者,投诉响应和问题解决速度的提升、问题产品召回的准确度等优点都会使得消费者受益。因此,各企业应该重视这些与消费者有关的指标以及影响这些指标的因素。影响消费者满意度的主要因素包括:产品的质量、价格和产品信任度。产品质量安全的评价、企业服务的质量以及退货率可以用来反映产品质量和安全。通过对供应链追溯系统的执行情况、服务供应链的执行情况、市场份额变化情况等进行评价,从而使消费者从产品安全和质量管理中获益。企业的客户服务能力、企业的客户服务效果、客户满意度 3 个二级指标构成产品质量保障指标体系。其中又包含投诉响应速度、问题解决速度、问题产品快速精准召回等 9 个三级指标。表 5-3 指出了一级指标的具体内容、包含的二级指标和三级指标及如何对各三级指标进行测量。

表 5-3　产品质量保障角度的具体指标与度量

二级指标	三级指标	指标类别	测量方法	选取依据
客户 服务能力	投诉响应速度	定量	企业调研	Iivari(2013)
	问题解决速度	定量	企业调研	
	问题产品快速精准召回	定量	企业调研	
	对政府监管要求的执行能力	定量	企业调研	
客户 服务效果	竞争优势	定性	消费者问卷调研	Amandel 和 Choon (2013)
	产品质量提高情况	定性	消费者问卷调研	
客户 满意度	消费者对产品质量满意度	定性	企业调研	王晓倩和曹殿立 (2015)
	消费者对产品价格满意度	定性	企业调研	
	消费者对产品信任度	定性	企业调研	

4. 可持续发展角度

要想获得可持续的利益,产品供应链需要增强对经营环境快速变化的适应能力,同时企业需要通过自身不断的努力学习以及创新来增加自身的竞争力和工作效率。通过增加可持续发展维度指标,对企业增加自身的自我适应、自我学习、自我完善、自我创新能力方面提出更高的要求,这样才能实现企业的可持续发展。可持续发展角度是企业能够自我发展、自我突破并获得利益的源泉。正是因为该角度对企业有如此大的作用,企业应该有长期的投入才能得到正向的反馈。这和对供应链追溯系统进行长期投资从而取得利益和消费者的信任一致。新技术采用、各节点可追溯能力自我评价、各节点可追溯能力自我提升、制度建设 4 个二级指标构成可持续发展角度指标体系。其中又包含新技术应用、新技术培训、企业自我评价等 11 个三级指标。表 5-4 指出了具体的一级指标内容、二级指标、三级指标及如何对各三级指标进行测量。

表 5-4 可持续发展角度的具体指标与度量

二级指标	三级指标	指标类别	测量方法	选取依据
新技术 采用	新技术的应用	定性	企业调研	Tan 和 Pan(2010)
	新技术培训	定量	企业调研	
各节点可 追溯能力 自我评价	供应商自我评价	定性	供应商调研	Byung 和 Roanld (2010)
	经销商自我评价	定性	经销商调研	
	物流企业自我评价	定性	物流企业调研	

续表

二级指标	三级指标	指标类别	测量方法	选取依据
各节点企业可追溯能力自我提升	供应商自我提升	定性	供应商调研	Rai(2002)
	经销商自我提升	定性	经销商调研	
	物流企业自我提升	定性	物流企业调研	
制度建设	员工综合素质提升培训制度	定性	企业调研	Tan 和 Pan(2010)
	员工产品安全知识培训制度	定性	企业调研	
	产品事故责任追究制度	定性	企业调研	

二、供应链追溯系统的绩效评价模型

随着可追溯系统绩效评价指标体系研究和应用的不断深入,本书所构建的产品供应链可追溯系统,其对应的绩效评价体系包括了三级指标,其中一级指标 4 个,二级指标 16 个,三级指标 57 个。根据绩效评价对象和范围的特点,指标评价主要表现为多层次性、多变量性和多因素综合性,且因为在对变量进行定性研究的过程中,难以避免地存在主观性和不确定性,合理的评价方法至关重要。

层次分析法、数据包络法、BP 神经网络法、模糊综合评价法等方法常用来评价 IT 系统的绩效,同样可用于评估可追溯系统管理的绩效表现。本书将对这几个方法进行介绍,以供读者参考使用。

层次分析法(Analytic Hierarchy Process,AHP)是指将一个复杂的多目标决策问题作为一个系统,将目标分解为多个目标或准则,进而分解为多指标(或准则、约束)的若干层次,通过定性指标模糊量化方法算出层次单排序(权数)和总排序,以作为目标(多指标)、多方案优化决策的系统方法。该方法是美国运筹学家匹茨堡大学 T. L. Saaty 教授于 20 世纪 70 年代初,在为美国国防部研究"根据各个工业部门对国家福利的贡献大小而进行电力分配"课题时,应用网络系统理论和多目标综合评价方法,提出的一种层次权重决策分析方法。层次分析法是将决策问题按总目标、各层子目标、评价准则直至具体的备选方案的顺序分解为不同的层次结构,然后用求解判断矩阵特征向量的办法,求得每一层次的各元素对上一层次某元素的优先权重,最后再加权和的方法递阶归并各备选方案对总目标的最终权重,此最终权重最大者即为最优方案。层次分析法把研究对象作为一个系统,按照分解、比较判断、综合的思维方式进行决策,成为继机理分析、统计分析之后发展起来的系统分析的重要工具,比较适合于具有分层交错评价指标的目标系统,而且目标值又难以定量描述的决策问题。

数据包络分析方法(Data Envelopment Analysis,DEA)是由美国著名运筹学家 A.Charnes 和 W.W.Cooper 于 1978 年提出的数量分析方法。它运用数学工具评价经济系统生产前沿面有效性的非参数方法,它适应用于多投入多产出的多目标决策单元的绩效评价。这种方法以相对效率为基础,根据多指标投入与多指标产出对相同类型的决策单元进行相对性评价。应用该方法进行绩效评价的另一个特点是,它不需要以参数形式规定生产前沿函数,并且允许生产前沿函数可以因为单位的不同而不同,不需要弄清楚各个评价决策单元的输入与输出之间的关联方式,只需要最终用极值的方法,以相对效益这个变量作为总体上的衡量标准,以决策单元(DMU)各输入输出的权重向量为变量,从最有利于决策的角度进行评价,从而避免了人为因素确定各指标的权重而使得研究结果的客观性受到影响。这种方法采用数学规划模型,对所有决策单元的输出都"一视同仁"。这些输入输出的价值设定与虚拟系数有关,有利于找出那些决策单元相对效益偏低的原因。DEA 方法及其模型已广泛应用于不同行业及部门,并且在处理多指标投入和多指标产出方面,体现了其得天独厚的优势。

BP(Back Propagation)网络于 1986 年由 Rumelhart 和 McCelland 为首的科学家小组提出,是一种按误差逆传播算法训练的多层前馈网络,是应用最广泛的神经网络模型之一。BP 网络能学习和存贮大量的输入—输出模式映射关系,而无须事前揭示描述这种映射关系的数学方程。它的学习规则是使用最速下降法,通过反向传播来不断调整网络的权值和阈值,使网络的误差平方和最小。BP 神经网络模型拓扑结构包括输入层(input)、隐层(hide layer)和输出层(output layer)。BP 神经网络方法实质上实现了一个从输入到输出的映射功能,而数学理论已证明它具有实现任何复杂非线性映射的功能。这使得它能通过学习带正确答案的实例集自动提取"合理的"求解规则,即具有自学习能力、评价精度高、适应性强等优点,特别适合于求解内部机制复杂的问题。

多层次模糊综合评价法,是以模糊综合评价法为基本模型,并利用层次分析法和灰关联分析缓解模糊综合评价的模糊隶属函数的硬性评价问题,从而得到切实可行的产品供应链追溯系统绩效评价模型。多层次模糊评价有两个主要步骤：第一，对各个评价指标的单因素进行独立评价；第二，考虑所有评价指标的系统综合评价。具体模型构建包括两个部分，第一部分是一次模糊评价，即综合模糊多层次评价。通过咨询众多评价专家意见和广泛收集关于评价对象的信息，构建了评价指标体系之后，需要采取模糊综合评价模型达到系统分析和评价的目的。第二部分则是二次模糊评价，即灰关联模糊评价。现实中，系统评价指标（因素）的重要程度本身也是一个灰色系统，具有过渡性、模糊性和不确定性。在进行产品供应链追溯系统的评价中，首先让评价专家评价各个评价指标重要性程度，并且予以量化打分，构建相应的评价矩阵，再利用灰关联分析对指标（因素）的重要程度排序，目的是解决专家评价存在的不一致问题，对评价指标的权重确定上采取 AHP 方法，最后对产品供应链追溯系统绩效进行评价上采用多层次模糊综合评价法。模糊综合评价法虽然在定义和计算隶属度及隶属函数的过程中表现得过于绝对化，使得绩效评价指标在模糊评价法中很难体现出其自身的动态性和中间过渡性，但相对于层次分析法而言，其优势在于可以较好地处理多因素、多层次的系统绩效。

当然，能够评价供应链追溯系统的方法还有很多，需要因地因时选择更适合企业发展实际的评价方法来对其供应链追溯系统的表现进行测定。

三、供应链追溯系统绩效评价应注意的问题

从企业的长远发展观及正确的产品供应链追溯系统绩效观的具体要求出发，绩效评价是指导企业供应链管理工作的核心，而具体的评价指标可以为其指引具体的方向，被评价的产品企业和相关的工作人员会根据评价指标的内容采取相应的行动。结合企业的长远发展观及正确的供应链可追溯系统绩效观的具体要求，并重视产品包括产品安全在内的服务性职能以及工作的长期性效益方面的指标来设计评价指标体系。因此，在构建产品供应链追溯系统绩效评价指标体系和指标的具体设置方面的实践过程中，应当注意以下几个问题（常志朋和程龙生，2015）：

（1）指标的内容设计应考虑可追溯性、绿色供应链、消费者参与度等多维度多种类方面因素，避免只考虑单一的经济类指标，从而构建一个综合性指标体系。可追溯系统的表现（精度、深度、广度和速度）、政府监管力度（范围）、召回能力、追溯各方的感受也需要进一步纳入绩效考察的范围。

（2）供应链可追溯系统绩效评价可分为两大类：短期效应和长期效应。短期效应指标和长期效应指标的结合也是指标设置的关键，尤其要考虑其经济

和社会效益。

（3）指标设置时应同时保证公平性及一段时间内的相对稳定性，这就需要做到对各指标的内涵进行深刻理解，同时对具体评价对象的具体特征进行综合性考虑。在对供应链追溯系统绩效评价指标进行筛选时，要避免误导，确保指标反映所需信息的真实性和可靠性。

（4）具体评价对象所处环境的不同在评价指标设置时需要重点考虑，如考虑不同地点的企业、不同的产品种类等差异性，并以此设计出合理的供应链追溯系统绩效评价指标。同时，信息系统本身的基础水平也要作为参考条件。

第二部分

追溯实践案例篇

案例1 政府主导型
——厦门市"一品一码"全链条追溯体系

一、项目概述

按照商务部重要产品追溯体系建设试点工作部署,厦门市市场监督管理局结合"国家食品安全示范城市创建"、福建省食品安全"一品一码"全过程追溯体系建设和网格化监管试点建设等工作,周密部署、统筹推进、狠抓落实,全力推进厦门市食品安全智慧监管工作,集中建设了"三系统一中心",即"厦门市食品安全信息系统"、"厦门市药品安全追溯管理系统"、"食品药品安全社会共治系统"和"厦门市食品药品监测预警中心(以下称"监测预警中心")",基本形成了食品、食用农产品、药品等重要产品流通"源头可溯、去向可追、风险可控、公众参与"的追溯链,保障广大群众食药安全的知情权和监督权,促进厦门市食品安全状况的稳步提升。

二、厦门市追溯体系信息化基础和追溯系统现状

(一)信息化基础

厦门市市场监督管理局于 2006 年开始内部管理平台、综合业务平台及公共服务平台等"三个平台"的建设,应用架构基于 J2EE 三层应用架构,数据接口服务采用 Web Service 技术,数据库系统采用 ORACLE。目前已陆续建成了商事主体登记、企业信用监督、食品安全监管、12315 消费投诉举报、广告监管、合同监管、商标监管、反不正当竞争等核心业务系统,并在此基础上完成了数据大集中和业务协同,具备较强的数据分析、决策支持及风险防控能力。在硬件基础设施支撑方面,目前通过千兆光纤和各区局连通;通过百兆专线和各监管所连通;通过 6 兆数字线路和省工商局、国家工商总局互联互通,通过省政务外网与省食、药监局连通。使用虚拟化技术,市局已完成了综合业务和公共服务两个云平台的建设,核心数据库实现了双网双柜高可用性架构,应用存

储实现了虚拟化存储云一体化管理。数据备份采用 NBU 自动化管理（Net-Backup），实现了异地容灾。安全建设方面，针对虚拟化云平台部署了虚拟防火墙、病毒云查杀工具和安全网关；针对互联网服务部署了 WEB 安全网关、入侵防御系统和上网行为管理；为确保数据中心安全，还部署了数据库审计、日志审计、安全接入管理、桌面管理、堡垒主机接入及安全预警系统。业务专网按照二级等保标准进行建设，政务外网重要业务系统按照三级等保标准进行建设。

（二）追溯系统建设现状

厦门市市场监督管理局坚持"向科技要效率"，积极开展信息化监管工作，构建了"来源可溯、去向可追、监管高效、全员参与"的食品安全信息化监管模式。在厦门市委市政府的大力支持下，于 2005 年 9 月建成了"生鲜食品安全监管信息系统"，基本实现对厦门市生鲜食品的信息化监管；2011 年 4 月建成了"厦门市流通环节食品安全监管系统"，基本实现了对预包装食品可追溯监管；2012 年 4 月又建成了"食品监管移动平台"，实现了移动办公，提高了监管效能。

三、主要做法

贯彻落实《中华人民共和国食品安全法》，落实食品安全"四个最严"要求和《国务院办公厅关于加快推进重要产品追溯体系建设的意见》（国办发〔2015〕95 号）、《厦门市建设"食品放心工程"两年行动方案（2015—2016）》（厦府办〔2015〕133 号）、《厦门市人民政府办公厅关于印发厦门市加快推进重要产品追溯体系建设实施方案的通知》（厦府办〔2016〕169 号）工作部署，切实做好重要产品追溯体系建设示范试点创建工作，进一步提升厦门市食品药品安全水平，结合实际，提出厦门市食品药品安全追溯体系建设方案。建成"厦门市食品安全追溯管理信息系统"、"厦门市药品追溯管理信息系统"、"厦门市食品药品安全及信息公示系统"和"厦门市市场监管信息预警监测"，推进信息公开、整合信息资源、加强大数据运用，基本实现全市食品药品追溯数据的统一共享互通，提高食品药品监管的针对性、有效性，社会共治局面初步形成，食品药品安全水平显著提升。

结合图像识别、大数据、物联网、云计算等先进技术，以追溯体系的平台为桥梁，通过政府的引导，调动社会共治力量，来落实企业的主体责任，进而实现对厦门市食品、食用农产品、药品等重要产品的"一品一码"全过程可追溯。

（一）食品追溯管理信息系统

1. 建设统一的食品追溯平台

整合原有的"厦门市生鲜食品安全监管信息系统"和"流通环节食品安全监管系统"，建成全市统一的食品生产经营追溯平台"厦门市食品安全信息系统"，依据总局颁布的两个指导性文件《关于推动食品药品生产经营者完善追溯体系的意见（食药监科〔2016〕122 号）》和《关于发布食品生产经营企业建立食品安全追溯体系若干规定的公告（2017 年第 39 号）》作为系统的建设依据，完整采集食品生产经营者原辅料购进、生产过程、产品检验和销售去向等数据信息，实现食品安全"一张网"监管。

2. 开展菜市场批发零售一体化追溯试点

选择中埔蔬菜批发市场、松柏农贸市场、宁宝菜市场为试点，在不增加市场交易操作负担的前提下，实现入市食用农产品的可追溯管理。采取以下具体措施：

（1）配备智能追溯秤。区别传统电子秤，智能追溯秤有三大优势：三秒内自动识别菜品，不需要输入编码；交易完成自动打印追溯小票，扫描可查询溯源信息；台账数据实时上传监测预警中心。

（2）安装无死角视频监控，与监测预警中心实时对接，实现对菜市场检验检测和不合格食品销毁区等重点区域远程监控，并为食品溯源提供辅助证明。

（3）设置上市凭证自助打票机，为采购方解决排队打单的难题。

（4）配置信息公示电子大屏，集中公示摊位分布、检验检测等信息。

（5）各摊位设置"一店一码"信息公示牌，扫描即可查询经营主体信息和溯源信息。

（6）建设食品安全快检实验室，检测数据实时上传监测预警中心，监督开办单位、监管单位依法落实主体责任和监管责任，做好入场检测工作。

3. 开展食品经营环节追溯试点

选取食品销售和餐饮企业试点，指导企业建立追溯管理子系统。主要做以下三项工作：一是在消费小票上加印溯源二维码，手机扫描即可查询食品质检报告及溯源信息；二是在销售区域配置"食品信息查询台"，方便公众检索监督；三是开发接口软件，与试点企业的追溯管理子系统对接，实现备案信息一键上传。

4. 建设食品安全检验检测信息系统

整合汇总市场开办单位、商超、各监管执法部门食品安全抽检数据、风险监测数据,运用大数据分析统计,实现风险预警和分级管理;消费者通过二维码扫描,可方便查询相关检验检测信息。

5. 形成数据追溯地方标准

一是制定出台了《预包装食品接口对接规范》《食用农产品接口对接规范》,统一接口软件数据对接标准,实现与企业自建系统、第三方服务平台以及监管部门的数据对接。二是形成追溯体系地方标准,总结试点企业的工作成果,形成智慧菜市场、食品生产经营者、药品生产经营者等追溯体系地方标准,形成可复制的工作经验,逐步在全市推行。其中,《标准化农贸市场溯源体系建设规范》作为福建省首个食品安全溯源体系建设地方标准已正式发布实施。

(二)药品追溯管理信息系统

药品追溯系统建设的主要思路就是打破现有各药企的溯源信息孤岛,建设溯源管理大平台,实现监管部门对药品追溯的全程监管,也为企业提供自身产品全链条追溯数据,将分别针对药品、化妆品、医疗器械三大领域,形成涵盖生产流通两大环节,建设相应的子系统。在调研摸底的基础上,分别选取药品、化妆品、医疗器械等领域的代表性企业进行试点,通过接口开发直接接入企业自有系统的数据,在全市范围内初步实现主要药品销售渠道的可追溯。

厦门市药品、化妆品、医疗器械可追溯平台实现对"2品1械"生产、经营企业监管,充分发挥互联网信息共享功能,通过日常检查、专项检查、抽检检测、责任约谈、不良行为记录、许可核查、移动监管、风险管理系统、决策支持系统及时反映管辖区域内生产、经营企业的动态,全面增强对"2品1械"安全突发事件的预防、监测、应急反应、执法监督和指挥决策能力,保障人民群众的安全。

本系统主要包括了药品安全监管系统、化妆品安全监管系统、医疗器械安全监管系统、药品追溯管理系统、化妆品追溯管理系统和医疗器械追溯管理系统等模块。

(三)食品药品安全社会共治系统

"厦门市食品安全信息系统"专门开辟了"社会共治"版块,公众可登录网站输入条形码或追溯码查询食品的溯源信息、生产厂家证照、质量合格证明等信息,并可通过"食安厦门"微信公众号、"一店一码"信息公示牌、手机扫码查询食品生产经营者的主体资质、进货台账、检测信息、日常监督检查等食品安全相关信息。同时与"厦门市商事主体登记及信用信息公示平台"实现数据共享,逐步实现以信用约束、促企业自律的监管新局面。

厦门市食安共治系统主要基于移动互联网、物联网和 GIS 等技术开发的,是涵盖店家监管、食安信息公示、食安宣传、消费者互动、消费者查询、监管执法等方面内容的一个综合信息化平台。

严格把控入市源头,从供货商入场开始,在货物流通环节的各个节点,将货物与查验、抽检、检测合格证、生产日期等食品安全信息与货物可靠绑定,形成货物的质量安全信息链,做到产地备案、检测备案和台账备案。在货物交易环节,应用技术手段,保障交易闭环完成。这样货物的质量安全信息就随着货物流通,从供货商、批发商、零售商到消费者。最终将这些食安信息汇总公示,让消费者以便捷的方式查询产品的质量安全信息,或与监管部门沟通互动,形成"社会共治共享"的食品安全监督态势。

(四)厦门市食品药品监测预警中心

厦门市食品药品监测预警中心的建设思路,定位为五个中心。

(1)数据展示中心,汇聚、整合各类监管业务数据,包括检验检测数据、企业生产经营信息等,建立大数据模型,开展大数据监管。

(2)舆情监控中心,主要已实现对市场交易情况、食品快检和追溯情况的监控。

(3)应急指挥中心,借助移动监管执法设备进行食品安全突发事件的快速处置。

(4)视频监测中心,主要实现对隐患区域的远程视频监控,包含明厨亮灶视频监控、食品药品监管执法现场视频传输、菜市场销售区域和不合格食品销毁区域视频监控。

(5)日常管理中心,在现有网格监管的基础上,借助移动执法监管设备的移动执法、实时对讲等便捷功能与监测预警中心之间实现数据同步传送。同时建立起指挥中心工作制度,实现工作指令直接下达到网格员,发现问题直接上报指挥中心,工作动态实时通报市局区局机关,建立"用数据说话、用数据管理、用数据决策"的管理机制,实现"管好人管好事"的工作目标。

厦门市市场监督管理食品、药品安全监测预警中心建设完成后,将为市政府、市场监管管理部门和公众提供食品、药品监管信息化服务,成为数据收集与综合分析的情报中心以及组织重大专项行动的食品、药品监测预警中心,还有规范食品、药品日常监管的监测中心,处置紧急突发事件的应急处置中心。

情报中心:中心将整合分散在各个部门及单位的多种海量市场监督管理数据,并按照统一的标准规范进行数据采集、分类整合、分析处理、重新融合,通过集中管理、开放数据应用接口,实现了数据的互联互通及共享。通过大数据技术,对海量数据进行分析挖掘,构建预测与仿真模型,为食品、药品监管发展规划、建设、组织与管理提供决策支持。

食品、药品监测预警中心:通过数据运行监测、预报预警和分析研判,及时实施干预和发布市场监督管理信息。在重大活动和应急事件时,可视、可判、可控,为市政府及其他相关部门提供应急指挥和联动协调服务以及决策指挥场所。

监测中心:通过对信息系统数据、视频监控情况、舆情等进行实时监测,规范食品、药品日常监管行为,发现食品、药品不良经营行为,及时收集重大食品、药品安全舆情信息。

应急处置中心:负责及时接收紧急情报和预警,通过先期处置、搭建处置环境平台、启动应急响应和预案等动作,实现快速反应、统一指挥、分类处置、全面协调。

四、主要成效

(一)实现食品安全"一张网"监管

"厦门市食品安全信息系统"于 2017 年 9 月 26 日正式上线。截至 2018 年 9 月,已有 4.39 万家经营主体的 25.14 万种食品纳入系统监管,累计备案交易台账 2286 万笔,已将全市大型商场、超市和一级、二级批发市场、食品、食品添加剂生产企业、食品生产加工小作坊示范点、大型及特大型餐饮服务单位、中央厨房、供餐人数 500 人以上的单位食堂、辅助降血脂 6 类品种保健食品生产经营者,以及 4 家屠宰场、5 家批发市场、73 家菜市场全部纳入追溯系统,基本实现食品安全"一张网"监管和入市食用农产品"一品一码"全过程可追溯管理。同时,系统每日自动收集中埔蔬菜批发市场、松柏菜市场和宁宝菜市场的溯源秤真实交易数据,每日上传逾 10000 笔交易台账,可对试点市场销售的食用农产品的价格、交易量、检测结果等情况进行实时监测、汇总分析,形成菜价走势、热销品类、风险隐患品种等大数据模型,为日常精准监管提供参考。

(二)实现溯源信息"一站式"查询

为充分发挥数据价值的驱动作用,通过"两网一微一系统"(即"厦门市食品安全信息网"、"厦门市商事主体登记及信用信息公示网"、"食安厦门"微信公众号、"一店一码"信息公示系统)等信息媒介,广泛宣传"一品一码"追溯体系建设工作的意义,动员全社会共同参与,为社会公众提供便捷的食品安全及追溯信息"一站式"查询服务,鼓励消费者和社会各界充分发挥社会监督作用,通过采取手机扫追溯码、上网查询等方式,了解食品安全信息,对食品安全隐患及违法犯罪行为进行投诉举报、建言献策。

厦门市追溯体系建设等食品安全监管工作获得了市民和社会各界的广泛认可,据近期厦门市委托第三方调查机构开展的民意调查结果显示,厦门市食品安全总体满意度为86.37%,公众对厦门市开展食品安全追溯等创建国家食品安全示范城市工作举措的支持率为99.6%。

(三)实现市场监管"一张图"管理

目前,厦门市市场监督管理局以"厦门市食品药品监测预警中心"为数据汇聚和展示中心,汇总整合了"厦门市食品安全信息系统"等31个信息化应用系统,通过构建大数据监管模型、进行关联分析,及时掌握市场主体经营行为、规律与特征,主动发现违法违规现象,加强对市场主体的事中事后监管,初步建立起"用数据说话、用数据管理、用数据决策"管理机制,基本实现市场监管"一张图"管理。

之前突发的湖里大能食品贸易有限公司涉嫌篡改食品生产日期事件,在组织查处的同时利用追溯系统迅速锁定该公司上游供货企业及下游销售终端商户信息及经营食品品种、批次,为案件查处提供了有力的数据支撑。同时通过舆情监测系统实时关注舆情走向,及时做好相关媒体后续报道的引导工作。

五、实施效益分析

(一)经济效益分析

本项目建设内容涵盖了市场监督管理局企业登记、行政许可、企业监管、消费投诉等多个监管职能,旨在降低企业准入门槛、提高公共服务水平;实现跨部门信息共享、做到全方位业务协同;整合消费投诉渠道,优化消费调节资源配置。不断提高厦门市市场监管现代化管理水平,提高市场经济活力,有力促进厦门市经济社会的健康良好运行。

(二)社会效益分析

随着行政审批各环节的互联互通,业务部门间的业务协作水平进一步提高,有效提高了行政效率和公共服务水平,有效加强了行政部门工作的规范性、科学性。

六、典型经验

(一)向科技要效率,攻克传统溯源难关

智能溯源秤是指具有物品自动识别、拍照留证、电子支付、打印追溯小票、数据联网、可查询上游及本次交易记录的电子计量秤。区别于商务部推行的编码溯源秤,智能溯源秤加装了内置摄像头和图像分析软件,可自动识别并上传菜品名称,不需人工录入菜品编码,能解决编码溯源秤数据采集准确度不高,追溯链条因数据有误无法打通等问题。

(二)打通信息孤岛,实现数据互联贯通

依托监测预警中心汇总整合食品追溯等全局 31 个信息化系统,打通各业务环节的数据通道,通过构建大数据模型,开展大数据监管,将有助于增强监管部门科学决策能力,提升管理水平。同时,监测预警中心的运行,结合厦门市市场监督管理局配套完善的网格化监管、食品药品专职协管员队伍、移动监管执法装备等基础,实现了对基层日常监管工作的实时督查和对全市市场监管执法力量的统一调度指挥,增强了联合执法能力和应急事件的处置能力。

(三)完善追溯标准,提高规范管理水平

智慧管理,标准需先行。在前期追溯标准规范建设的基础上,进一步统一接口软件数据对接规范,制定出台《食品销售环节溯源体系建设规范》《餐饮服务溯源体系建设规范》《食品安全追溯信息数据对接规范》等地方标准,进一步优化追溯系统的源头赋码、信息上传、综合查询、数据保密防护等功能,提高操作的便利化水平,减轻企业的人力、财力负担,化解企业在信息安全性方面的顾虑,不断提高厦门市追溯体系建设工作标准化水平。

(四)明确功能定位,提升系统的使用性

"厦门市食品安全信息系统"通过统一完善信息采集、全覆盖监管对象、多元化备案方式、统一编码规范等方式,提升系统推广使用的可行性和便捷性。具体表现在以下几方面:

(1)采集信息:完整采集食品生产经营者原辅料购进、生产过程、产品检验和销售去向等数据信息;(2)监管对象:全市食品生产企业、餐饮服务单位、食品销售经营者、市场开办单位、保健食品生产经营者及第三方检测机构;(3)备案方式:在线录入、数据接口对接、手机 App 拍照上传;(4)编码格式:预包装食品编码与国家编码中心条形码数据实现实时交互,食用农产品采用农业部《农产品市场信息分类与计算机编码》(NYT 2137－2012)产品编码规范。同

时,追溯系统预留多个数据接口,可实现与上级部门、相关监管单位及第三方平台等追溯监管数据的互联互通。

案例 1 点评

一、追溯模式

厦门市"一品一码"全过程追溯平台属于政府主导型的追溯模式。政府追溯平台通过集中规模优势,将所有节点企业设立为追溯点进行管控。政府监管部门建立强制的追溯系统,并鼓励和要求不同规模的企业参与到这个追溯体系。以农产品为例,要求在产品的每一个环节,从播种开始,施肥、打药、灌溉、采收、农残检测、销售过程中的信息被全程记录和备案到政府的系统中。同时鼓励有能力自建追溯系统的企业独立承担追溯工作,并将其系统与政府平台对接。

政府主导的追溯模式具有动态性,主要表现在追溯能力和标准上。追溯精度、广度、深度和速度都会随着系统运营的成熟度、政府监管的需要而不断进行动态调整。尽管政府系统能够响应企业和消费者的溯源需求,但是往往响应的速度较慢,很难及时根据企业和消费者对某种产品在溯源上的不同要求而做出反馈,因为政府追溯系统的主要目标在于尽可能将企业纳入追溯体系,其覆盖范围(不同企业和产品)极为广泛,很难做到对不同行业提供不同追溯流程和服务团队,而且其系统的体量更大,需要更长的周期来完成升级。

二、追溯系统建设动机

厦门市市场监督管理局建立"一品一码"全过程追溯平台的首要动机是监管因素,国家层面《中华人民共和国食品安全法》和《国务院办公厅关于加快推进重要产品追溯体系建设的意见》(国办发〔2015〕95号),以及厦门市制订的《厦门市建设"食品放心工程"两年行动方案(2015—2016)》(厦府办〔2015〕133号)和《厦门市人民政府办公厅关于印发厦门市加快推进重要产品追溯体系建设实施方案的通知》(厦府办〔2016〕169号)。

其次是食品安全和质量因素,食品安全事故越来越引起社会公众注意,影响大众生活,需要政府提高食品安全监管的效率,在发生食品安全事故的时候能够快速响应,采取正确措施减少损失。

另外作为政府主导型的追溯平台,社会因素也是主要的动机因素,厦门市期望以追溯体系的平台为桥梁,通过政府的引导,调动社会共治力量,来落实企业的主体责任,提高消费者公众对食品安全的信心,满足消费者对高质量食品的需求。

三、追溯系统成本收益分析

厦门市"一品一码"追溯平台由政府主导,政府承担主要成本,企业只需投入较少的成本对接政府平台,实现信息和数据上传和共享即可。

(一)成本构成

政府搭建统一追溯平台,由政府承担追溯系统管理信息软件方面的投资成本,企业需要在软件方面建立追溯管理子系统,还需要购入和采用相应的硬件设备设施实现信息采集、录入和上传,如电子智能秤等。

(二)收益分析

厦门市"一品一码"全链条追溯体系由政府主导建设,但是主要的收益主体依然是企业和消费者。目前自愿加入该追溯系统的企业,可以获得追溯系统对试点市场销售的食用农产品的价格、交易量、检测结果等情况的实时监测和汇总分析,之后形成的菜价走势、热销品类、风险隐患品种等大数据模型,为企业日常运营提供决策依据。

另外,消费者可以通过便捷的食品安全及追溯信息"一站式"查询服务,充分发挥社会监督作用,了解食品安全信息,对食品安全隐患及违法犯罪行为进行投诉举报、建言献策,有效维护消费者权益,并在发生食品安全事故时能够获得补偿。

最后,追溯系统的建成和实施从根本上提高了厦门市政府对食品安全监督和管理的效率,规范了食品流通市场,提高了民众满意度进而提高了政府形象。

四、追溯能力水平

(一)广度

基于整合多个系统建成厦门市统一的食品生产经营追溯平台"厦门市食品安全信息系统",该平台完整采集食品生产经营者原辅料购进、生产过程、产品检验和销售去向等数据信息,追溯信息具有一定的广度。

（二）深度

基于移动互联网、物联网和 GIS 技术的厦门市食安共治子系统，使得追溯系统能够实现从供应商到批发商到零售商再到消费者的追溯查询。

（三）精度

精度上针对摊位设置"一店一码"信息公示牌，记录经营主体信息和溯源信息。针对入市食用农产品采用"一品一码"采集溯源信息。

（四）速度

基本实现所有环节的信息自动采集、上传和公示。如，在试点批发菜市场配备智能追溯秤，交易完成自动打印追溯小票，台账数据实时上传监测预警中心。另外，安装无死角视频监控，与监测预警中心实时对接，配置信息公示电子大屏，集中公示摊位分布、检验检测等信息。在食品安全快检实验室，检测数据也实现实时上传监测预警中心。但是对于其他自主经营自愿加入追溯平台的企业来说，受企业本身内部管理水平和信息化水平的影响，在信息实时采集和上传方面还需进一步优化。

五、追溯绩效

（一）社会绩效

动员全社会共同参与，为社会公众提供便捷的食品安全及追溯信息"一站式"查询服务，鼓励消费者和社会各界充分发挥社会监督作用，通过采取手机扫追溯码、上网查询等方式，了解食品安全信息，对食品安全隐患及违法犯罪行为进行投诉举报、建言献策。

（二）经济绩效

系统每日自动收集批发市场的溯源秤真实交易数据，每日上传逾 10000 笔交易台账，可对试点市场销售的食用农产品的价格、交易量、检测结果等情况进行实时监测、汇总分析，形成菜价走势、热销品类、风险隐患品种等大数据模型，为日常精准监管提供参考。

通过构建大数据监管模型、进行关联分析，及时掌握市场主体经营行为、规律与特征，主动发现违法违规现象，对市场主体的事中事后监管效率高。在发生食品安全事故的情况下，能够在组织查处的同时利用追溯系统迅速锁定该公司上游供货企业及下游销售终端商户信息及经营食品品种、批次，为案件查处提供有力的数据支撑。同时能够通过舆情监测系统实时关注舆情走向，并能及时做好相关媒体后续报道的引导工作。

案例 2　政府主导型
——厦门市酒类电子追溯系统

一、项目概述

酒类流通追溯体系建设是一项关系民生的、长期的系统工程。为深入推进厦门市酒类流通追溯管理系统升级,进一步提升厦门市"互联网＋酒类管理"运行效能,形成一个可持续发展的、为厦门市消费者和经营者提供高效服务的、为管理者提供有效决策依据的大数据平台,厦门市商务局启动了"厦门市酒类电子追溯系统(二期)"(以下简称:二期系统)项目建设。二期系统已基本建设完成,于 2018 年 1 月 18 日正式上线。

二期系统的最大特点是,更多大型酒类企业加入平台,以建发酒业为代表的 4 家试点企业,将与平台实现数据互通,更多的酒品将贴上"厦门身份证"出现在全国人民面前,展示厦门销售的酒品拥有更严谨的追溯管控体系,帮助厦门建立更好的城市口碑,吸引更多外地酒商,也将助力打造厦门自贸区的品牌形象。

二、厦门市酒类电子追溯系统建设现状和问题

(一)厦门市酒类电子追溯系统(一期)

2016 年 6 月 15 日,厦门市酒类流通管理局基于创新"互联网＋酒类管理"新机制建设实施了厦门市酒类电子追溯系统(一期),通过搭建一个统一监管平台,实现消费者、经营者、管理者共同参与的酒类追溯管理。在该追溯系统中,初步实现"一瓶一码"的溯源追踪,在全国开创了酒类商品追溯的新模式。

(二)其他追溯系统

为响应国家对食品追溯体系建设的要求,厦门市还建设了其他追溯或者监管系统,比如流通环节食品安全监管系统、生鲜食品安全监管信息系统、药品质量安全电子监管系统、农产品质量安全追溯信息系统等。这些系统涵盖

了食品、药品、酒等与人民群众身体健康关系重大的商品追溯。

但也必须看到,这些系统建设还处于初级阶段,追溯管理模型还处在探索中,不同系统之间的数据还无法互联互通,广大人民群众对其了解还不多、使用也很不方便。

因此追溯系统建设的第二步,需要对各自的追溯系统进行功能完善,同时建设全市大平台,实现不同系统数据的互联互通。

(三)一期存在的问题

一期系统建成后,系统管理模式和功能已经基本完善和稳定,系统稳定运行,但后台数据呈快速增长的态势。受经费限制,一期系统主要关注系统平台功能和管理模式的建设,对大数据平台的架构配置无力进行更多考虑,但随着追溯系统的稳定运行、数据量快速增长,之前的架构已经显现出不足,具体体现在以下一些方面:服务器处理能力不足,网络访问受限,没有负载均衡,没有数据备份,缺乏 BI(Business Intelligent,商业智能)大数据分析,企业接口不够友好,企业备案酒品备案待优化,对消费者的宣传不够。

综上所述,尽管一期系统初步建立了厦门市酒类商品"一瓶一码"的追溯体系,也初步进行了推广应用,但仍存在诸多问题和挑战。因此二期追溯系统有必要尽快开展,进一步完善厦门市酒类电子追溯平台,形成一个可持续发展的、为厦门市消费者和经营者提供高效服务的、为管理者提供有效决策依据的大数据平台。

三、二期系统解决方案

基于上述的问题,二期系统建设将着力解决这些瓶颈,具体从以下几点建设追溯系统。

(一)"互联网+云平台"解决方案

厦门市酒类电子追溯系统,是酒类流通各个环节人员都参与的一个大数据系统,为保持其健康、稳定和持续运行,在系统设计中,应采用基于"互联网+"的大平台、厚中台、薄前台的架构建设模式,能够有效帮助重点产品追溯统一平台解决业务快速创新、不确定业务需求、集中化运营管理、性能瓶颈等几大挑战。

大平台基于企业级互联网架构建设,为厚中台提供弹性资源、分布式服务、大数据计算等服务;厚中台由能力共享中心和数据运营中心组成,通过制定数据标准,将数据汇聚至数据运营中心,形成数据湖泊,实现数据环流,通过数据治理、开发和打通,让数据变得更有价值,更好地建设与服务前端应用;而薄前台由厚中台提供支持,重点产品追溯体系统一平台只要通过一层很薄的业务开发,既能够形成具有很强扩展能力的行业化互联网应用,又能够实现跨业务部门、跨领域的综合性分析、挖掘类应用。

(二)数据库备份系统建设方案

在本期项目中,需要在信息中心机房建设数据备份系统。数据备份系统由数据库双机服务器+磁盘阵列组成,磁盘阵列是作为独立系统在主机外直连或通过网络与主机相连。磁盘阵列有多个端口可以被不同主机或不同端口连接,一个主机连接阵列的不同端口可提升传输速度。

(三)企业数据接口

当前追溯平台的处理模型,对于大型酒企和批发商仍不够友好,操作效率不高,在二期系统建设中,应考虑标准化电子数据标签接口,让大型企业可以自行导入电子标签数据,自行印制,同时其流通数据又能体现在厦门市酒类电子追溯平台中,从而提高大型企业的生产效率,减少标签印制成本,将有限的资源用在更多中小企业上。

1. 大型企业

大型企业的具体业务模型如图1所示。

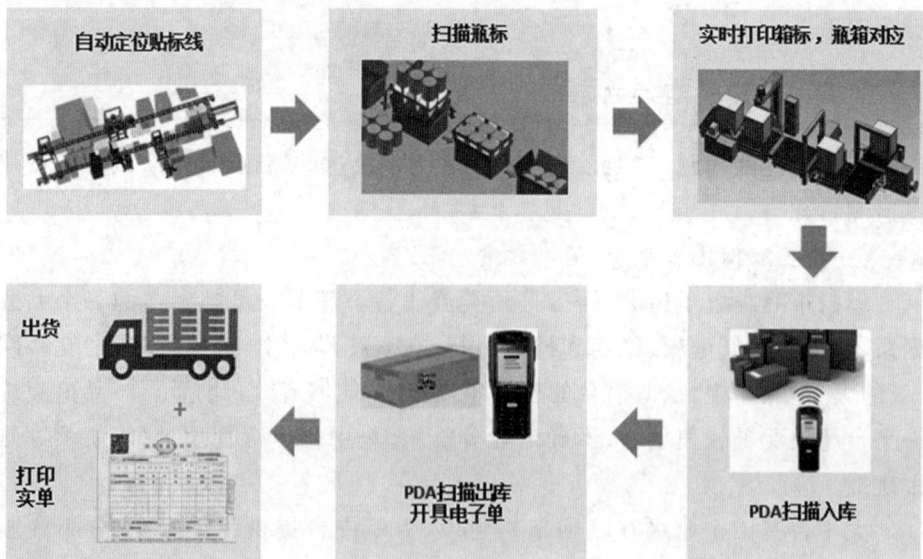

图1　大型企业追溯业务模式

对于大企业,追溯平台提供数据接口,其他建设由企业根据自身情况自行建设和投资其追溯系统。大型酒企可直接对接追溯平台,下载标签数据,自行印制标签;企业根据自身需要,自行购买或改造贴标生产线、瓶箱对应扫描线等生产线设备,在生产线上就完成贴标和瓶箱对应操作;贴标装箱后的产品,使用 PDA 设备扫描入库和出库,也可以通过 PDA 开具电子单据;打印实单并将产品运送给客户。同时将追溯数据上传到全市酒类追溯平台。

2. 中小企业

中小企业受自身实力限制,不可能像大企业那样自行开发追溯系统,因此对于中小企业,提供如下解决方案,如图 2 所示。

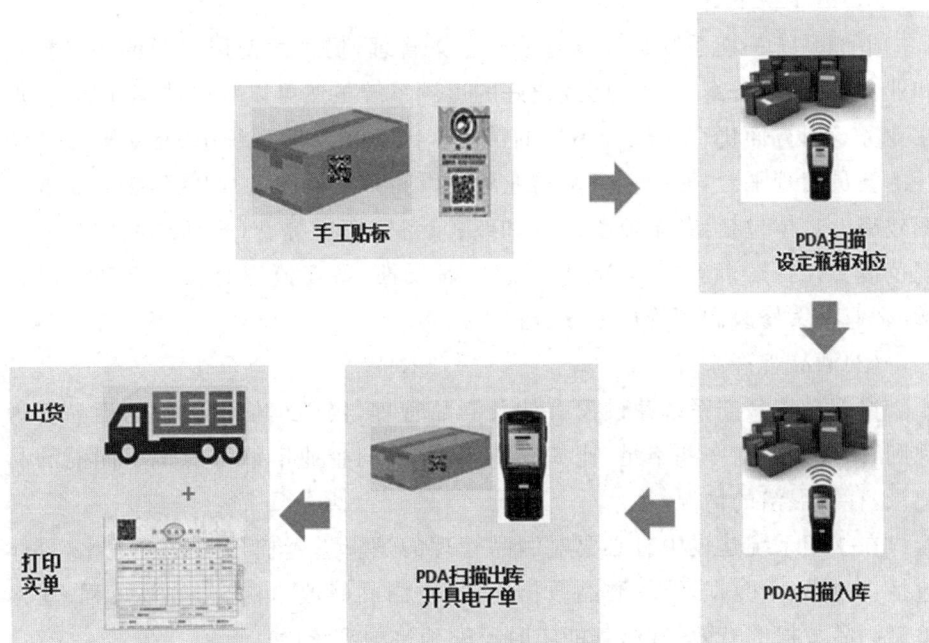

图 2　中小企业追溯业务模式

(1)领标,与一期系统操作一样,企业到酒类同业公会免费领取追溯标签;

(2)贴标,与一期系统操作一样,企业安排人员进行手工贴标;

(3)PDA 扫描设定瓶箱对应,企业可使用 PDA 设备和专用软件设定瓶箱关系,并进行入库操作;

(4)当有客户下单,可使用 PDA 扫描箱标,进行出库操作,还可通过 PDA 完成开单(电子单)操作;

(5)打印实单并将货物发送给客户,同时数据上传给全市酒类追溯平台;

（6）相比一期系统，可直接用PDA进行扫描入库出库和开单操作，简化开单流程，提高其操作效率；

（7）配合使用PDA＋门店开单系统，还可以实现出入库管理、盘点清仓、销售管理、产品管理、报表等一系列功能。

3.门店开单系统

门店开单系统是为改善酒类企业开单体验，提供的基于PDA扫描的全套管理方案，该系统提供的主要功能包括：销售管理、库存管理、产品管理、报表管理、系统管理。

4.酒企酒品备案优化

（1）酒企备案管理系统

追溯系统一期系统建设没有涉及备案管理，仍延续使用旧版的备案数据和业务规则，旧备案系统与已经建好的追溯系统虽然可以数据共享和通用，但在业务逻辑方面仍存在配合不好的情况。因此在二期系统中，有必要基于统一的会员管理平台，对企业备案的业务逻辑和系统操作进行升级，提高企业备案效率。具体包括：备案流程梳理和改善、备案资料提交（包括产品图片统一规范提交）、备案资料审核、备案状态实时反馈、备案流程时长设定和实时提醒、企业备案修改和酒管局审核流程。

（2）酒品管理系统

追溯系统一期系统建设没有涉及酒品管理，仍延续使用旧版的酒品管理规则，旧规则存在一些不足，比如同一酒品，不同企业申请可能是不同的酒品记录，存在混淆的情况。

在二期系统建设中有必要对酒品管理的逻辑进行梳理和重新优化，具体包括：去掉冗余数据，统一酒品数据库；提供酒品修改、审批和生效流程；任何关于酒品数据的有效修改，都能实时反映到追溯系统中。

5.多媒体LED宣传管理平台

在本次系统建设中，需要在厦门市各大商超部署超过100台多媒体宣传LED一体机，用于宣传厦门市酒类电子追溯系统。为降低管理成本和提升效率，需要对100多台设备进行集中统一管理，包括其播放的内容制作和播放时间管理等。

建设多媒体LED一体机宣传管理平台，可以通过网络将这100多台多媒体LED一体机作为一个统一整体进行管理，包括：

宣传栏大图：采用图片模式更加形象地展示"目标、战略、价值观"等，言简意赅,重点标识。

滚动新闻:对指定网站的栏目进行文章信息采集入库,将入库信息的标题在多媒体 LED 一体机上进行改动展示。

公示公告:把公告公示用电子档的形式在多媒体 LED 一体机上显示。

重要通知:多媒体 LED 一体机可显示重要通知的信息,例如系统升级、重要酒管事件、重大奖惩通知等。

电子杂志播报:将电子杂志、厦门日报、福建日报等媒体提供来的信息在多媒体 LED 一体机上展示。

宣传视频播放:多媒体 LED 一体机有播放视频的功能,预先把视频加入系统,可设置顺序进行视频播放。

6. BI 监管大数据

大数据分析具有仪表盘(Dashboard)、灵活查询(Query)、电子表格(Spreadsheet)、多维分析(Analysis)、移动应用(Mobile)、分析报告插件(Office Addin)、自助分析(xQuery)、数据采集(dataIn)、数据挖掘(Smart Mining)等丰富的功能,用户可以更直观便捷地获取信息,并开创性地把各种技术整合到一个集成环境中。

7. 分布式集群

现有的应用软件系统,采用经典的客户机服务器模式,一台服务器后台处理许多客户机的请求。但在大数据应用环境下,这种模式难以处理海量的客户机请求,因此需要将现有的服务架构升级为分布式集群模式,同时应用软件也改为负载均衡模式。

8. 数据共享与互通

(1)数据互联互通

酒类追溯系统本身是一个大数据中心,需要对接企业、消费者和酒管局,同时酒类追溯也是全国追溯体系的一部分,需要将自身的追溯数据对接到其他平台,比如全市追溯平台、全省 12312 追溯平台,要考虑与其他系统的互联互通。

二期系统建设充分考虑了未来系统之间数据的互联互通,技术上可实现对主要平台和对象的数据对接。

(2)数据共享交换平台

建设数据共享交换平台,即在各追溯系统之间构建起数据的桥梁。对于政府内部,其一,通过数据共享交换平台打通部门间的应用,变数据为人跑腿,提高追溯系统监管部门办公效率,更好地为民服务;其二,通过数据共享交换平台汇聚内部部门的数据,在大数据平台中对这些数据资源进行进一步的集成、深加工,形成更高价值的数据资产,随后通过数据共享交换平台对这些数据能力进行输出,形成"数据"和"应用"之间的环流。

数据共享交换平台按照以科学发展观为指导,坚持需要和可能结合、技术和业务并重、共享和交换并行,总体规划、分步推进、集约建设、共建共享的思路进行建设。

四、二期建设的成效

厦门市商务局在实施二期建设时,按照可扩展、稳性能、强安全的要求,搭建以"微信公众平台、酒类监督管理、企业经营管理"三板块为核心,以"云平台"为载体的二期建设系统框架,避免形成"信息孤岛"和"数据烟囱"。二期建设在"微信公众平台、酒类监督管理、企业经营管理"三版块具有"六大亮点"。

(一)依托云平台,实现大数据

随着"互联网+"越来越深远的影响力,越来越多的人通过使用手机和互联网进行日常工作和交流,传统技术框架无法适应高并发访问和大数据量的处理和分析。由于云平台具有高稳定性、高效率和高伸缩性的优势,在二期建设中,以云平台为载体,让广大消费者和酒类经营者能够在一个稳定、高效的平台上体验"互联网+酒"的酒类追溯。

亮点一:云平台更安全更稳定

(1)统一的平台,更利于实现多环节的关联监控,更利于实现多维度的分析,从而帮助政企不断提高管理水平。

(2)集中在中心服务器,不需要数据交换,数据实时更新,加强政企联动,避免信息孤岛,减少数据冗余。

(3)全面的功能模块,可灵活实现"整体规划分步实施"的部署模式,更能契合信息化的发展思想。

(二)优化三版块,实现大统一

1. 微信公众号平台版块

亮点二:功能更多样更便捷

实现"管理者、经营者和消费者"三者功能大集成和数据大集中,实现"一机在手,全网通用",每个角色均可通过手机完成所有的追溯业务。

2. 酒类监督管理版块

亮点三：执法更全面更高效

建立微信执法检查平台,规范执法人员检查流程。检查人员登录手机微信执法平台进行执法检查时,按照执法检查既定规范步骤进行操作,通过现场采集照片、录像,扫描电子追溯单、箱标、瓶标和检查留言等规范步骤,实时将采集的信息和执法人员的定位上传到大数据平台,保证检查办案、证据收集、执法监督等工作全过程监录留迹,增强了执法证据的说服力,加强了对执法人员的现场执法检查监督。

同时,通过多种数据上报平台方式等有效途径收集酒类商品追溯二维码使用、产品销售等信息,建立酒类监测统计数据库,可以对酒品流向进行分析、依据这些数据,实现酒品进销货台账自动核查、酒品流向全程监控,把监测作为监管酒品质量的重要手段,实现监测信息共享,以帮助快速清查不合格或问题酒品。

亮点四：服务更便民更到位

一是厦门市酒类批发企业实行无纸化网上备案,即电子版"厦门市酒类商品批发证"管理的新模式,真正实现群众和企业办理酒类批发备案"一趟不用跑"的目标。这也是厦门市商务局以深化"放管服"改革为抓手,优化营商环境,改进工作作风,提升服务效能,减轻企业负担的工作体现。

二是建设统一管理的、可以编辑宣传图片、消息、视频的多媒体宣传平台,不仅可以向消费者宣传酒类追溯系统,引导消费者扫码验真伪,也可以向消费者宣传厦门市诚信示范酒类企业,扩大厦门市酒类追溯系统的影响力。

3. 酒类经营者版块

亮点五：经营管理更智能更普及

提供企业宣传和产品宣传模块;提供企业购买链接和营销活动链接;增加企业批量开单功能,应对企业出货高峰;提供企业门店管理,企业可在平台上进行进货、开单、库存等管理;增强企业经营手机端功能,企业可在手机上完成备案、码标、开单、库存管理等功能,满足企业移动办公需求;提供企业 BI 数据统计分析,可查看本企业的即时统计信息,以及酒管部门统一发布的行业统计信息;向企业提供更快的系统处理速度和更可靠的数据安全备份。

亮点六：经营管理更个性更主动

"个性化标识试点"企业,开启经营者由"被动"转为"主动"参与追溯的大门,可实现本企业溯源、防窜、商城和营销的一体化业务功能,这些功能与企业

ERP系统实现深度融合对接,既满足了企业对业务功能自主性的需求,又保证了追溯数据的互联互通以及政府监管的需要。

通过建设统一的二期追溯系统,实现企业内部管理与酒品监管相结合,建立企业内部管理、公共数据中心、酒类商品流通监管三层架构,分清各方责任,逐步实现"一次索单,全网通用"的"一单通"机制,丰富企业信息渠道,提高企业信息处理效率,规范企业业务流程和业务关系,提高酒类监管部门的监管能力。

五、效益分析

(一)社会效益

对于消费者来说,由政府搭建的信息监管平台,并且所有酒类商品都在实时监管的情况下,消费者对于以政府为公信力建立的基于追溯的防伪平台还是乐于接受的。消费者在购买的过程中,也可以通过自发扫描二维码信息,来查询所购酒的流通信息,行使自己的知情权。同时也可与消费者一道,构建一个由消费者发现问题—主动向市商务局反馈—市商务局进行彻底查清的模式,奖励积极提供线索的消费者,动用全社会的力量,积极且强有力地打击假冒伪劣商品。

(二)综合效益

(1)规范酒类流通市场,通过搭建监管平台,使得流通企业酒类商品流通过程变得可控,进而将整个市场引入良性发展方向,杜绝制假售假的组织和个人。同时,结合酒管局积极的市场巡查,可以淘汰不良流通企业,对于整个流通领域起到了推动作用。

(2)取代传统追溯流程,追溯效果更好,同时流通企业可以更直观、更清楚地了解本企业在厦门的酒类商品流通情况。

(3)建立了厦门市场的行业看板,行业信息发布更及时、更高效,统计数据更精确,极大方便了流通企业,使企业更准确地把握市场状态,正确调整和制定企业销售战略的目的。

(4)助力提升企业品牌,树立企业在广大消费者心中的形象。利用溯源平台,结合消费者扫码查询和营销活动反馈。

六、典型经验

云平台更安全更稳定,体现在以下几方面:

（1）统一的平台，更利于实现多环节的关联监控，更利于实现多维度的分析，从而帮助政企不断提高管理水平。

（2）集中在中心服务器，不需要数据交换，数据时时更新，加强政企联动，避免信息孤岛，减少数据冗余。

（3）全面的功能模块，可灵活实现"整体规划分步实施"的部署模式，更能切合信息化的发展思想。

案例 2 点评

一、追溯模式

厦门市酒类流通追溯平台属于政府主导型的追溯模式。政府监管部门建立强制的追溯系统，并鼓励和要求不同规模的酒类企业加入平台。加入追溯平台的企业上传各自环节的酒品溯源信息，并将获得厦门市酒类流通管理局统一提供的"身份证明"，贴有"厦门市酒类流通管理局监制"二维码。

在酒类流通追溯平台中，政府处于追溯网络的中心位置，负责协调所有节点企业的追溯活动，但与节点企业没有业务往来，依靠规制手段和企业意愿促成溯源合作。除了企业的主动行为外，政府也会强制要求一些处于关键追溯点的企业加入统一平台，这些企业将按照政府制定的追溯标准（比如信息广度和精度）建立可以与政府追溯系统对接的内部数据库。政府主导模式的存在不仅解决了企业没有意愿或能力建立追溯系统的问题，而且还可以提升产品追溯的覆盖度，降低整体的追溯成本。考虑到不同供应链企业所能提供的追溯信息的能力不同，当前政府平台所设立的追溯宽度和精度都不是很高，一定程度弱化了追溯的能力，但是降低了企业成员在追溯上的负担。

二、追溯系统建设的动机

厦门市酒类电子追溯系统作为政府主导型的追溯平台，其建设的首要动机是监管因素。国家层面，2017 年 2 月，商务部根据《国内贸易流通"十三五"发展规划》发布关于"十三五"时期促进酒类流通健康发展的指导意见。目标是到 2020 年，推动形成制度健全、协作密切、监督有力、服务到位的酒类流通社会共治体系，建立起结构优化、布局合理、模式创新、融合发展的新型酒类流通体系,营造秩序规范、诚信经营、科学消费的流通环境,更好地引导生产,满足多元消费需求。

其次,作为利益相关者的当地政府部门的监管压力促使厦门市商务局积极改进原有的厦门市酒类电子追溯系统。原有的追溯系统随着数据量的快速增长,已经不能满足需求,并影响了监管工作的效率。需要建立新的追溯系统提高政府部门的监管和服务效率,同时基于大数据为决策提供依据。

再次,信息技术的发展应用是建设新的酒类追溯系统的有利促进因素,无线射频(RFID)、二维码等信息技术使得打造酒类商品全链条追溯成为可能。

三、追溯系统成本收益分析

(一)成本构成

追溯系统建设的成本包括硬件系统和软件系统建设成本。

硬件主要成本构成是云服务器、LED一体机和PDA手持终端等。

软件系统建设主要包括:全市酒类追溯云服务平台、数据备份系统、企业数据接口、酒品和企业备案系统、多媒体宣传推广平台、酒类大数据BI分析系统。

(二)收益分析

收益主要来自三个方面:一是,规范酒类流通市场,使得流通企业酒类商品流通过程变得可控,进而将整个市场引入良性发展方向,杜绝制假售假的组织和个人;二是,提高了流通效率,有效杜绝各类假冒伪劣酒进入流通环节,保护消费者,保护合法的酒类经营者,保护优秀品牌;三是,建立厦门市场行业看板,行业信息更及时、更高效地发布,统计数据更精确,极大方便流通企业,使企业更准确地把握市场状态,正确调整和制定企业销售战略的目的。

四、追溯能力水平

在二期建设中,以云平台为载体,让广大消费者和酒类经营者能够在一个稳定、高效的平台上体验"互联网+酒"的酒类追溯。

(一)广度

厦门市面流通的酒,都会贴有"厦门市酒类流通管理局监制"二维码,该二维码记录了酒类的身份信息。出货时,酒类企业需要对每一瓶酒进行扫码记录。之后代理商等下一级经销商在进、出货时,也需扫码记录,确保酒类流通过程全程监管。所以通过系统扫码,就能追溯每一瓶酒从生产、批发到零售终端的所有信息。

（二）深度

追溯系统将"管理者、经营者和消费者"三者进行功能大集成和数据大集中，实现"一机在手，全网通用"，每个角色均可通过手机完成所有的追溯业务。

（三）精度

二维码记录酒的相关信息，以及商品流通时间、售货商、进货商、代理商及销售电话，与酒瓶标注信息相符，实现了"一瓶一码"。

（四）速度

检查人员通过微信执法平台可将执法检查时现场采集到的信息实时上传到大数据平台，实现数据的实时上传和共享，有利于不合格或问题酒品的快速清查。

五、追溯绩效

（一）社会绩效

（1）全市酒类批发企业实行无纸化网上备案，即电子版《厦门市酒类商品批发证》管理的新模式，真正实现群众和企业办理酒类批发备案"一趟不用跑"的目标。同时也提升服务效能，减轻企业负担。

（2）建设统一管理的、可以编辑宣传图片、消息、视频的多媒体宣传平台，不仅可以向消费者宣传厦门市酒类追溯系统，引导消费者扫码验真伪，同时也向消费者宣传厦门市诚信示范酒类企业，扩大厦门市酒类追溯系统的影响力。

（二）经济绩效

通过建设本系统，形成规范的、可操作的酒类流通规则，将更多的企业纳入系统，提高了流通效率，有效杜绝各类假冒伪劣酒进入流通环节，保护消费者，保护合法的酒类经营者，保护优秀品牌，在整个酒类流通市场形成共同驱逐劣币的良好机制。

通过建设统一的二期追溯系统，实现企业内部管理与酒品监管相结合，建立企业内部管理、公共数据中心、酒类商品流通监管三层架构，分清各方责任，逐步实现"一次索单，全网通用"的"一单通"机制，丰富企业信息渠道，提高企业信息处理效率，规范企业业务流程和业务关系，提高酒类监管部门的监管能力。

案例3 供应商主导型
——厦茶:茶叶全产业链追溯系统

一、企业介绍

厦门茶叶进出口有限公司(以下简称"厦茶")创建于1954年,是世界500强企业中粮集团有限公司旗下中国茶叶股份有限公司控股的中外合资企业。公司占地近3万平方米,拥有一批经验丰富、长期从事茶叶相关领域工作的高级技术、管理人才,是福建省规模最大、专业化程度最高、生产标准最严、产品系列最全的乌龙茶生产加工商和进出口贸易商。经过半个世纪的经验积累和技术创新,厦茶公司形成了一整套自己的产品拼配、烘焙、加工流程,茶叶生产技术工艺及质量管理水平居于全国先进之列。

厦茶茶叶质量安全可追溯体系建设项目,通过物联网、信息采集、移动互联网等技术,与质量监测、视频监控等设备集成,实现数据智能采集,搭建茶叶全产业链的安全追溯平台,从产品的源头到生产、加工、流通各环节进行全面的监管,实现互联网+智慧农业的战略布局。包括茶叶从地块管理、播种、种植过程管理(农事管理)、采收、生产、销售等全业务流程的信息管理,消费者终端通过扫描二维码可追溯查询到茶叶从种植、采收、生产加工、物流、销售等信息,让消费者可以放心购买、安心饮用。

二、茶叶供应链追溯现状和痛点

(一)政府监管和追溯现状

随着经济的发展和居民消费水平的提高,茶叶消费需求得到了持续的释放,茶行业也得到了稳健的发展,截至2015年年末,全国18个产茶省茶叶总产量227.8万吨,近10年来茶行业产量保持平均10%的增速稳定增长。

虽然茶叶行业整体处于良好势头,但同时中国茶叶质量安全问题频频出现。主要原因在于市场诚信的缺失,消费者无法辨别茶叶产品的质量和真伪。

而有些茶叶生产企业因为经营规模小,产品无标识,也很难追究责任。

为控制茶叶质量安全,福建省除贯彻执行国家相关政策法规和技术标准外,还积极参与制定和修订各级茶叶标准。2012年3月,我国第一个关于茶产业发展的地方性立法项目——《福建省促进茶产业发展条例》发布,明文规定"福建茶业实行茶叶质量可追溯制度",以通过追溯平台掌握福建茶业种植、加工、经营过程信息,规范企业在茶叶质量安全方面的责任要求。时至今日,在政府监管过程中还是存在诸多问题,监管环节过多、难度大,市场准入工作进展缓慢,检验检测体系尚有待健全。

1. 政府层面上,已制定了相关的制度和标准

2018年8月16日,习近平总书记在中国农村工作会议上指出,食品安全源头在农产品,基础在农业,必须正本清源,首先把农产品质量抓好。农产品可追溯体系在我国发展较晚,但已制定了相关的制度和标准,如《中华人民共和国食品安全法》《中华人民共和国农产品质量安全法》《中华人民共和国标准化法》《出口茶叶质量安全控制规范》等,这些制度和标准的建立,为可追溯系统提供了制度上的保障。因此,建立茶叶质量安全可追溯体系势在必行。

2. 企业层面上,企业建立的质量可追溯体系长期效益未充分体现

不同规模的企业都在一定程度上实施了质量追溯体系,但企业真正实行质量可追溯体系时较短,实施质量追溯体系带来的长期效益尚未体现出来。

(二)茶叶质量安全追溯管理问题

1. 缺少追溯系统对茶叶的全程监控

当前,我国对茶叶可追溯系统的重视程度还不够。茶叶的质量安全管理往往是以事后的处罚来代替前期全程的监管,并没有充分关注茶叶的全程监控。目前中国茶叶最难解决的问题就是农残、重金属等有害物超标的问题,许多大的品牌都被抽检出不合格产品。茶叶的质量问题涉及消费者的基本利益,质量达不到标准,直接影响消费者的购买欲望。尽管我国溯源系统在技术上已达到要求,但由于我国茶叶行业标准的缺乏,市场投入较少,致使追溯系统在实践中遇到瓶颈,难以实现针对每个环节的信息追溯。

2. 追溯编码混乱,形成信息孤岛

一方面由于茶叶从"茶园到茶杯"需要经历种植、采摘、初加工、精加工以及流通过程中的储存和运输,环节多,参与方多;另一方面,从源头生产到质量检测等需要多个监管部门的认证。由于茶叶供应链的参与方多、监管方多,极易出现编码不统一的现象。编码不统一导致系统互不兼容、追溯信息不能共

享和互联互通,使得供应链各环节的追溯信息无法真正形成完整的追溯链条,实现全过程的追溯。

3. 追溯数据数量少、质量差

由于茶叶生产、流通过程复杂、标准化程度低,产品品类多,经营主体规模小,技术水平低,产业化、标准化程度低,难以实现标准化作业和管理,分散的主体和经营给采集全面真实的追溯数据带来了巨大挑战,增加了追溯体系建设的成本和难度。同时,由于目前有关追溯数据的法律法规尚不完善,可追溯数据的录入和提交,主要取决于企业的自觉自律,数据质量难以保证。

4. 追溯成本高

追溯成本高是导致追溯很难实施的一个重要原因,追溯本身是复杂的,需要追溯系统的支持,需要采集各环节追溯信息,涉及企业采购、生产、销售和流通等各个部门,涉及与供应链上下游企业的沟通与协调,因此实施追溯会给企业带来人力、物力等成本。此外,由于监管部门众多,目前的监管机制和手段下,不同部门、不同区域的追溯平台无法实现互联互通,导致企业需要在多个追溯平台上重复填报追溯信息,给企业带来很大的负担。

5. 企业积极性不高

作为追溯的主体,企业参与的积极性不高,主要原因有:一是相关部门纷纷建立追溯平台,而且平台多从监管角度出发,与企业内部经营管理和质量控制结合不紧密,在帮助企业优化供应链流程、提升经营管理水平、品牌提升等方面发挥的作用不大,短期内企业看不到效益;二是追溯系统可行性与可操作性差,追溯系统设计未充分考虑实际应用场景复杂性和需求多样性,满足不了企业个性化需求;三是缺少持续的运作模式,过于依赖于政策资金推动,一旦没有政策资金支持,考虑到持续运营会增加企业成本,企业积极性不高;四是企业相关业务数据安全及商业秘密问题,追溯信息会涉及企业上下游供应链信息及企业经营数据等,如相关信息得不到保密,或多或少会对企业实际经营带来影响,从一定程度上降低企业的积极性;五是追溯数据价值尚未充分挖掘,缺乏统一的、方便的查询方式,导致追溯数据查询率较低,不能有效地发挥倒逼机制,从而影响企业的积极性。

6. 企业信息化水平和供应链管理水平低

在茶叶流通过程中,进行茶叶质量控制和追溯的参与方主要是茶叶种植户和流通经销商,而目前我国市场上,种植户和流通商都是中小企业,受资金能力限制和管理水平限制,茶叶生产过程和物流管理环节均未能实现自动化和信息化。与上游下游合作伙伴之间未能结成战略性的合作关系，供应链管理水平低，缺乏服务于新商业模式的供应链创新能力。

三、厦茶追溯系统建设现状及问题

(一)追溯系统现状

早在 2002 年厦茶就开始逐步建立茶叶质量跟踪体系，并不断完善。目前跟踪体系已经覆盖茶叶从种植、采摘、加工、包装、储运、销售的每一个过程。每个环节都保存相关的生产记录，从而可以对问题产品进行跟踪，一旦在市场上发现危害消费者健康的茶叶产品，可以从市场中撤出该批产品并且切断来源。通过茶叶质量安全跟踪体系，对茶叶生产过程管理要求进一步加强，厘清安全责任，从而保障茶叶产品的质量安全。

(二)存在的问题

茶叶种植者和管理者存在知识局限，茶叶初加工生产过程标准和监督管理不够完善，原料供应商的机会主义行为产生的故意隐藏或者歪曲真实的质量安全信息的现象，缺乏有效的茶叶质量安全信息发布制度等等，从而引发公司追溯系统的信息不对称。而且公司至今在种植环节管理和初加工环节管理还都是使用传统的纸质材料，容易造成材料的丢失，使得追溯断层。

另外，厦门茶叶进出口有限公司于 2013 年 5 月份建立了海堤红系列二维码追溯体系，该体系运行了几年时间，对市场督导及监管起到了一定的效果，依托此套追溯体系查处了几家扰乱价格的客户，对稳定市场价格起到很大的作用。但是该体系仅是部分产品使用，而且当时建立的目的是防止乱价问题，仅对销售及售后有一定的追溯，有一定的局限性。

四、厦茶的解决方案

厦门茶叶进出口有限公司茶叶质量追溯管理平台，通过 RFID、二维码、条形码等现代化技术，与 PDA、监测、视频监控等设备集成，实现数据智能采集，搭建茶叶全产业链安全追溯平台，从产品的源头到产品的生产、加工、流通各环节进行全面的监管，实现"互联网＋智慧农业"的战略布局。

(一)推进茶叶溯源标准化

建立全产业链条的茶叶追溯系统，形成对茶叶产品从基地种植、鲜叶采摘、原料初制、加工包装、仓储管理、运输流转的全过程追溯。对各个节点的追溯信息采集和展示，依照国家茶叶的追溯标准执行，积极推进标准化茶叶溯源体系建设。追溯系统总体设计图如图1所示。

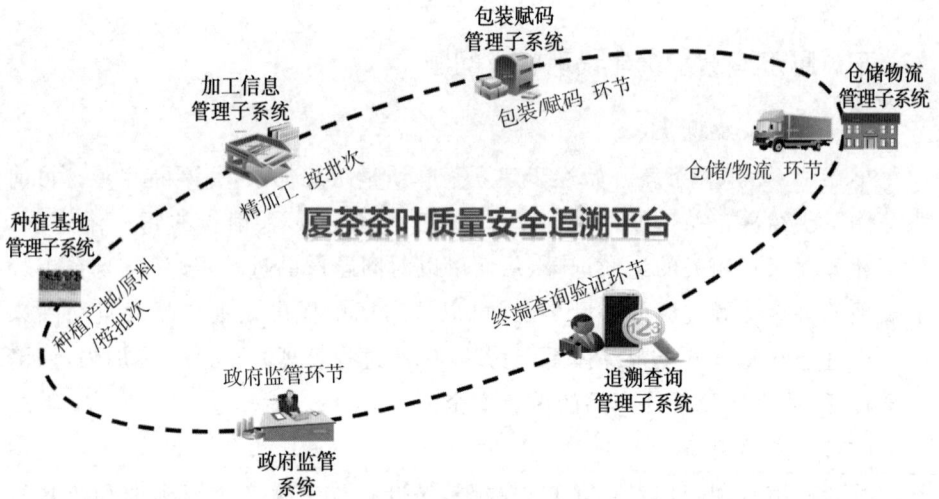

图1　追溯系统总体设计图

（二）建立基地信息化监管模式

将传统的种植管理转变成智能化的科学管理，对茶叶种植基地进行信息化改造，新增配套的网络设备、物联网监控设备、视频监控设备等等，实现对茶叶种植阶段的种植情况及农事活动进行信息化的管理，形成茶叶的种植档案库，实现种植环节的有效监管，从源头把控茶叶的质量安全问题。

基地按照基地管理规划实现细致量化的管理，前端采集和录入的信息与该区域信息绑定关联，原茶批次信息关联来源区域，形成层层关联的追溯信息。

通过传感器实时监测土壤温湿度、环境温湿度、环境气压、环境照度、CO_2、PM2.5、地理位置、视频图像等环境要素，监测数据实时上传管理系统。

追溯系统通过系统接口进行数据交互，从基地管理系统中获取茶叶种植信息并提供相应的模块进行信息展示。

（三）原料采购管理信息化

通过原茶材料采购订单，赋予采购批次号，原茶材料的批次信息通过数据对接或者系统记录上传的方式对原茶批次信息进行详细记录，包括批次来源信息、质检信息、运输信息、起止时间信息等信息。

（四）茶叶精加工管理的信息化

厦门茶厂厂区作为原茶材料的精加工及后续生产环节的生产核心区，追溯系统需对各生产加工环节的数据进行采集、上传和处理。加工环节如图 2 所示。

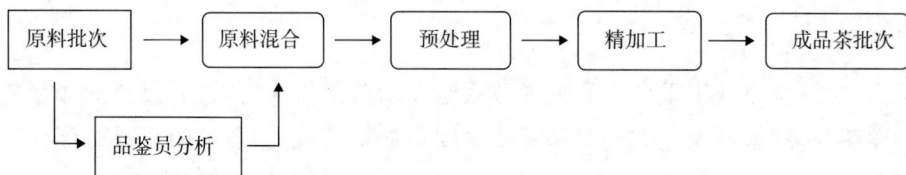

图 2　茶叶加工环节

在茶叶精加工厂区建立相应的网络运行环境,改造提升茶厂机房的信息化水平,实现软硬件系统的有效结合,确保追溯平台的平稳运行。在加工线上增配自动化程度较高的赋码设备,科学设计产品的赋码场景,解决追溯体系建设中赋码环节容易为企业增加负担的难题。

（五）产品赋码

生产车间赋码采集关联阶段,将产品信息与产品包装关联。通过自动贴标机对产品的盒标进行流水线自动粘贴,箱标在盒装箱之后,由工作人员手动粘贴。赋码过程如图 3 所示。

图 3　产品赋码过程

通过全国产品防伪溯源验证公共平台的防伪认证实现对产品真伪的权威验证,建立消费者有效辨别产品真伪的途径,为社会共治和打击假冒伪劣产品提供助力。提供专用 App 验证手机和扫码验证两种信息化防伪验证的途径,确保了防伪验证的权威性和便捷性。

（六）茶叶销售物流的信息化

针对成品仓库管理的各个环节,实现包括入库、出库、退货、盘点、调拨等基本业务,利用手持终端采集的方式,简单便捷地完成产品数字身份的管理,包括产品入库、出库以及销售等环节等等,同时将以上信息及时与追溯系统关联。

（七）产品数码身份管理的应用

鉴于二维码在市场上的普及情况,通过二维码完成对产品的赋码,便于消费者进行扫码查询相关信息(防伪、追溯和营销信息等等),再利用消费者的扫码记录的数据归集完成对产品的市场销售情况的分析。

五、取得的成效

(一)社会效益

(1)响应厦门市重要产品追溯体系建设示范工作的需求,完成追溯体系的建设任务,科学有效地实现对产品质量安全的把控,建立了重要产品追溯体系建设的标杆。

(2)建立了茶叶行业追溯体系建设的先例,结合行业追溯标准并逐步拓展到实现从种植源头到销售终端的茶叶全产业链追溯,打造了具有全国影响力的厦门市茶叶品牌形象。

(3)助力政府监管,为政府在茶叶行业领域的产品质量安全上提供支撑,落实解决厦门茶叶在市场较大、存在问题较多的城市的茶叶质量安全监管问题。

(4)积极筹备并已经做好准备与厦门市追溯大平台——厦门市重要产品追溯统一平台,实现无缝对接的信息交互,完成城市追溯数据的共享、交互和应用,为后续的城市智慧化运营以及大数据的科学应用提供有效支撑。

(二)综合效益

(1)通过茶叶种植过程的有效监督,实现对茶叶种植过程的透明化管理,助力种植基地完成更科学有效的茶叶种植方式方法的规划,从源头解决茶叶的质量安全问题。

(2)完成茶叶加工流程管理的优化,用信息化的监管手段取代原有的传统管理方式,在降低生产流程运作成本的同时,打通了企业内部信息化的沟通纽带,实现了信息的实时传递,提升内部协作效率和生产效率。对生产环节的严格把关,实现对生产质量的保证以及生产问题责任的可追究。

(3)结合批次追溯和产品一物一码的应用,落实从批次产品的统一管理到单品的细致化管理,再从单品的信息映射出批次的信息,即能实现问题产品的批次精准召回,从而在问题产品出现时大大缩减企业的损失。

(4)依托追溯二维码的应用,植入消费者扫码查询产品真伪、溯源信息和营销信息的功能,正面向消费者展示产品的真伪和溯源信息,提高消费者对产品的认知度,并有效打击市场上假货横行的现象,增强对产品和品牌的信任度、维护企业自身利益;侧面向消费者推广企业宣传信息和其他营销信息等,提升消费者的消费意愿,有效提升产品的市场销量,从而提高企业利润。

（5）通过消费者扫码记录有效的数据，归集并形成相应的年/月/日度报表，增加企业决策层对产品市场销售情况的了解，为企业决策提供有效助力。

六、典型经验

（一）建立全流程节点追溯

平台从供应商的种植、初加工、拼配、精加工，再到厦茶本部的物料采购、质检、生产拼配、生产加工、包装赋码、产品入库、产品出库以及最后的经销商出库等全流程进行追溯，采集每个节点的溯源信息，一方面可以为顾客提供完备的溯源信息；另外一方面，当发现不合格产品（物料）时，可以快速、正确地定位经销逆向溯源，找到有问题的节点环节及相关物料。

（二）溯源体系应用主体及主体内部的协调

为了追溯体系的全链条建设，溯源平台也为供应商、经销商配置了不同角色账号和权限，当以不同角色登录溯源系统后，可进行基础信息管理、产品出入库管理、扫码出库等功能，每个环节的数据登记，可以与上下游企业进行联动。通过为供应商、经销商和门店开放系统管理账号，实现经销商和门店的信息化管理，提升经销商门店的管理效率，从而提高溯源体系内各主体对系统的倾向性；企业内部同样根据不同职能部门发放不同的系统管理账号，针对性地对内部各环节进行清晰化管理，完成企业内部的科学管理，同时实现责任的可追究。

（三）"一物一码"可追溯

平台采用"一物一码"技术，为每个产品的最小包装单元（销售时的包装，如按盒或按箱）赋码，且每个箱码、盒码都是唯一的，这样可定位到每一盒最后的销售区域，再与顾客扫码区域相匹配，可以进行快速溯源、明确定位以及窜货追踪。

（四）引入安全验证码

安全验证码利用其微点及微点的结构存储信息的特点，确保标识在被篡改、复制过程中会产生微点丢失和改变，破坏微点结构，使验证码失去效力，从而起到防复制、防篡改的作用。

（五）追溯体系赋码场景应用

针对茶叶产品品类繁多的情况，通过对茶叶品类的归集和清晰分类，分别设计相应的赋码应用场景，其中以产线设备的自动化贴标为主、人工贴标为辅，有效地实现产品赋码。同时，结合原有的产品装箱环节的操作，在增加最少工作量的情况下同步进行数码采集,完成身份码读取绑定和信息关联,为产品的数字身份管理提供可行性。

鉴于厦门茶叶进出口有限公司追溯体系是全产业链的追溯,其中应用主体包括:供应链、厦茶本身、经销商和门店等等,追溯环节包括:种植环节、供应链粗加工环节、原料采购环节、生产加工环节、仓储物流环节、销售出库环节以及消费者使用环节。多主体、多环节、具有针对性地合理应用场景设计,在未来茶叶行业其他企业乃至其他行业具有可复制性、可推广性和借鉴之处。丰富的数据来源也为企业的大数据运维提供了有效助力。

案例 3　点评

一、供应链结构及追溯模式

厦茶是专业聚焦乌龙茶和红茶品类的茶品牌运营商,通过加强对乌龙茶和红茶领域优质茶叶资源的控制,提升产品与服务的创新能力,构建高、中、低三位一体的产品体系,成为乌龙茶、红茶领域的领导者。作为茶品牌运营商,厦茶有自己的种植茶园,部分原材料来自供应商茶园,下游通过构建不同的业务渠道来满足不同细分领域的市场需求,包括:传统批发渠道、专卖店渠道(直营店、加盟店)、商超渠道、团购渠道、电子商务渠道,以及国际业务渠道,构成了完整的产品流通供应链。如图 4 所示。

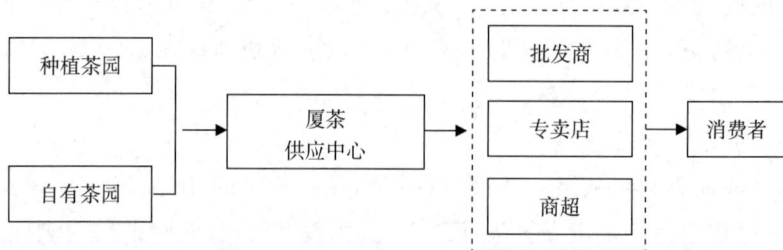

图 4　厦茶供应链结构

厦茶作为其所在供应链的供应商,以其为溯源活动领导者的模式称为供应商主导型的追溯模式。厦茶通过建立茶叶质量安全追溯体系,在广度、深度、精度上先从部分单品开始实现茶叶从种植过程、采收、生产、销售等追溯过程信息的管理,记录茶叶从种植、采收等源头到生产加工、流通、销售环节的信息,后续逐步实现公司的全面产品追溯过程信息的管理,做到产品归本溯源,便于问题的追溯与问责。作为所在茶叶供应链溯源活动的协调者和安排者,厦茶借助利用"一物一码"技术,对每个产品、每批次的物料(包括包材)可追溯。为每个产品的最小包装单元(销售时的包装,如按盒或按箱)赋码,且每个箱码、盒码都是唯一的,这样可定位到每一盒最后的销售区域,再与顾客扫码区域相匹配,可以进行快速溯源、明确定位以及审货追踪。

在厦茶驱动的供应商追溯模式中,溯源信息收集的效率性和效果相对较好。公司在确定可追溯水平的时候充分考虑产品特性、下游企业的配合度和消费者的偏好。公司主要负责中央数据库和统一追溯平台的建设、链内追溯活动的安排以及相关的技术指导工作。而供应链其他企业需要配合主导企业来完成自身的内部追溯工作,分享相关的产品信息。厦茶主导的追溯模式在上游追溯环节具有潜在优势,更能够保证初始端的产品质量安全,同时在溯源标准的统一上也表现出独特优势。由于在始端已经确立溯源标准和统一追溯码,后续的企业可以按照这个追溯码不断更新和加入产品加工和渠道信息,避免出现因为溯源标准不相容或编码重复制定而造成的成本损耗,在一定程度上提升了产品追溯的效率。此外,厦茶管控了产品追溯的所有业务,更容易率先获得追溯的红利,并且追溯权力的差别也能够对产品的定价、生产等决策问题造成影响。

二、供应链追溯系统的建设动机

我国既是茶叶的生产大国也是消费大国,茶叶行业整体处于良好势头,但是茶叶质量安全问题、假冒伪劣、以次充好等现象频频出现,尤其是农残、重金属等有害物超标的问题一直难以得到有效解决。从国家层面的制度和标准,如《中华人民共和国食品安全法》《中华人民共和国农产品质量安全法》《中华人民共和国标准化法》《出口茶叶质量安全控制规范》等,到《福建省促进茶产业发展条例》这样的地方性立法项目,严格的政府监管是茶叶生产企业建设茶叶供应链追溯系统最主要和最直接的压力和动机。同时,随着生活水平的提高和市场的激烈竞争,消费者对茶叶的安全、品质等方面的要求越来越高,有品牌、有实力的茶叶生产商会有积极的意愿来建设茶叶供应链追溯系统,以赢得消费者的信任、提高市场竞争力,进而获得更多的市场份额。

厦茶作为全国最大的乌龙茶生产加工商和进出口贸易商,拥有自有茶园,无论是政府监管、市场竞争,还是优化企业内部管理,建设从源头的茶叶种植、采收等到生产加工、流通、销售环节的全链条过程的追溯系统都是势在必行的。

三、成本收益分析

(一)成本构成

成本构成主要来源于溯源信息技术应用产生的相关成本,厦茶溯源平台以信息技术、二维码技术、信息采集技术等手段,通过建立茶叶质量安全追溯体系,记录茶叶从种植、采收等源头到生产加工、流通、销售环节的信息,做到产品归本溯源,便于问题的追溯与问责。

通过购置溯源系统相关的服务器、计算机、手持终端、贴标机、自动扫码机等设备,建立满足可追溯系统的基础运行环境。

(二)收益构成

一是追溯系统可以有效监督茶叶的种植过程,从源头解决茶叶的质量安全问题。二是可以优化茶叶加工流程管理的优化,打通企业内部信息化的沟通纽带,实现信息的实时传递,提升内部协作效率和生产效率。三是追溯系统能实现问题产品的批次精准召回,从而在问题产品出现时大大缩减企业的损失。四是溯源信息可以提高消费者对产品的认知度,增强对产品和品牌的信任度、维护企业自身利益。五是记录消费者扫码数据,积累的数据可以帮助企业决策层分析产品销售情况,为企业决策提供数据支持。

四、追溯能力水平

厦门茶叶进出口有限公司先从部分单品开始实现茶叶从种植过程、采收、生产、销售等追溯过程信息的管理,后续逐步实现公司的全面产品追溯过程信息的管理。

(一)广度

厦茶的追溯系统平台从供应商的种植、初加工、拼配、精加工,再到厦茶本部的物料采购、质检、生产拼配、生产加工、包装赋码、产品入库、产品出库,以及最后的经销商出库等全流程进行追溯,采集每个节点的溯源信息,一方面可以为顾客提供完备的溯源信息;另外一方面,当发现不合格产品(物料)时,可以快速、正确地定位经销逆向溯源,找到有问题的节点环节及相关物料。

（二）深度

将供应商、分销商都纳入溯源系统，为了能完整追溯整个流程链条，溯源平台也为供应商、经销商配置了不同角色的账号和权限，当以不同角色登录溯源系统后，可实现基础信息管理、产品出入库管理、扫码出库等功能，对每个环节进行数据登记，可以与上下游企业进行联动。

茶农将茶叶出售给专门的生产加工企业，进行生产加工，而后出售，仍可实现种植过程的追溯查询，即实现从种植过程信息管理转接给供应链的下一参与方。实现茶叶从播种、种植过程、采收、生产、销售等追溯过程信息的管理，消费者终端通过扫描二维码可追溯查询到茶叶的种植、采收、生产加工、物流、销售等信息，让消费者可以放心购买、安心饮用。

（三）精度

一物一码，对每个产品、每批次的物料（包括包材）可追溯。平台采用"一物一码"技术，为每个产品的最小包装单元（销售时的包装，如按盒或按箱）赋码，且每个箱码、盒码都是唯一，这样可定位到每一盒最后的销售区域，再与顾客扫码区域相匹配，可以进行快速溯源、明确定位以及审货追踪。

（四）速度

厦茶茶叶质量安全追溯平台整合种植基地管理、加工信息管理、包装赋码管理、仓储物流管理、溯源查询管理和政府监管等子系统，实现数据实时上传和共享。利用"一物一码"技术，为每个产品增加一个独一无二的"身份证"，通过各节点环节将采集的数据写入该"身份证"里（溯源码），客户通过扫码该溯源码，可以立刻得知产品的"前世今生"，即各主要环节的各类信息。

五、供应链追溯绩效

（一）经济效益

厦茶的茶叶追溯系统充分利用互联网和移动互联网技术，实现对茶叶产品从基地种植、鲜叶采摘、原料初制、加工包装、仓储管理、运输流转的全过程信息化动态追踪溯，为每一件商品建立唯一的"电子身份证"——商品追溯码，消费者可以通过直接扫描二维码识别真伪，并查询到在该产品从种植到流转过程中各阶段的主要信息，从根本上杜绝假冒、方便消费者识别，同时，实现产品品牌随着产品的销售流通而面向经销商和消费者传播的目的。公司通过产品追溯体系，让自己的产品在鱼龙混杂的市场环境中脱颖而出，不仅从源头上保证茶叶质量，而且还治假打假，从根本上建立企业可信度，提升品牌形象，为消费者负责。

（二）社会效益

由于我国茶叶加工厂普遍存在规模小、设施简陋、卫生条件差的问题，导致我国茶叶中有害微生物污染的情况不容乐观。针对茶叶质量安全问题，茶叶监管部门采取了一系列有效地措施，包括农药使用登记制度，颁发禁用农药列表，降低农药残留最大限量标准值，大力发展无公害茶叶生产，积极推行茶叶良好农业操作规范，引入 HACCP 质量控制体系等。这些措施有效地缓解了农药残留、重金属超标等质量安全问题，但是当发现质量不合格的茶叶产品时，仍缺乏有效的产品跟踪措施，导致问题产品不能得到及时的召回，仍然在市场上流通。目前茶叶消费还存在产品透明度不高、信息缺失的问题，消费者缺乏辨别茶叶质量、真伪的有效途径。所以茶叶行业应该引入茶叶质量安全追溯体系，用以加强茶叶质量安全管理，规范茶叶市场秩序。

案例4　制造商主导型
——古龙:加工食品全程追溯管理系统

一、企业介绍

厦门古龙食品有限公司(以下简称"古龙")始建于 1907 年,是全资国有企业,隶属厦门轻工集团有限公司。古龙坐落于古龙工业园,工业园总投资 3 亿多元,占地规模为 28 万平方米,总建筑面积规模为 16 万平方米,包括行政中心、包装车间、红烧肉车间、果蔬车间、调味品车间、制罐车间、软包装车间、中央厨房及其他生产相关建筑物,工业园设计遵循可持续发展原则,被誉为"罐头食品工业循环经济典范"。

企业目前生产的产品和服务涵盖罐头、软包装食品、调味品、中式菜肴及工业旅游等,通过了 ISO 9001、HACCP、BRC、IFS 等认证。其中,古龙牌罐头荣膺"中国出口名牌""中国名牌""中国驰名商标"国家级荣誉,其中香菇罐头、蘑菇罐头获国家银质产品奖,拥有近 6 万个传统酱油酿造晒缸。公司连续多年获"福建省质量管理先进企业""全国质量管理先进企业"称号,被评为"出入境检验检疫信用管理 AA 级企业""中国质量诚信企业"。古龙食品企业技术中心实验室是罐头行业唯一一家通过"中国合格评定国家认可委员会"认可的实验室,是"省级企业技术中心"。

2011 年,厦门轻工集团要求古龙按照"立足工业,走出工业""立足罐头,走出罐头"的转型方针,为社会提供"绿色、健康、方便"的产品。古龙不断强化食品安全意识,抓住产品研发、物资采购、检验检测、生产加工四个环节,建立产品质量追溯体系,认真开展食品安全工作。

古龙按照重要产品追溯体系建设示范工作部署,以供应链建设为基础,以信息化建设为手段,以标准化管理为抓手,购置赋码包装线、生产监控系统等,建立信息化可追溯平台,打造红烧肉罐头产品来源可溯、去向可追、责任可究的追溯链条,取得了一定的成效。

二、食品加工行业追溯现状和痛点

（一）食品加工行业追溯管理现状

在我国，食品安全问题越来越受到全社会的重视，2015年正式颁布实施新修订的《食品安全法》第42条明确规定"国家建立食品安全全程追溯制度，食品生产经营者应当依照本法的规定，建立食品安全追溯体系，保证食品可追溯。"我国首次将追溯写入法律。2016年商务部积极推动上海、山东、宁夏、厦门四个省市开展重要产品追溯体系建设示范。质检部门启动了进出口产品质量追溯体系建设，食药监部门开展了药品电子监管体系建设，工信部门开展了婴幼儿配方乳粉和稀土产品追溯体系建设。与此同时，地方农业、商务、食药监等部门也纷纷建立了地方性的政府追溯平台。第三方系统集成商和企业也加入追溯平台建设的大军，建立了成百上千个追溯平台。

可追溯性对供应链上下游企业利润的影响不同。目前国内消费者对可追溯性的认知不够，对企业参与和增强可追溯性的支付不足，这很有可能令供应链参与者从可追溯性提高中的获益非常有限。并且利润的改善也集中在销售环节，这一过程中降低了上游农、牧场和供应链的总利润。尽管从中获益的销售商等下游企业有意发起建立这一系统，但上游环节的消极态度会极大地影响供应链可追溯系统的发展。

（二）食品加工行业追溯管理存在问题

我国食品追溯系统建设已经在一部分城市开始试点，但由于缺乏统一的制度和标准，现实中追溯体系各环节之间衔接不畅，信息隔断，还存在以下一些问题：

（1）缺乏全国统一的、覆盖全程的追溯法规。有关追溯标准的管理细则尚未颁布，在规范性和可操作性等方面还需要完善；追溯制度尚未形成一套完整体系，导致追溯工作开展缺乏强有力的法制保障。

（2）溯源系统平台不统一。相关部门、行业协会以及企业相继建立众多追溯系统，工信部的"食品工业企业质量安全追溯平台"、地方政府又分别建立的地方追溯平台等，多头管理导致国内追溯各自为政，缺乏统一的管理和规划，重复建设严重。

（3）追溯标准化程度低。我国产品追溯标准体系尚未形成，已有标准之间存在内容交叉、标准不统一、质量参差不齐等问题。标准体系重叠混乱，顶层设计和统筹管理不足，导致各类各层级标准尚未形成协调发展的局面，难以为追溯体系建设提供有效指导,亟须统筹规划。

(4)追溯信息广度、精度、深度不高。我国的可追溯体系目前更多地承担信息保存功能,但在信息的广度、精度和深度上存在问题:在信息广度方面,追溯批次、追溯的个体信息和追溯的单元还是不够明确;在信息精度方面,追溯信息缺乏统一标准,覆盖范围不够精准;在信息深度方面,可追溯体系仅仅局限于种植或养殖、仓储、检测、流通等的某一个或者某几个环节,产业链覆盖环节相对较短,目前还没有实现全程信息的可追溯。由于供应链管理不规范、数据缺失,导致行业损耗高、食品安全管理隐患大、追溯难度大、问题产品召回成本高等。

(5)原材料来源追溯未实现。食品加工企业的原料主要来源于养殖场和农户,追溯编码可以在养殖场中推行,但是由于上游养殖农户的数量巨大且分布范围广泛、规模大小不一,多为小规模经营,对供应链源头养殖农户实施追溯难度较大。目前原材料来源数据不全,缺乏完善的供应商管理机制,采购过程不规范,采购合同、送货单、验收单等关键业务未能实现信息化,无法实时采集信息,格式不统一,数据不完整,无法实现原材料的溯源。

(6)生产环节追溯复杂。食品加工生产环节复杂,大部分食品加工企业的自动化和信息化程度低,生产过程中原材料与半成品和产成品的转换数据缺失,难以实现生产环节各项环境信息的追溯。

(7)流通环节追溯难。产成品仅分批次管理,无法实现具体产品销售区域或位置的追踪。在发生安全事故的情况下,需要召回时难以精准定位快速召回,而且规模往往较大、成本高。同时多数物流采用第三方外包的方式,物流企业规模不一,信息化水平和管理水平低,导致流通环节的追溯难以对接。

三、古龙食品追溯现状及存在问题

(一)追溯现状

古龙已建立健全质量管理追溯体系,建立了健全的猪肉、丁香鱼等原辅材料供应商考核制度,制定从原材料采购、入库、生产、过程的质量、安全监督以及产成品检验等制度,建立食品安全责任制,明确采购、生产、品管、销售等环节的质量安全职责,先后通过 ISO 9001、HACCP、BRC、IFS、ISO 22000 等认证,可实现从原料到产品、产品到原料的双向追溯。

（二）存在的问题

1. 生产监控系统老化，生产监控无法"可视化"

公司生产监控系统已使用较长时间，出现系统老化、服务器内存不足、生产加工监控信息缺失等问题，无法在线实际反映生产操作状态为信息化追溯提供"可视化"生产加工关键控制点信息反馈，对有质量问题的产品无法提供可靠的生产数据支撑，因此需对生产监控系统进行升级改造与建设。

2. 工序信息记录为手工记录，信息化追溯水平较低

目前，公司原辅材料及包材供应商信息，原辅材料及包材原料验收信息，生产加工关键控制点信息，仓储、物流、销售各环节信息多为手工记录，记录分散在采购部、品管部、实罐车间、储运部等多个部门，未形成生产和物流过程信息化监控、数据实时采集与分析、设备管理与维护、异常预警的信息化管理，也很难实现问题处理过程对各环节信息的集中参考及分析，无法实现完整的信息化追溯。由于缺少对质量问题信息化溯源的关联分析，不能及时发现产品整个生产加工过程隐藏的问题，这些问题降低了生产安全运营效率，影响了产品质量管理水平的提升，增加了产品的制造成本。

3. 未建立公共查询平台，消费者无法查询产品信息

公司已建立完整的产品追溯信息管理档案，主要服务于公司内产品质量管理和政府监察机构的审查调阅；相关资料都是分散管理的档案文件，无法应用于公共查询平台。目前，消费者对食品的来源、生产加工、仓储、物流等各个环节不十分清楚，通过平台能够快速地查找到出问题的环节，产品透明化更能提高企业的公信力。

四、古龙的解决方案

为解决上述问题，古龙结合大数据、物联网等技术，通过追溯体系建设和政府的监管引导，实现对罐头产品流通环节的质量控制及责任追溯。

（一）建立信息化追溯系统

古龙在已有金蝶系统基础上，建立监控系统及赋码包装线，实现对生产加工及包装的"可视化"信息反馈及精细化管理；建立人员门禁系统，实现对生产人员管控；建立了质量追溯平台，对接其他系统，实现红烧肉罐头产品从原料、生产、包装、销售的信息化可追溯。如图1所示。

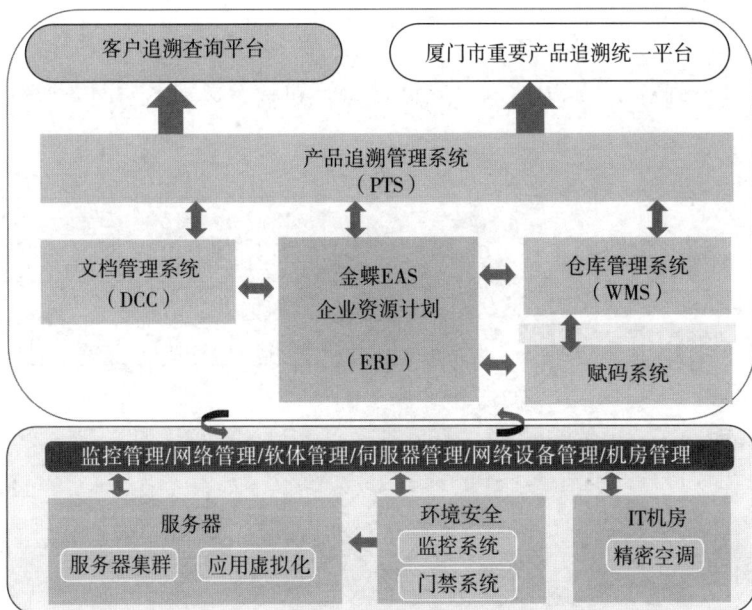

图 1 信息化追溯系统

(二)建立可追溯体系

公司在 ISO 9001、ISO 22000 体系的基础上,依照中国质量认证中心的 CQC GFKS1001－2016《可追溯体系要求》,编制可追溯管理手册、修订产品质量追溯制度,形成完整的可追溯体系,通过体系规范与管控追溯各环节。

(三)产品追溯体系设计框架

基于一罐一码的设计方向,利用二维码技术,实现产品信息追溯、原料流向分析、产品销售区域、防窜货等信息化应用,产品追溯体系设计框架如图 2 所示。

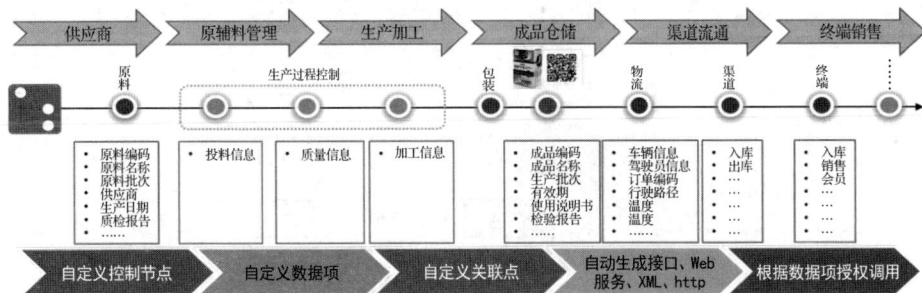

图 2 基于一罐一码的产品追溯系统

（四）分层设计追踪码

采用分层设计追踪码的方式，从底层耗材到包涂材料，到原材料、辅料和半成品，最后到成本，采用四段方式进行赋码和身份识别。如图3所示。

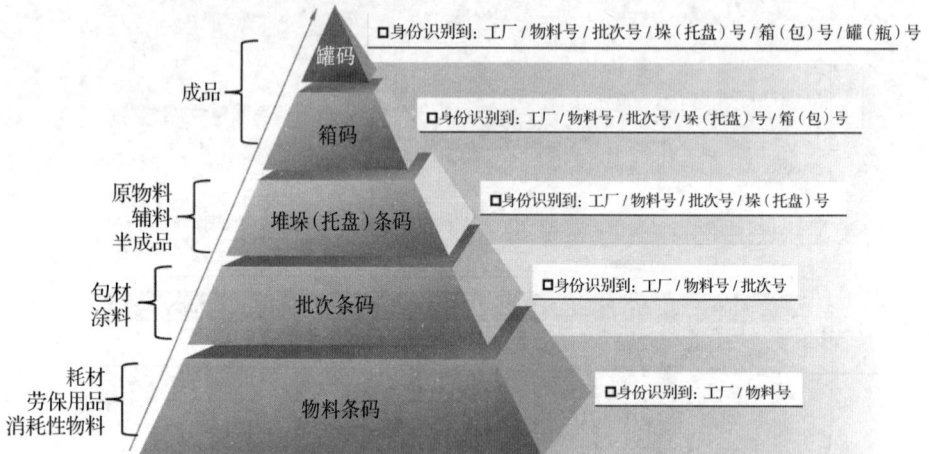

图3　追踪码的分层设计结构

（五）追溯系统生产线改造

针对产成品一罐一码的赋码流程，引进自动生产线，进行自动喷码和校验，实现罐码和箱码的自动关联，降低差错率，提高效率。如图4所示。

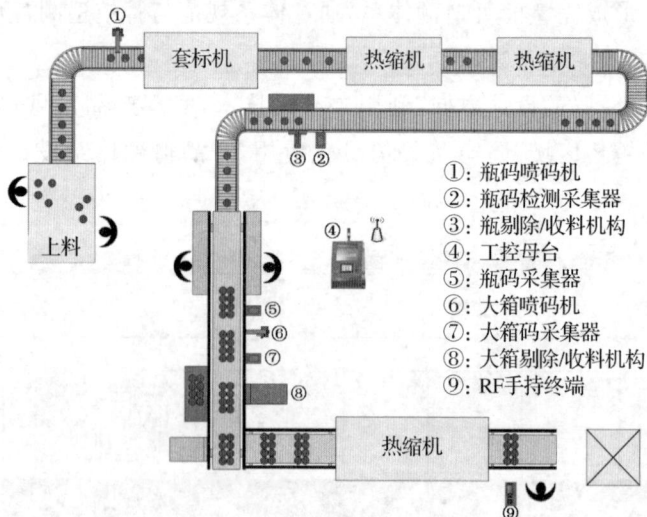

图4　自动化喷码生产线

（六）WMS 仓储物流信息管理及 RFID 物流追溯设施

项目以 ERP 系统为中心，建设 WMS 仓储管理系统，基于典型的 PDA/RFID/WIFI 无线网络等自动识别技术，对全公司各仓库的验收入库、报检作业、货物标示、厂区内部配送、出库复核、移库移位、库存盘点等各个作业环节的数据进行自动化采集和智能化的管理，实现产品原辅料及包材供应商信息、出入库及厂内物流信息、验收信息、保质期、产品出库信息、厂内物流信息、合格检验信息、保质期信息等可追溯。

五、绩效与价值

（一）经济效益

通过项目建设，实现产品从原料到销售的信息资料透明化，提高供应链的可视性及供应链系统的透明度，减少产品周期、降低库存水平，提高产品质量管理效率，降低管理成本。项目通过信息化技术，对流程进行优化和改造，改变传统纸质作单追溯慢的现状，减少人力，提高企业生产效率，缩短流程时间，降低了人工成本。建立食品追溯查询平台，将产品信息公开化，告知消费者，树立公司的品牌，促进公司产品销售。项目后期将开展消费者或经销商扫码返利活动，通过活动鼓励扫描，提高用户黏性，有效提升营销水平。

（二）综合效益

追溯不仅是查询信息的手段，也起到品牌保护防伪的作用，帮助消费者区分真伪。针对食品谣言问题，企业可以通过平台对食品的来源、生产加工、仓储、物流等各个环节进行登记，消费者只需扫一下食品包装上的二维码，就可以轻松知晓。食品企业不仅能够提高产品质量，还能够快速地查找到出问题的环节，产品透明化更能提高企业的公信力，避免谣言对企业造成伤害。

六、典型经验

（一）建立溯源激励机制

为了推动溯源的普及，后期将对诚信经营、质量安全、主动上传追溯数据的批发商实施返利、补贴等奖励政策，从而收集产品物流动态，了解产品销售具体客户群，分析产品品质提升方案，进而提升产品销量。

（二）建立追溯体系

在 ISO 9001、ISO 22000 体系基础上，依照 CQC GFKS1001－2016《可追溯体系要求》，编制可追溯管理手册、修订产品质量追溯制度，形成完整的可追溯体系,通过体系规范与管控追溯各环节。

案例 4 点评

一、供应链结构及追溯模式

古龙作为食品加工企业,其供应链构成主要是上游的供应商和下游的销售商。其上游可能涉及肉类供应商、玻璃瓶供应商等,下游包括其主要经销商和零售门店。在这一供应链中,其环节不多,但是上游供应商种类多、数量大、规模小,而其下游经销商也存在分散、繁多、小规模的特点,这些给追溯实现带来挑战,其产品供应链结构如图 5 所示。

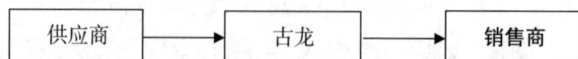

图 5 古龙供应链结构示意图

古龙作为其所在产品供应链上的主要制造商,以其为核心的追溯称为制造商主导型的追溯模式。作为罐头食品供应链的追溯主导者,古龙集成了原有信息化平台与产品追溯管理系统,即在已有金蝶系统基础上,建立监控系统及赋码包装线,实现对生产加工及包装的“可视化”信息反馈及精细化管理;建立人员门禁系统,实现对生产人员的管控;基于一罐一码的设计方向,采用二维码技术,建立了质量追溯平台,对接其他系统,收集红烧肉罐头产品的原料采购、投入、加工生产、包装、存储、销售等追溯信息,形成完整的可追溯信息链,实现对红烧肉罐头产品流通环节的质量控制及责任追溯。

古龙公司的原料主要来源于养殖场和农户,追溯标识码可以在养殖场中推行,但是由于上游养殖农户的数量巨大且分布范围广泛,规模大小不一,多为小规模经营,对供应链源头养殖农户实施追溯难度较大。此外,古龙处于产品生产的主要环节,也是易受污染的关键风险控制点。古龙作为追溯平台的核心,其所在环节的追溯成效会远高于其他环节,因此从风险控制上,这个模式至少可以规避较多潜在加工风险。但是,仅仅在加工环节可追溯是不够的,未来还需要进一步将追溯的对象延伸到供应链的上游和下游。为进一步促进节点企业参与追溯体系的积极性,古龙作为主导者采取了一系列的治理策略。在内部治理上,古龙通过建立追溯管理制度并与 IT 服务提供商组建追溯技术团队,这个团队会定期向上下游企业提供技术支持和培训。在外部治理上,对于上下游企业,采取了契约与信任、信任与权威相结合的协调机制。古龙对于下游企业采用利益分享契约和关系治理。为了推动溯源的普及,古龙后期将对诚信经营、质量安全、主动上传追溯数据的批发商进行返利、补贴等奖励,从而收集产品物流动态,了解产品销售具体客户群,分析产品品质提升方案,进而提升产品销售。

二、供应链追溯系统的建设动机

古龙建立加工食品全程追溯管理系统的动机,首先是监管因素,在国家监管层面首次将追溯写入法律,2015 年正式颁布实施新修订的《食品安全法》第42 条明确规定"国家建立食品安全全程追溯制度,食品生产经营者应当依照本法的规定,建立食品安全追溯体系,保证食品可追溯"。古龙作为厦门老字号的食品加工企业,必须合法合规。

其次是食品安全和质量因素,古龙作为食品加工企业,其原料主要来源于养殖场和农户,而目前我国上游养殖农户的数量巨大且分布范围广泛,规模大小不一,质量难以控制,古龙目前需要完善供应商管理机制,规范采购过程。另外,食品加工生产环节复杂,生产过程产品质量难以控制,需要对生产加工过程提高监督和管理能力。最后,在发生食品安全事故时,需要精准定位快速召回。

三、追溯系统成本收益分析

（一）成本构成

软件系统方面的投资包括:在已有金蝶系统基础上,建立监控系统、赋码包装线、人员门禁系统和质量追溯平台。

硬件方面除了基本的物联网设备外,针对产成品一罐一码的赋码流程,引进自动生产线,进行自动喷码和校验,实现罐码和箱码的自动关联,降低差错率,提高效率。

（二）收益构成

追溯系统的建设便于实现供应商管理环节的信息化,实现产品从原料到销售的信息资料透明化,提高供应链的可视性及供应链系统的透明度,缩短产品周期,降低库存水平,提高产品质量管理效率,降低管理成本。

追溯系统的建设实现流通环节的可追溯,有助于产成品的分批次管理,实现具体产品销售区域或位置的追踪。在安全事故发生的情况下,提高召回速度,减少召回规模和成本。

四、追溯能力水平

古龙结合大数据、物联网等先进技术,通过罐头追溯体系建设和政府的监管引导,实现对红烧肉罐头产品流通环节的质量控制及责任追溯。基于一罐一码的设计方向,利用二维码技术,实现产品信息追溯、原料流向分析、产品销售区域、防窜货等信息化应用。

(一)广度

升级改造了各生产车间监控设备,建立监控系统及赋码包装线,引进自动生产线,进行自动喷码和校验等措施,实现对生产加工及包装环节的"可视化"信息监管,以及对生产人员的管控,记录了生产过程的完整追溯信息。

(二)深度

古龙改变原辅材料及包材原料验收、生产加工关键控制点、仓储、销售等环节的手工记账模式,建立监控系统、赋码系统、追溯系统等,逐步形成原料、生产、销售过程信息化监控、数据实时采集和分析等信息化管理,实现问题处理过程对各环节信息的集中参考及分析,实现对罐头原辅材料及包材供应商信息、产地、生产日期、批号、质量报告、出入库信息、投料信息、生产加工信息、批号、质量报告、出库信息、销售信息全链条成品追溯及原料分析。

(三)精度

古龙通过上线玻璃瓶赋码生产线及追溯系统,实现"一罐一码"追溯信息查询。赋码系统给予每一瓶玻璃瓶红烧肉、红烧排骨、红烧猪脚、橄榄菜罐头以身份识别,赋予产品唯一的身份证明。

(四)速度

基于自动生产线,WMS 仓储管理系统和 RFID 物流追溯设施,追溯系统能够提高追溯信息的采集、上传和共享。消费者使用手机扫描可以快速查询到产品的生产日期等消费者关注的产品信息。

五、供应链追溯绩效

(一)社会效益

追溯系统实现产品从原料到销售的信息资料透明化,提高供应链的可视性及供应链系统的透明度,合法合规的同时助力政府监察,保障罐头产品的质量安全,规范行业质量控制。

（二）经济效益

一是运营管理方面,通过信息化技术,优化流程,可以缩短流程时间、提高企业生产效率、降低人工成本。同时,由于产品从原料到销售的信息资料透明化,提高了供应链的可视性及供应链系统的透明度,缩短了产品周期、降低了库存水平,提高了产品质量管理效率,降低了管理成本,进而提高了利润率。

二是营销管理方面,通过追溯平台公开产品信息,保护消费者的知情权,树立良好的品牌形象。后期开展消费者或经销商扫码返利活动,提高用户黏度,有效提升营销水平。

案例5 批发商主导型
——绿百合:生鲜配送可追溯管理系统

一、企业介绍

厦门绿百合食品有限公司(以下简称"绿百合")于1998年成立,注册资金1400万元人民币,公司的主营业务涵盖了生鲜配送、净菜加工、中央厨房、蔬菜种植。经营总面积有3300多平方米,区域划分为蔬菜原料库、干货储藏区、净菜加工分流车间、熟食加工区、分拣配送区域、办公区、员工食堂、机房及位于厦门市湖里区高崎物流园北区五路的冻库,并且配有基地探测监控仪、蔬菜清洗流水线、洗姜机、切条机、切姜丝机、切片机、金属探测器、去皮土豆机、保鲜库、冻库、叉车、手拉叉车等设施设备。

绿百合公司拥有丰富的生鲜配送行业经验,服务的客户涵盖了星级酒店、内外资连锁餐饮管理公司、大型连锁超市、国际邮轮、航空配餐、校政企食堂等。这些客户拥有巨大的生鲜农产品消费量,其对可追溯生鲜农产品有着旺盛的需求。绿百合致力于满足客户可追溯生鲜产品消费需求,而又不增加客户购买成本,这就需要企业不断升级运作模式,降低运营成本。在可追溯系统管理系统建设期间,企业先后通过了ISO22000食品供应链认证、HACCP食品管理体系认证,同时建立了企业GMP质量管理体系,实现了管理水平的大幅提升。

基于绿百合业务需求打造的"绿百合生鲜配送可追溯管理系统",覆盖了生鲜农产品从种植、加工、销售、配送的完整流通链条。同时系统运用了先进的SaaS云服务、物联网、二维码、数据分析技术,实现多维度的追溯信息采集与追溯数据分析。尽可能降低一线操作人员的操作负担,且有效实现追溯数据自动化采集,实现精准的损耗分析,辅助企业管理者采取措施有效管理损耗,成功实现了对绿百合企业业务的全方位信息化管控与全链条的可追溯。

二、生鲜食品追溯现状和痛点

（一）政府监管和追溯现状

2016 年 1 月 12 日，国务院办公厅发文《关于加快推进重要产品追溯体系建设的意见》（国办发〔2015〕95 号），文件的指导思想是：坚持以落实企业追溯管理责任为基础，以推进信息化追溯为方向，加强统筹规划，健全标准规范，创新推进模式，强化互通共享，加快建设覆盖全国、先进适用的重要产品追溯体系，促进质量安全综合治理，提升产品质量安全与公共安全水平，更好地满足人民群众生活和经济社会发展的需要。

其中有关于推进食用农产品追溯体系的建设，提出要建立食用农产品质量安全全程追溯协作机制，以责任主体和流向管理为核心、以追溯码为载体，推动追溯管理与市场准入相衔接，实现食用农产品"从农田到餐桌"全过程追溯管理。推动农产品生产经营者积极参与国家农产品质量安全追溯管理信息平台运行。

另外，政府出台"互联网＋"战略，"互联网＋农业"促使农产品供应链产生新变化。互联网信息技术提高了农产品生产的效率，推动了农产品物流信息技术平台的智慧发展，创造出农产品销售新模式。

这给农产品流通企业带来了信息化、标准化、国际化的机会，同时农产品企业供应链管理也面临很多的挑战。

（二）生鲜食品追溯的痛点

我国的可追溯体系目前更多地承担信息保存功能，但在信息的广度、精度和深度上存在问题：在信息广度方面，追溯批次、追溯的个体信息和追溯的单元还是不够明确；在信息精度方面，追溯信息缺乏统一标准，覆盖范围不够精准；在信息深度方面，可追溯体系仅仅局限于种植或养殖、仓储、检测、流通等的某一个或者某几个环节，产业链覆盖环节相对较短，目前还没有实现全程信息的可追溯。由于供应链管理不规范、数据缺失，导致行业损耗高、食品安全管理隐患大，具体表现如下：

（1）产品来源数据不全，缺乏完善的供应商管理机制，采购过程不规范。采购合同、送货单、验收单等关键业务单据以手工单据为主，格式不统一、数据不完整。

（2）库存管理不精细，没有做到分供应商、分批次管理。农产品包装不规范，多以散装为主，传统仓库管理方式很难做到精准管理。

(3)加工品很难追溯原材料,成品和半成品与原材料的转换数据缺失。

(4)出库分拣数据缺失,因分拣作业时间短、强度大,无法在作业的同时记录准确的重量和来源数据。

三、绿百合生鲜追溯现状和存在的问题

(一)信息化系统的现状

现有的信息化系统,主要是日常业务管理系统和财务管理系统,且没有打通。各流通、加工环节的损耗得不到有效的监管和控制,绩效校核难度大,利润率低,客户体验相对较差,食品安全监管风险比较高,随着公司业务的发展和规模的扩大,企业的信息化建设迫在眉睫。

(二)存在的问题

(1)基础资料管理不规范。由于系统使用年限较长,试用期间缺乏专业的人员对商品编码、客户档案、供应商档案等基础资料进行统一规范,造成基础数据混乱、编码不规范、资料重复等问题。

(2)业务流程数据不完整。目前系统只有简单的采购和销售单据的录入,分拣、配送、签收等关键环节信息缺失,造成数据链不完整、前后数据对不上、库存数据不准确。

(3)业务系统和财务系统没有进行对接,财务人员大量的工作是通过手工的方式完成的,随着业务量的增加,工作量和员工数量急剧增加,而现有系统并无法有效地提高信息记录与处理的效率与准确性,导致管理成本不断攀升。

(4)企业智能化、自动化设备的使用率低,信息采集难度大,造成分拣、配送效率低,员工工作量大,人员不稳定,成本居高不下。由此产生的过高运营成本也制约了企业对可追溯体系建设的投入。

(5)系统采用的是 C/S 架构,公司自建机房的方式运营,只能通过局域网访问,造成分公司和办事处无法使用,大量数据无法及时录入系统,造成系统内的部分业务信息缺失,无法快速追溯、查询。而且由于公司没有专业的 IT 维护人员,系统的稳定性和安全性存在隐患。

(6)系统不支持移动化操作,采购员、销售员、配送员等外勤人员无法使用系统及时查看和录入数据,导致信息滞后与追溯信息缺失,给绿百合的可追溯体系建设带来了很大的制约。

(7)由于数据缺失、不准确、不及时,公司管理层无法通过数据分析来辅助决策,当食品安全突发事件发生时,企业无法快速开展相关追溯反应。

（8）没有完整的追溯体系，缺少与政府、客户、供应商之间沟通的渠道，不利于公司树立良好的形象并扩大影响力。

四、绿百合的解决方案

"绿百合生鲜配送可追溯管理系统"运用先进的 SaaS 云服务、物联网、二维码、大数据分析技术，结合线下的可追溯业务操作规范，实现从原产地到餐桌的全链条生鲜流通规范化管理与追溯数据采集。同时系统可帮助绿百合有效管理损耗，为企业创造可观的经济效益。

（一）系统基本架构

绿百合生鲜配送可追溯管理系统总体框架图如图 1 所示。

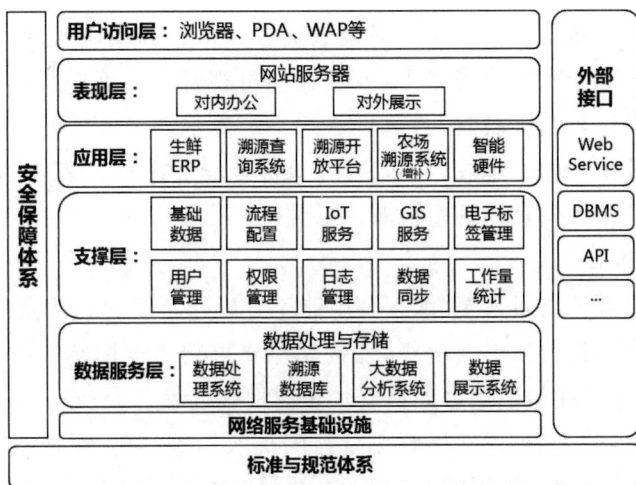

图 1 绿百合生鲜配送可追溯管理系统总体框架图

绿百合生鲜配送可追溯管理系统共分为三大版块：（1）溯源信息采集；（2）溯源信息存储；（3）溯源信息分发。

绿百合企业内严格执行标准化业务操作流程，在企业运作中灵活运用"绿百合追溯信息采集系统"，实现对所有业务的全链条追溯信息采集，所有信息将传输到"绿百合追溯大数据中心"集中处理与存储。同时，数据中心将所获数据经由专业分析处理后，通过"绿百合溯源查询系统"供客户与监管者调用查询。

绿百合通过运用"生鲜配送可追溯管理系统"，实现与绿百合的客户、监管方进行互动与数据互通,打造一个生鲜流通企业的高标准可追溯生态。

（二）实行严格的批次编码化管理

从源头开始,严格执行生鲜原材料批次编码化管理,每一个批次的生鲜原材料均有唯一的采购批次编码,接下来各流通环节追溯信息将通过此编码逐级传递或与之进行关联。

1. 采购环节

采购员在采购现场使用 PDA 登记采购信息,并使用标签打印机打印带批次二维码的采购标签,粘贴在采购的每个批次的原材料上。采购员在采购现场就能录入采购信息（商品信息、价格、供应商信息等）,在源头赋予一个唯一的商品批次码,并按需求打印出采购识别标签（带有商品、供应商、批次识别二维码等信息）,粘贴在货物上随货一同送达仓储配送中心。不同供应商、不同时间、不同质量的原材料批次号均不同。

采购管理系统自动将所有的采购数据进行汇总和集中管理,并且把采购数据实时同步到仓库验收设备上（专利智能可视秤）,以确保验收人员能够一一对应地对其进行精准验收。

自有基地出产的生鲜农产品,使用"绿百合农事管理系统"生成"种植采收批号",将采购批次信息与种植追溯信息关联。

2. 验收环节

采购的生鲜原材料送至"绿百合中埔生鲜配送中心"后,按照操作规范对生鲜原材料严格进行拆包与分级,并按规范要求转移至周转筐或托盘上进行规范码放,不同批次号的生鲜原材料禁止混框或混垛。

通过可追溯智能秤识别生鲜原材料的批次标签,对生鲜原材料逐一称重验收,并打印带批次二维码的入库标签,粘贴标签后入库存储。

3. 仓储环节

基于智能可视秤平台开发的专用秤端软件,自动接收采购单,食材到货后,对其进行一一对应的精准验收。

一线人员将货物放置在智能可视秤或地磅（已进行改造）上,操作员仅需扫描采购标签或在智能可视秤选择该批次商品,一键点击验收,智能可视秤自动完成了重量以及高清照片的采集和上传工作。

同时,智能可视秤连接的打印机将自动打印出库存管理标签（可打印多份,上面带有品名、批次日期与日批次号、批次识别二维码）,验收人员将其粘贴在对应的货物上,进行入库存储。

依托库存管理标签,库管员可以在现场快速判断出货物批次,严格进行生鲜的先进先出操作,有效地降低生鲜自然损耗率。

除验收之外,出库、调拨、盘点等功能都可依托智能可视秤来实现管理与追溯信息采集,有效保证追溯信息链条完整准确,且不会增加人员的操作负担。

4. 净菜加工环节

加工中心的生鲜原材料和加工半成品均严格执行分批次管理。原材料的验收、领用、加工、成品、报损等操作均以原材料的批次号在管理系统内进行记录。

5. 分拣环节

基于智能可视秤平台开发的专用秤端软件,当客户下单后,销售订单会自动同步到分拣设备上。分拣员使用扫描枪扫描待分拣货物的库存识别标签,筛选出该品项的分拣任务后,按客户需求对其进行分拣、装袋、称重、打包等操作(系统自动挂接分拣货品的批次信息)。

每分拣称重一次,智能可视秤连接的打印机将自动打印出追溯标签(上面带有品名、客户、重量、追溯查询二维码等信息),分拣员将标签粘贴在货物外包装上后,按客户分跺码放,等待配送。

6. 配送环节

开发用于配送管理的配送微信小程序,配送员收到配送任务后,打开配送小程序,对货物逐一进行核对装车。小程序可实时显示客户每个品项的需求量以及已分拣实际数量,方便其及时补货,减少因漏单造成的二次配送的情况发生。

货物确认无误后,配送员即按要求将货物配送至客户手中。当货物送达后,配送员可使用配送小程序进行客户实际签收数登记、取证照片上传、文字信息反馈等操作。这些操作产生的数据将自动与该商品的追溯信息绑定。

(三)可追溯智能秤的运用

生鲜产品重量和品质每时每刻都在发生变化,这就要求生鲜品在各流通过程中频繁地进行重量与品质信息采集。

通过使用可追溯智能秤,做到从生鲜原材料验收开始,在绿百合体系内的各流通节点,一体化自动采集货品批次号、货品重量、货品高清影像、相关业务信息、责任人信息采集,并形成各节点的完整追溯信息。各节点的追溯信息进行串联后,形成完整的全链条追溯信息,同时数据无法人为进行篡改。

得益于可追溯智能秤[①]的运用,实现了操作一线的信息化,在减少人工录入数据工作量的同时,能有效降低出错率。

1. 验收环节

所有生鲜原材料均要使用可追溯智能秤识别批次后进行称重验收,大批量货品则使用智能地磅验收。同时系统将自动采集相关追溯信息,包含批次号、货品重量、货品高清影像、相关业务信息、责任人信息等。

2. 仓储环节

所有生鲜原材料入库存储均要使用可追溯智能秤打印带批次信息的入库标签。库存调拨、盘点都可在可追溯智能秤上进行操作,同时系统将自动采集相关追溯信息。

3. 净菜加工环节

加工包装完成的净菜成品,均要置于可追溯智能秤上进行入库操作,同时成品高清影像、相关业务信息、责任人信息将与成品的追溯码进行关联。

4. 分拣环节

分拣环节均要使用可追溯智能秤识别材料的批次二维码进行分拣与打印追溯标签,包含客户、品名、重量、包装日期、追溯码、追溯查询二维码等信息。

(四)SaaS 系统完整覆盖绿百合生鲜供应链

"绿百合生鲜配送可追溯管理系统"由以下系统组成:绿百合生鲜 ERP 系统(包括采购管理系统、仓储管理系统、分拣管理系统、销售管理系统、净菜加工管理系统、物流配送管理系统、客户与供应商管理系统、ERP 移动应用)、网上商城、业务管控中心、农场追溯系统、追溯数据中心、可视化监控大屏等。

系统采用 SaaS 应用模式设计,系统完整覆盖绿百合从种植、采购、仓储、加工、销售、配送的所有业务部门。有效保证各部门之间的数据无缝衔接,并且实现了追溯链信息的完整采集。

(五)智能移动应用

智能 App(面向外出采购人员、加工厂一线操作人员)、微信公众号(面向客户)、微信小程序(农场生产人员、外出配送人员、第三方配送人员)可与SaaS 云服务平台无缝连接成一个整体,使得业务的所有参与者能高效协同,有效消除信息孤岛,避免因信息传递不畅产生各种供应链管理问题,帮助企业稳定高效运转。得益于丰富的移动应用,追溯系统可以准确采集到外出、一

---

① 可追溯智能秤专利号:ZL2015 2 0239588.6　ZL2016 2 0700674.7。

线、第三方业务参与者的相关追溯信息，确保追溯信息的完整。

（六）数据中心的运用

1. 业务管控中心

业务管控中心的大数据分析服务，可对海量的运转数据进行处理、统计与分析，并一键生成各类报表，让企业管理者随时掌握企业运作，轻松实现可视化规范管理。

同时业务管控中心的可视化展示系统，可对运作流程树中各节点的损耗进行精准统计，并直观地展现给企业管理者，辅助其进行科学化决策，让数据产生可观的经济效应。

2. 追溯数据中心

追溯数据中心将业务系统采集的追溯数据，进行规范化存储，对每一个追溯码所匹配的追溯链条上的相关数据进行索引排序，并提供给查询端高速查询。

数据中心的大数据可视化展示系统，可直观地将追溯相关数据在可视化监控大屏上进行实时显示，方便管理者掌握运作情况，并对异常事件快速做出反应。

3. 溯源查询系统（追溯信息分发）

通过溯源接口管理系统，实现绿百合追溯系统与"厦门市重要产品追溯统一平台""厦门市场监督管理局食品追溯子系统"或其他监管系统的无缝对接。

同时，客户可使用手机扫描产品追溯便签上的二维码，快速查询所购产品的追溯信息。

绿百合微信公众号、官网上也接入有溯源查询入口，方便消费者批量查询产品溯源信息。

五、绩效与价值

（一）社会价值

（1）绿百合通过企业追溯体系建设，建立了一套强有力的企业自我约束机制，强化企业主体责任，杜绝各种食品安全隐患，让消费者能吃上绿百合提供的可追溯放心食材。

（2）系统实现与"厦门市重要产品追溯统一平台""厦门市场监督管理局食品追溯子系统"无缝对接，实现数据实时上传，有助于进一步发挥政府监管作用，无死角在线监督绿百合规范生产与作业，保障食品安全。

（3）绿百合作为厦门首批实现"从农田到餐桌"的全过程高标准追溯管理的企业，担任了厦门生鲜配送行业排头兵的角色，通过标杆示范作用，增强其他生鲜配送企业的追溯意识与信心，让越来越多的生鲜配送企业有信心来建立可追溯运作体系。

（4）生鲜配送行业的低利润率，企业个体规模小，这导致许多有意愿建立追溯体系的企业并不能承担高昂的系统研发费用和难以预估的试错成本。绿百合希望将研发的生鲜配送管理系统打造成标准化产品，低成本开放给其他生鲜配送企业使用，帮助其实现标准化可追溯运作，降低行业整体损耗率，提升行业利润。

（二）经济价值

（1）"绿百合生鲜配送可追溯管理系统"实现企业的标准化可追溯运作，可有效降低损耗、减少出错。系统使用后，绿百合生鲜平均损耗率可从过往年度的 15％降低至 10％以内。

（2）可追溯系统可有效帮助降低运作出错，系统能有效杜绝采购出错，同时配送补货率也可较过往降低 80％，为企业带来极为可观的经济效益。

（3）得益于率先实现了生鲜的全链条可追溯，绿百合品牌影响力得到了有效提升，绿百合已开始进行业务扩张与管理输出，2018 年度企业营业额翻一翻。

（4）绿百合通过优化管理，提升效率，节约成本。在致力于满足客户可追溯生鲜产品消费需求的同时，而又不增加客户购买成本，大幅提升客户的满意度和品牌价值，同时也为绿百合带来更多的客户。

六、典型经验

通过灵活地运用云技术、条码技术和物联网技术，结合生鲜行业的特殊性，公司在追溯系统建设与探索过程中，总结出了以下经验：

（一）确保追溯信息真实性

1. 条码技术确定商品身份

依据不同的采购批次（市场采购或基地直供），在源头即对该商品赋予唯一批次码。在其后续经历的各流通环节（验收、存储、调拨、分拣、配送等），辅以便于批次识别的各式不干胶标签，保证系统和人工都可快速识别其批次，并与追溯链条各关键节点信息完整绑定，从而实现对该商品流通信息的全链条追溯。

2. 智能可视秤自动采集追溯信息

生鲜农产品需要进行多次的分拆，称重是必不可少的关键环节。同时，因生鲜农产品极易腐坏，整个行业都对生鲜农产品的重量和质量把控比较严格。

公司在国内率先使用了智能可视秤，系统在称重的同时，自动抓拍商品的高清照片，同时记录下操作人员、操作时间等作业信息，人为无法篡改，有效确保了数据的真实性，同时不会加重一线操作人员的作业负担。

（二）确保追溯信息及时性

因为生鲜农产品极易腐败，导致其需要在极短的时间内完成采购到配送的全部流程。要保证用户能及时查询到溯源信息，对系统的及时性要求非常高。作业完成后才补录数据，往往效率低下且极易出错。通常发生商品已送达客户手中，但追溯数据依旧不完整或存在链条缺失。

"绿百合生鲜配送可追溯管理系统"进行系统方案设计的初衷，就是要打破现场操作中为追求效率导致的不规范和随意性，与追溯要求的严谨和规范之间的矛盾。为此，该系统创新性地采用了 SaaS 技术，将客户、销售客服、外出采购人员、配送人员、分拣配送中心现场作业人员、公司管理人员实时联结起来，实现追溯数据和现场操作同步进行，在不增加一线人员作业复杂程度的前提下，做到追溯数据严谨的实时采集与快速分发。

（三）确保追溯系统易用性

生鲜配送的一线从业人员平均文化水平较低，且工作环境较为复杂，所以追溯系统设计，一定要简单易用，才能在现场成功推行。

为此，绿百合公司要求系统开发承接企业的产品设计人员与开发人员必须要深入一线，全程调研和体验从白天的采购到凌晨的现场分拣作业的完整业务操作流程，充分了解一线的作业模式以及操作环境。特别是在系统试运行阶段，产品设计人员与开发人员携带电脑长期进驻现场，对现场遇到的各种问题，直接在一线制订改进方案，迅速优化系统功能并立即在现场进行测试。通过这种方式，使得系统高度贴合一线业务操作，并将系统测试与验证周期尽可能地缩短。

在此基础上，根据行业痛点，灵活地使用了多种先进的物联网技术。种植端，自动采集气象和土壤数据，用于指导农事生产。流通端，智能可视秤自动采集货物重量和高清影像，在保障追溯数据真实的同时，节约人力，降低一线员工的操作难度，提高一线员工的工作效率，真正做到减人、降损，为企业创造了极为可观的效益。

（四）信息化全覆盖，打造完整追溯链

（1）信息化系统实现了"从农田到餐桌"的全流程覆盖，形成了完整的信息化追溯链，链条上各环节都有完整的追溯档案，方便快速追查，同时也实现了在线云管理与监督。

（2）追溯系统充分发挥警示作用，绿百合的一线业务运作公开透明地开放给消费者与监管方，接受全社会监督。监督压力同样也下放到一线，责任可直接追查到执行者。公司上下树立责任意识，做到发现问题迅速响应，督促公司上下按规生产。

（五）实现标准化

（1）企业在可追溯系统建设期间，先后通过了 ISO22000 食品供应链认证、HACCP 食品管理体系认证，建立了企业 GMP 质量管理体系，实现了标准化管理。同时，通过可追溯系统建设，完善了企业标准化操作流程，并以信息化系统为载体，将执行过程量化，使得生鲜批次管理能在一线严格执行。

（2）公司有一套完整的追溯编码标准，实现从源头开始，严格执行生鲜原材料批次编码化管理，每一个批次的生鲜原材料均有唯一的采购批次编码，接下来各流通环节追溯信息将通过此编码逐级传递或与之进行关联。

（3）无论生鲜原材料，还是半成品或是成品，都有识别标签，并有一套标准化包装、存储、搬运、报损操作规范。同时，公司还在努力推行蔬菜分级，使生鲜产品从源头开始就尽可能有统一的标准。

（六）物联网智能硬件与移动应用运用

（1）通过使用可追溯智能秤，实现从生鲜在各流通节点的追溯信息自动采集。可追溯智能秤可自动获取业务信息，并自动采集各种关键追溯信息（货品批次号、货品重量、货品高清影像、相关业务信息、责任人信息等），实现了操作一线的信息化，在减少人工录入数据工作量的同时，能有效降低出错率，同时数据无法人为进行篡改。

（2）丰富的移动应用的运用，使得不方便在电脑前操作电脑的农场生产人员、一线加工人员、外出采购人员、外出配送人员与系统无缝连接成一个整体，及时获取业务信息，上报执行情况。同时，各式微信小程序可方便合作方、第三方业务操作人员能与绿百合高效协同，有效消除信息孤岛，避免信息传递不畅所产生的各种供应链管理问题，帮助企业稳定高效运转。

（3）得益于物联网智能硬件与丰富的移动应用，追溯系统可以准确采集到外出、一线、第三方业务参与者的相关追溯信息，确保追溯信息的完整。

案例 5　点评

一、供应链结构及追溯模式

绿百合作为一家流通商，其生鲜食材的采购主要来自农业基地或者批发市场，其中农业基地有自建农场和合作农场，经过仓储、分拣和部分初加工以后，配送给终端客户，客户主要包括酒店、连锁餐饮、国际邮轮、超市、政府机关、部队以及企事业单位。如图 2 所示，绿百合生鲜供应链链条完整，且具备一定的流通加工功能，这使得供应链追溯更具难度。

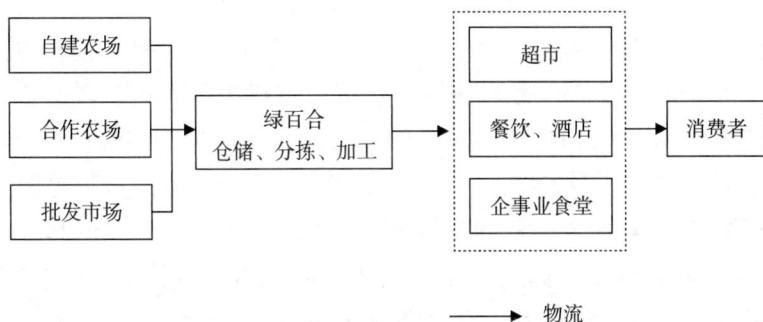

图 2　绿百合农产品供应链模式

绿百合作为所在供应链的主要批发商，其货源供应主要来源于自有农场或合作农场，还有部分来源于批发市场。经过简单加工或部分净菜处理后，配送给下游客户。基于自身运作模式打造的"绿百合生鲜配送可追溯管理系统"，使得绿百合形成以自身批发商为主导的供应链追溯模式。从广度和深度与上下游企业进行溯源合作，并在不同的环节采取不同的追溯精度，提升信息采集和传递的速度，能够实现生鲜农产品的全链条可追溯。通过赋予一个唯一的商品批次码，实现了按批次追溯。在接收到顾客订单后，通过应用电子智能可视秤实现单件追溯，可以追溯到消费环节。一旦发现货物异常时，可进入追溯数据中心，使用追溯码、商品名、商品编码、货物批次号等信息，快速查询定位到该批次问题货品的数量、来源及流向，便于迅速做出响应。

绿百合整合了上下游企业，发挥了批发网络的集中优势，建立全渠道供应链，数据收集的难度相对较小。绿百合处于产品供应的关键流通环节，也是生鲜产品易受污染的关键风险控制点,作为追溯平台的核心,其所在环节的追溯成效会远高于其他环节,因此从风险控制上,这个模式至少可以规避较多潜在的流通风险。绿百合不仅仅在加工环节实现追溯,还将追溯的对象延伸到供应链的上游和下游,而层级的深度和网络密度会直接影响绿百合溯源的效率。绿百合在多级供应链中建立一定的治理策略和协调机制。作为主导者,绿百合采用各种治理机制来激发其他节点企业的追溯参与意愿,包括正式契约或非正式的关系等工具。同时由于权力的不平衡,绿百合管控了产品追溯的所有业务,更容易率先获得追溯的红利,并且追溯权力的差别也能够对产品的定价、供应等决策问题产生影响。

二、供应链追溯系统建设的动机

绿百合作为生鲜农产品流通经营企业,建设追溯系统的动机来自多个方面。一是监管因素,为贯彻执行国务院《关于加快推进重要产品追溯体系建设的意见》(国办发〔2015〕95号)文件精神,厦门市积极部署重要产品追溯体系建设示范工作,虽然目前还未实现政府强制执行,但是绿百合积极参与,并成为试点企业,希望基于自身运作模式打造的"绿百合生鲜配送可追溯管理系统"可有效解决农产品流通管理不规范、溯源难推行的问题。同时,绿百合需要获得一系列的食品流通管理认证才能获得市场准入资格,建立追溯系统能够促进绿百合获得ISO22000食品供应链认证、HACCP食品管理体系认证等。

二是食品安全和质量管理因素,绿百合作为农副产品批发商具备一定的流通加工功能,为客户提供净菜的加工环节增加了产品的污染风险,需要追溯信息来保障产品质量,以及应对食品安全事故。

三是经济因素,从绿百合自身角度出发,一方面,随着绿百合业务量的不断增加,公司原先采用传统单机版进销存软件和财务软件一同来管理业务,工作人员凭着作业现场人工登记的纸质单据补录数据,业务进展跟进只能靠电话或即时通信软件来进行,信息滞后且极易出错,现场管理难度极大。这直接导致企业运转效率低下,错单、少单、漏单频发,且无法有效进行控制。另外,由于缺乏冷链运输条件,对于客户退回的生鲜产品经过频繁的搬运和磕碰,损耗大,造成大量的经济损失。这些因素,直接导致企业利润率低,风险高,严重制约企业发展。这些运营管理中面临的问题使得绿百合迫切需要建立实施可追溯系统。

四是技术因素，互联网信息技术的发展，信息技术成本的降低，使得农副产品供应链信息化成为可能，促进追溯系统的实现。

三、成本收益分析

(一)成本构成

成本构成主要在于信息技术的投资。在原有信息系统的基础上，建立可追溯系统还需要投资使用一些用于标识、信息采集、记录以及查询的技术。

应用二维码进行标识，实现信息记录、存储和查询。

物联网设备运用来实现信息采集的有效性和提高实时性。在农场上安装气象设备和土壤监测设备，实时采集和记录气温、光照、降水、土壤温度、湿度以及肥力等信息，为农事生产提供预警和参考。

移动终端运用，开发多个微信小程序。种植环节，用于农事管理，记录生产环节的农事信息，并且生成种植溯源码，供下游调用和查询。采购环节，便于采购人员录入采购信息，源头赋码。配送环节，进行配送管理，客户端便于客户查询。

智能可视秤和专用秤端软件，自动接收采购单，用于仓储管理和配送管理。

(二)收益构成

收益来自显性收益和隐性收益，显性收益包括：提供可追溯的生鲜农产品带来的产品溢价收益，以及当地政府为推进可追溯采取的补贴政策。隐形收益包括：提高生鲜产品流通效率、降低损耗、提高品牌形象等带来的企业收益的增加。

四、追溯能力水平

"绿百合生鲜配送可追溯管理系统"采用 SaaS、物联网以及条码技术，实现了生鲜农产品的全链条可追溯。广度方面，该追溯系统充分记录了采购环节、仓储环节、分拣环节和配送环节的信息；深度方面，向前可以追溯到种植环节，向后追溯到最终消费者；在不同的环节采取不同的追溯精度，信息采集和传递的速度也基于物联网技术不断提升。具体分析如下：

(一)广度

以批次码为载体记录采购、验收、仓储、加工、分拣和配送环节的供应商、时间、质量、数量等信息。同时使用可追溯智能秤和微信小程序自动采集货品批次号、货品重量、货品高清影像、相关业务信息、责任人信息采集,形成各节点的完整追溯信息。

（二）深度

绿百合的货源供应主要来源于自有农场或合作农场,还有部分来源于批发市场。对于来源于批发市场的货源目前无法追溯到种植环节,故绿百合正在加大建设自有农场,加大开发合作农场。向上可以追溯到自有或合作农场的种植环节,运用互联网设备在农场上安装气象设备和土壤监测设备,实时采集和记录气温、光照、降水、土壤温度、湿度以及肥力等信息,为农事生产提供预警和参考。向下可以追溯到消费查询环节,客户收到货物后,使用手机扫描货物标签上的二维码或者在企业官网上输入查询码即可查询货物的完整溯源信息。同时也可以通过链接上的反馈功能,及时反馈商品异常或提供改进建议。

（三）精度

在采购环节,通过赋予一个唯一的商品批次码,绿百合实现了按批次追溯。在接收到顾客订单后,在分拣环节,通过应用电子智能可视秤实现单件追溯,可以追溯到消费环节。

（四）速度

发现货物异常时,只需在追溯业务管控中心里,查看客户反馈,进一步跟进处理。如有发现产品有质量问题,可进入追溯数据中心,使用追溯码、商品名、商品编码、货物批次号等信息,快速查询定位到该批次问题货品的数量、来源及流向,便于迅速做出响应。

同时,该系统还可自动将追溯数据实时上传到"厦门市重要产品追溯统一平台""厦门市市场监督管理局食品追溯系统",接受政府职能部门的监管。

五、供应链追溯绩效

（一）经济效益

一是提高流通效率,降低损耗,减少差错,将带来运营成本的降低。

二是品牌影响力的提升,将带来营业额的增加。

三是客户满意度的提升,将增强竞争力。

（二）社会效益

一是配合政府监管,为消费者提供更多的产品质量信息。

二是树立行业标杆,规范行业市场竞争秩序,提升行业利润。

案例6 批发商主导型
——建发酒业:进口葡萄酒全链条追溯系统

一、企业介绍

厦门建发国际酒业集团有限公司(以下简称"建发酒业")为《财富》中国五百强——建发股份(股票代码:600153.SH,2018年营业额2803.82亿元)旗下专业的优质酒类品牌运营商及供应链服务商,拥有强大的资源后盾和二十多年专业的酒类经营管理经验,并依托建发集团世界500强背景(2019年《财富》世界500强第277位),迅速成长为中国酒类行业的佼佼者。

公司自成立以来,一直秉承"开拓新价值,让更多人过上更有品质的生活"的企业使命,并勇于承担国有企业应有的社会责任,起到规范市场行为的带头作用。建发酒业自2006年涉足进口葡萄酒领域以来,始终引领着中国进口葡萄酒的发展潮流,不断创新运营模式,具有强大的品牌打造和运营能力。目前,公司共运营包括中国在内的全球十多个主要酒类出产国的近六十个知名葡萄酒品牌,其中法国玛茜、智利红蔓、葡萄牙葡金三大公司核心品牌不仅销量巨大,且已成为原产国在中国影响力和销售业绩突出的品牌。2019年建发酒业全年酒类销售瓶数近1000万瓶;2006年至2019年年底玛茜品牌销售瓶数累计超过4000万瓶,玛茜品牌在中国广大消费者心中的知名度越来越高,2018年该品牌荣获"人民选择奖"称号。

除葡萄酒业务外,建发酒业同步涉足烈酒领域,独家代理运营法国干邑杰丽天鹅及苏格兰威士忌诗都华品牌,同时连续10年成为中国驰名品牌"五粮液杰出贡献品牌运营商",连续16年获得五粮液经销商及专卖店大奖。2019年,建发酒业获得五粮液"特别贡献奖""六星级运营商""跨越发展奖""品牌拓展奖""品牌专销十年""五星级专卖店"等多个奖项,其中"特别贡献奖"也是五粮液有史以来设置的经销商最高奖项。

在贯彻渠道精耕的品牌运营战略下,公司聚焦核心市场,通过优势产品建立高效的销售渠道,并充分发挥公司品牌支持服务体系、供应链支持服务体系、财务支持服务体系、信息支持服务体系、人力资源支持服务体系、营销支持服务管理体系的综合优势,为核心市场服务,深化核心市场根基。成熟、系统的品牌运营体系让成功的运营管理经验得以高效复制,逐步发生裂变效应,最终让建发酒业的产品品牌得以覆盖全国的销售网络,为打造具有全国影响力的酒类品牌夯实基础。目前,公司已经在全国各主要城市建立起业务机构,营销网络覆盖除港澳台之外的全国所有省份,与 2000 多家专业酒类经销商构建了战略合作关系,并组建数百人的专业团队提供服务支持。

二、进口葡萄酒追溯现状和痛点

(一)政府监管和追溯现状

根据我国加入 WTO 的承诺,葡萄酒的进口关税一再降低,从价格上直接降低国外葡萄酒品牌及其产品进入中国市场的门槛。我国的进口葡萄酒市场规模不断扩大,交易额连续多年保持两位数的增长率。2016 年,我国是继德国、英国和美国之后的第四大进口市场。2016—2017 年,我国葡萄酒进口量稳步上涨,据最新海关数据显示,2019 年葡萄酒进口金额约为 24.3 亿美元。

随着市场形势的高涨,在行外人看来进口葡萄酒投资对资金投入的要求并不高且利润丰厚,由此吸引了不少中小企业甚至有海外关系的个人纷纷进入葡萄酒市场,一时使得市场鱼龙混杂。同时,中国庞大的消费市场让全球葡萄酒生产商嗅到商机,陆续抛来橄榄枝,这也使得国内进口商在国际市场上有更多的选择。由于各国产品检测标准和卫生安全标准的不一致,导致不合格率过高,这与我国消费者日益增加的产品质量安全需求产生冲突,同时也给政府的监管带来很多的挑战,既要提高监管效率,又要保障监管力度。

2017 年 2 月,商务部根据《国内贸易流通"十三五"发展规划》发布关于"十三五"时期促进酒类流通健康发展的指导意见。该指导文件特别提出,推进酒类溯源管理,发挥酒类流通企业在供应链中的枢纽作用,联合生产企业共同打造酒类商品全过程信息化追溯链条;鼓励利用无线射频(RFID)、二维码等信息技术,加快建成"来源可查、去向可追、责任可究"的酒类商品追溯体系,便于消费者利用手机、电脑等查询追溯信息辨别酒品真伪;加大追溯信息在供应链质量安全管理、诚信建设、税款征收等方面的应用,提升追溯体系综合服务功能。

（二）进口葡萄酒供应链追溯的痛点

1. 市场混乱真伪难辨

近年来随着中国的经济发展与城镇化扩张，葡萄酒消费人群由原来主要以"三公消费""礼品经济"为支撑，逐渐向大众消费者发展。国内进口葡萄酒市场由于较低的进口门槛，产品鱼龙混杂，质量参差不齐，而葡萄酒文化在国内尚未普及，普通大众还无法掌握分辨真伪的方法。在信息不对称的情况下，部分厂家通过生产贴牌低劣酒品或仿造名牌产品，从中赚取高额利润，给大众消费者带来伤害。

2. 内部系统缺乏对产品销售的追溯技术手段

企业内部应用系统没有将商品的采购批次和出仓批次的商品数据有效匹配对应，仍需要人工干预，效率较低，也缺乏追溯的可靠性，因此需要依靠有效的系统来改善并提高效率。

3. 缺乏与终端消费者形成良性互动的信息平台

终端消费者在购买公司产品后，缺少一个便捷的渠道来获取产品详细信息和全生命周期的流通过程，无法进行防伪验证，不利于消费体验和公司品牌的建设推广。

4. 缺乏有效的经销商管理和市场监管系统支撑

公司经销商和代理商数量众多，且地域分布较广，控制力度不同，各区域的销售政策和活动支持力度也不同，因缺乏匹配的信息系统，难以监管，造成部分违规的经销商在区域内利用杀价争夺售点，抢占资源，区域间的窜货情况屡有发生，不仅影响了当地经销商的正常运营推广，同时扰乱区域价格体系，给市场的良性健康运行造成很大的破坏。

5. 销售决策缺少有效的数据支撑

对经销商的库存管理和销售数据分析缺乏真实的数据基础，难以及时了解经销商产品存量、销售状况，缺乏必要的监控手段，对产品销售预测能力不足，无法实时掌握资金的回笼进度。

（三）建发酒业产品追溯的痛点

建发酒业随着自身业务的不断发展，虽然采购及销售订单量逐年增加，然而缺乏对销售产品从生产到消费的全链条跟踪管理手段，同时经销商及客户数量众多、业务复杂，单纯依靠传统手工做账记录方式和现有的 ERP 内部管理系统已难以满足企业现代化管理的要求，也无法满足市场上消费者放心消费、明白消费的诉求。

为了能够让终端消费者方便直观了解所购买产品的生产过程、产品质量、商品详情甚至流通过程,同时为了加强对经销商的监督和管理,维护并规范市场的健康发展,提高建发酒业品牌知名度及产品的辨识度,建发酒业迫切需要建立一套能够实现从原料生产到消费的全生命周期数字化跟踪的信息系统。这套系统将实现识别、跟踪和追溯产品从原料生产种植、采购、进关、加工、运输、仓储和销售过程中的相关活动信息的功能,从而保证从货源出产地到消费者终端稳定的产品品质。同时,这套系统也可对公司日常业务管理、产销数据监控、信息预警、资金管理和营销分析预测等提供便捷、系统的数据化管理平台,从而促进公司发展,保障消费者权利。

三、解决方案

为了解决这些问题,建发酒业积极实现供应链信息化,同时结合国家政策,建立追溯管理系统对接政府监管部门的监管系统。追溯管理系统为每件商品赋予一个唯一的二维码及瓶身码身份标识,将进口环节、通关环节、仓库贴标赋码包装环节、下游流通环节及终端消费环节产生的信息进行整合管理,构建一个可跟踪、分析、追溯式管理系统;为消费者提供简单便捷的防伪溯源查询以及售后反馈渠道;实现与终端消费者的多样化互动,借助平台大数据积累,把脉细分市场,预测行业动态;并按照要求与监管部门系统无缝对接,如图1所示。

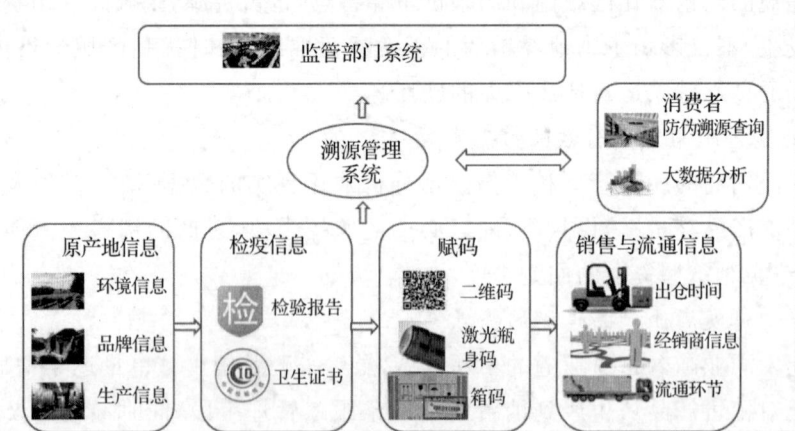

图 1　追溯管理系统示意图

建发酒业溯源管理系统在设计时,综合应用了物联网(二维码标签、GPS

技术等应用)、移动应用、自动控制、无线通信、软件工程等多个学科的先进技术,推进酒类流通溯源管理系统建设,强化全过程质量控制,实现从采购到销售的酒类流通链条中各环节信息的可追溯查询。

(一)建设规模

建发酒业溯源管理系统建设规模包括四条二维码贴标生产线的相关硬件、设备,以及一套数据集成软件、追溯管理软件,总投资规模为1317万元。其中:

(1)软件部分:追溯管理系统软件开发及集成投入415万元;

(2)硬件及设备部分:4条生产线和追溯管理系统需要的硬件及设备投入460万元;

(3)场地建设费:包括设施的场地租金15万元;

(4)试运行生产资料:生产线试运行生产费用投入397万元;

(5)其他:其他相关费用投入30万元。

(二)工业生产线建设

建发酒业主要经营原装进口葡萄酒,灌装、粗包装都在境外的酒庄进行,采购到国内后,在国内的仓库生产流水线上进行到货组装入库。

建设激光喷码与二维码自动贴标相结合的工业生产线,配套手持PDA扫码系统和设备,以及工控软件所需要的服务器、计算机、网络设备等。在生产线上为每一瓶酒赋予唯一身份标识的二维码和激光码,实现具体产品的数字化。自动贴标生产线的建设不仅在产能上满足建发酒业的需求,大幅提高了贴标效率和精准度,降低贴标成本,而且基于易碎防伪标签的二维码技术和激光喷码相结合,将大幅提高造假者的造假成本;同时,为每一箱酒赋予唯一的箱码,将箱码与瓶码相关联,以箱码作为物流环节的操作单元,提高进出仓效率。

(三)追溯软件系统建设

追溯软件系统建设包括追溯管理系统建设、数据集成系统及接口的建设以及原有系统的功能升级等。

追溯管理系统作为建发酒业溯源管理系统的核心,其通过企业服务总线和一系列的API(Application Programming Interface,应用程序编程接口)服务,将溯源系统与企业自身的ERP、WMS、产线加工系统、物流沙盘系统以及政府平台之间的数据互联互通。其系统架构主要包括:应用服务层、应用集成层、统一基础服务及数据服务,实现系统的高可用、高性能、高扩展、高安全,确保各业务层数据交付、抽取、分析。通过溯源系统,消费者可以精确掌握产品从"生产、采购、物流、仓储、加工到销售"各个环节的身份信息和操作信息,实现整条链路都做到自动化跟踪,强化全过程质量安全管理与风险控制,做到操作有规范,追溯有依据。

(四)对接政府追溯平台

建发酒业溯源系统提供统一的数据交换接口服务中心,可根据政府平台需要进行数据对接,全力支持政府统一追溯平台和追溯大数据平台建设,实现"来源可查、去向可追、责任可究"的立体追溯体系。厦门市于 2015 年开始建立酒类电子追溯系统,目前实现了云平台大数据运行,扫码之后能看到产品的详细信息。系统包含酒类微信平台、酒类监督管理平台和酒类经营三个平台。目前,厦门市面流通的酒,都必须贴有"厦门市酒类流通管理局监制"二维码,这个二维码记录了酒类的身份信息。出货时,酒类企业要对每一瓶酒扫码记录,之后下一级经销商在进、出货时,也必须扫码记录,确保酒类流通过程全程监管。建发酒业搭建的"从生产、加工、物流、仓储到销售"的全链条信息化可追溯系统,将与政府的追溯统一平台和监管子系统无缝对接,推进酒类流通溯源管理体系建设,强化全过程质量安全管理与风险控制的有效措施,实现酒类流通完整链条来源信息的共享与可查询,以满足市级追溯体系的要求。

(五)便捷的客户端追溯

通过日益成熟的二维码技术,渠道商、消费者可通过便捷的终端手持工具,如 PDA、手机等,从有政府担保的官方溯源系统了解所购产品的来源,以及各流通环节的商户信息。通过手机等手持终端扫描瓶身二维码,可以获得境外生产、国外检测、物流信息、报关通关、检测检疫、流通信息、商品详情等追溯信息。在保证信息公开透明的同时,让大众在信息互通开放的环境中放心消费。如图 2 所示。

图 2　追溯二维码和追溯界面

五、绩效与价值

随着葡萄酒知识的推广和大众消费水平的提高，可以预见进口葡萄酒市场还有很大的发展空间。在这样的背景下，作为国内进口葡萄酒行业的龙头企业，建发酒业走在行业最前沿，建设溯源管理体系。该项目建成后，将进一步奠定建发酒业在行业和消费者中的地位，预计将带来每年 10％ 的销量增长。

（一）社会效益

（1）助力政府监管，打造安全消费、放心消费的社会环境和民生工程：二维码技术日益成熟，渠道商、消费者可通过便捷的终端手持工具，如 PDA、手机等，从有政府担保的官方溯源系统了解所购产品的来源，以及各流通环节的商户信息。这不仅使得信息更加公开、更加透明，还引导消费者通过正规、便捷的途径购买产品、追溯查询以及维护自身合法权益，让大众在信息互通开放的环境中放心消费，同时使酒类产品流通的所有相关参与者能够更加便捷地参与到市场秩序的维护中。

（2）发挥行业标杆作用：作为厦门市酒类流通的龙头企业，通过溯源平台的信息公开化、透明化，在为企业进行品牌宣传、体现示范品牌效应的同时，也将在政府的指导下共同推动行业的可追溯体系建设。

（3）带动上下游行业中优质企业的发展：通过建发酒业自身在酒类产品流通环节中的地位，在消费者养成"扫一扫、查一查"的消费习惯的基础上，推动上下游产业整合，实现优胜劣汰及全产业链的健康发展。

（二）综合效益

（1）二维码的追溯方式将大幅加强企业与终端消费者互动的便捷性，与网上商城相结合后将增加流量及二次购买的交易数量，增加客户黏性。同时，数据的积累结合大数据分析，为精准营销夯实了基础。

（2）追溯系统将商品的采购批次和出仓批次数据进行有效匹配对应，简化原有的人工干预，提高效率，提升追溯的可靠性，解决了企业面对经销商及客户数量众多、业务复杂、单纯依靠传统出库记录方式无法精准追溯货物去向的问题。

（3）产品溯源增加了消费者对企业品牌及产品品牌的可信度与信任度，从长远来看对提高产品的品牌形象、保护企业利益、防止假冒伪劣、增加消费者二次消费率都会有很好的正面效益。一物一码管理，区域保护，有效防止窜货现象发生。同时能促营销，有助于商家产品走进"物联网＋"，未来追溯系统亦可直连商家店铺、活动。

六、典型经验

（一）引入精准自动贴标设备，采用二维码与激光码结合的技术

与目前常见的套标印刷方式（即在二维码标签上附上防伪涂层）不同，建发酒业溯源管理系统引入星轮旋转自动定位贴标机，利用红外线光感技术，对瓶身进行精准定位贴标；工控机根据随机算法生成与二维码一一对应的激光码并控制激光机将激光码打印在瓶身上，二维码自动覆盖在激光码上的同时也部分覆盖葡萄酒正标。终端消费者可以刮开二维码，通过瓶身激光码进行双重验证。激光码在生产线上实时生成，而不像套标印刷方式是提前预印刷，这就降低了防伪信息外泄的可能性。另外，由于二维码采用了防伪易碎纸，在刮开二维码时将对前标造成一定程度的破坏，这就提高了造假者的造假成本，降低了假冒伪劣商品在市场上流通的可能性。

（二）智慧供应链、智慧物流

顺应现代物流业发展的自动化、网络化、可视化、实时化、跟踪与智能控制的发展新趋势，在自由配送车辆上引入物流沙盘平台及一套设备，进行试运行。传统物流运输安排靠经验、进度跟踪靠电话、数据处理靠人工、临时找车

靠关系，信息无处反馈，这些直接导致跟踪管控困难，运行成本高昂，竞争压力大，客户投诉也会多；物流沙盘充分利用"互联网＋物流"技术，打通配送各环节的信息流通，使得配送网络能联合成一个整体，完整的信息流保证各部分高效协作，可视化操作让调度更具合理性，管理者随时可掌握整体运行情况，消费者也可实时查询到商品的配送进度和温度变化情况。司机 App 中路况显示、路线优化、导航等功能一应俱全，配送效率全面提升，实现"连接、可视、智慧"的一站式运输管理。

（三）打通不同系统，构建完整信息流

通过打通溯源管理系统、ERP 系统及仓库 WMS 系统，对 ERP 系统及仓库 WMS 系统的现有功能进行更新，重塑现有工作流程，在系统建成后，消费者扫描二维码不仅仅可以获取商品基础信息及流通信息，还可以将商品从生产到流通各环节的信息构建成完整的信息链，真正做到来源可查、去向可追。

这些信息包括但不限于：进口酒原产地证、国外检验机构检验报告编号、国内报关税单及卫生证书等。

（四）建立标准化流程，构建可追溯体系

在中检公司的指导下，结合建发酒业实际情况，重新梳理流程，建立符合可追溯体系要求的标准化规范，并将其应用在实际业务中，为建发酒业溯源管理系统提供了理论基础。

案例 6　点评

一、供应链结构及追溯模式

建发酒业运营包括五粮液在内的来自世界十多个主要酒类出产国的近六十大知名品牌，旗下的进口葡萄酒均为全球多个国家的主流品牌。目前，建发酒业已经在全国各主要城市建立起业务机构，营销网络覆盖除港澳台之外的全国所有省份。建发酒业与 2000 多家专业酒类经销商构建了战略合作关系，并组建近千人的专业团队提供服务支持。建发酒业作为批发商其供应链结构并不复杂，但是其供应链追溯的难点在于上游境外供应商端的追溯信息的溯源，其产品供应链结构如图 3 所示。

境外供应商	→	建发酒业	→	经销商	→	消费者

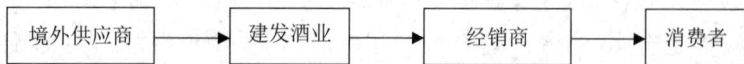

图 3　建发进口葡萄酒供应链结构

　　建发酒业作为其所在环节的批发商,通过编排其供应链的溯源活动而形成批发商主导的追溯模式。作为进口葡萄酒供应链的最大分销商和追溯主导者,建发酒业在采购原装进口葡萄酒后,在国内的仓库生产流水线上进行到货重新组装、编制产品溯源标签入库,该标签将记录葡萄酒从国外酒庄到国内销售网络,直到消费者手中的产品足迹和溯源信息。建发酒业提供统一的数据交换接口服务,可根据政府平台需要进行数据对接,支持政府统一追溯平台和追溯大数据平台建设,实现"来源可查、去向可追、责任可究"的立体追溯体系。

　　建发酒业在中检公司的指导下,建立符合可追溯体系要求的标准化规范。在建发酒业为代表的批发商主导型追溯模式,供应链企业的追溯信息流是通过层层推进的传输方式。建发酒业会直接要求其一级合作伙伴按照其确定的溯源标准提交相应的溯源信息,而一级合作伙伴也会用建发酒业的溯源标准要求其上下游告知相应的产品信息,最终全链条企业依照建发酒业的溯源标准形成可追溯网络。建发酒业相比单向而言,较容易采集到完整的溯源信息。此外,建发酒业采用一些契约机制,比如溯源收益共享、现金补贴、价格折扣等,来引导上下游企业积极配合其追溯平台。同时也可以采取一些强硬的规制手段,比如将溯源行为开展与直接采购挂钩、将溯源表现与经销权挂钩等,来推动节点企业的参与意愿度。

二、供应链追溯系统建设的动机

　　进口葡萄酒追溯系统的建设动机,首先是监管因素,2017 年商务部发布关于"十三五"时期促进酒类流通健康发展的指导意见,鼓励企业打造酒类商品追溯系统。其次,主要的动机来源于经济因素,由于产品质量的鱼龙混杂,原有的内部管理系统无法满足市场上消费者放心消费的需求,需要建立从生产到消费的全链条追溯管理系统,保障产品质量,增强消费者信心,树立品牌形象,获得市场竞争优势。

三、追溯系统成本收益分析

(一)成本构成

硬件方面主要是建设工业生产线用于实现自动贴码,以及追溯系统信息采集需要的硬件设备。

软件系统建设方面包括追溯管理系统建设、数据集成系统及接口的建设以及原有系统的功能升级等。

(二)收益构成

显性收益方面,主要是获得政府补贴建设追溯信息系统。

更多的是隐性方面的收益,追溯系统的建设和实施,促进了进口葡萄酒流通全链条的信息化程度,一方面可以提高企业采购和仓储管理的工作效率;另一方面,积累的追溯数据用于大数据分析实现精准营销,最终可以加强企业与终端消费者互动的便捷性,增加客户黏性,提高交易数量,增加营业收入。

四、追溯能力水平

建发酒业溯源管理系统在设计时,综合应用了物联网(二维码标签、GPS技术等应用)、移动应用、自动控制、无线通信、软件工程等多个学科的先进技术,推进酒类流通溯源管理系统建设,强化全过程质量控制,实现从采购到销售的酒类流通链条中各环节信息的可追溯查询。

(一)广度

进口葡萄酒全链条追溯系统打通溯源管理系统与企业内部的 ERP 系统及仓库 WMS 系统,对 ERP 系统及仓库 WMS 系统的现有功能进行更新,采集和记录商品基础信息及流通信息。同时将商品从生产到流通各环节的信息构建成完整的信息链,实现来源可查、去向可追。

(二)深度

建发酒业可追溯系统实现了“从生产、加工、物流、仓储到销售”的全链条信息化可追溯。同时,通过统一的数据交换接口服务中心与政府的追溯统一平台和监管子系统无缝对接,实现酒类流通完整链条来源信息的共享与可查询。

(三)精度

采用箱码与瓶码相结合的方式,箱码作为物流环节的操作单元,提高进出仓效率。生产线上为每一瓶酒赋予唯一的二维码和激光码,满足“一瓶一码”

的高精度追溯。

（四）速度

通过内部打通溯源管理系统、ERP 系统及仓库 WMS 系统，外部通过统一的数据交换接口服务中心与政府的追溯统一平台和监管子系统无缝对接，实现了追溯数据的实时上传和共享。渠道商、消费者可通过终端手持工具，如PDA、手机等，便捷地从有政府担保的官方溯源系统了解所购产品的来源，以及各流通环节的商户信息。

五、供应链追溯绩效

（一）社会绩效

一是助力政府监管，打造安全消费、放心消费的社会环境和民生工程；二是发挥行业标杆作用，作为厦门市酒类流通的龙头企业，通过溯源平台的信息公开化、透明化，在为企业进行品牌宣传、体现示范品牌效应的同时，也将在政府的指导下共同推动行业的可追溯体系建设；三是带动上下游行业中优质企业的发展，通过建发酒业自身在酒类产品流通环节中的地位，在消费者养成"扫一扫、查一查"的消费习惯的基础上，推动上下游产业整合，优胜劣汰及全产业链的健康发展。

（二）经济绩效

经济绩效主要来自市场方面。一是二维码的追溯方式将大幅加强企业与终端消费者互动的便捷性，与网上商城相结合后将增加流量及二次购买的交易数量，增加客户黏性；二是数据的积累结合大数据分析，有效防止窜货现象发生，为精准营销夯实了基础；三是提高了消费者对企业品牌及产品品牌的可信度与信任度，强化了产品的品牌形象，保护企业利益，防止假冒伪劣，或可促进消费者二次消费率。

溯源系统前期软硬件等资源的大量投入，以及每瓶增加的溯源标识成本，并不会马上产生正面的经济效益，但这也是规范市场行为、保护消费者权益必须要走的正确的路，也是作为酒类流通行业头部国企要承担的社会责任；只要不断坚持正确的方向，当溯源成为消费潮流，成为有品质保证产品的特别身份证和易识别标签，届时这套系统必然就会逐步为企业带来潜在和持续的经济效益。

案例 7　流通商主导型
——鹭燕：全程化、可视化药品追溯系统

一、企业介绍

鹭燕医药股份有限公司(以下简称"鹭燕医药")是一家以生产和经营人类健康产品为核心产业的福建本土医药集团，成立于 2008 年。鹭燕医药的主营业务为药品、中药饮片、医疗器械、疫苗等分销(批发)、医药零售连锁。公司经营的药品包括基本药物、新特药、特管药品(麻醉、精神等)等，经营各类医药产品品规 4 万余种，上游供应商 3180 家，下游客户(各级医疗机构)10756 家，公司员工人数近 3000 人，建成了辐射福建全省(含边远乡镇基层医疗机构)的分销和物流配送网络，是福建省各级医疗机构最主要的药品配送商之一。

公司股票于 2016 年 2 月 18 日在深圳交易所中小板挂牌交易，成为福建省唯一一家在 A 股上市的医药商业企业。目前正在厦门市集美区新建面积 49000 平方米的现代医药物流中心。公司高度重视信息化、现代化建设，设有专门的信息管理及开发部门，拥有相应的技术开发及管理人员，有着多年医药行业信息监控系统实施及改造经验，了解国家 GSP 管理及相关溯源要求，已建成并实施了专业的医药批发 ERP、零售 ERP 及仓储 WMS 系统。

鹭燕医药作为占厦门市 50%～60% 的药品市场份额的医药商业企业，积极响应国家号召，从 2013 年开始，就对企业的信息化进行全面的升级建设。实现从所经营的药品从购进到销售到出库的按批次全过程的跟踪、追溯，并实现全程的物流追踪，不仅实现了监管部门对药品质量追溯功能，还实现了消费者对所购药品信息的信息查询。

二、药品追溯现状和痛点

(一)政府监管和追溯现状

近年来，我国药品安全事故频发，形势较为严重。从"毒胶囊""假药品"

"假器械"到"问题疫苗",药品安全问题备受社会关注,因为危害药品安全犯罪不仅直接侵害老百姓的身体健康安全,还破坏市场经济秩序,影响社会稳定。2016年1月,国务院办公厅发布《重要产品追溯体系建设意见》,首次明确由药品生产企业承担药品追溯的第一主体责任。

2016年7月13日,国家食品药品监督管理总局(China Food and Drug Administration,简称CFDA)正式发布《国家食品药品监督管理总局关于修改〈药品经营质量管理规范〉的决定》(国家食品药品监督管理总局令第28号),指出企业应当在药品采购、储存、销售、运输等环节采取有效的质量控制措施,确保药品质量,并按照国家有关要求建立药品追溯系统,实现药品可追溯。

新版GSP将药品电子监管系统调整为药品追溯体系,强调以药品生产、经营企业为责任主体,建立药品追溯体系,实现药品来源可查、去向可追、责任可究。

各级食品药品监督管理局作为药品质量监督和管理的主体部门,在日常监管中会遇到以下问题:(1)数据不完整、不真实,甚至存在人为改动的痕迹;(2)问题产品的召回效率低,退换货管理不规范;(3)存在群众用药安全隐患,制假售假人员往往通过回购药品包装,真药盒里装假药。这些问题都凸显了溯源系统建设的紧迫性。各个地方政府和行业协会正在积极承担溯源主体的责任。借鉴欧盟的做法,2017年2月,由中国化学制药工业协会、中国中药协会、中国医药商业协会等单位共同组织成立,由药品全产业链(包括药品生产、流通等)追溯相关的企事业单位、行业协会自愿组成的药品追溯管理工作委员会成立,目的是加快推动我国药品追溯的管理工作。

同时国家积极推行各项医疗卫生体制改革,随着医改政策的推进,处方外流,两票制、营改增、医保资质、药占比等诸多政策密集出台,连锁药店迎来巨大机遇,都给药品供应链各参与方带来很多的机会和挑战,最终指向标准化和国际化。

鹭燕医药在福建省两票制执行初期,实现了公司整体营收的迅速增长,这主要来自两票制下行业整合带来的公司并购进程的加快,通过并购整合,不断下沉配送渠道。

(二)药品追溯痛点

随着市场需求的增大,医药企业也在快速发展,药品流通过程中的追溯问题也逐渐暴露出来,这些问题能否得以顺利解决,关系到医药企业的生存和发展,也关系到整个行业的健康发展。

1. 缺乏药品流通全链条的追溯信息

传统技术手段在进行"全过程监管"中存在着较多的"盲区"：企业生产者缺乏鉴别原材料好坏的有效方法；流通领域药品容易被"调包"；药品采用的身份标签是一维、二维条码，很容易被仿制。

2. 缺乏药品流通过程的质量追溯

只注重药品经营信息的追溯，忽略了药品流通过程的质量追溯，正是因为如此，在药品电子监管的业务上要求所有的药品经营企业进行二次扫码，甚至三次扫码，大大增加了药品经营企业的成本，浪费了大量社会资源。

3. 缺乏药品流通的去向可查

平台建设任务偏重主管部门的检查与执法，在消费端没有很好地提供公共服务，缺少对药品，尤其是疫苗之类的药品的电子确认服务，使药品出现问题时不能追溯有哪些人使用这些药品，从而很难弥补消费者损失。2016 年疫苗事件中 200 万的接种者，有很多接种人找不到，很多消费者受到损害而自身并不知情。

4. 缺乏与终端消费者形成良性互动的信息平台

终端消费者在从零售渠道购买药品后，缺少一个便捷的渠道来获取药品详细信息和生命周期的流通过程，无法进行防伪验证，不利于消费体验和公司品牌的建设推广。

在药品出现质量事故后，溯源系统要能够通过流向信息进行追溯。第一级追溯到生产企业本身已售出药品与库房现存药品，第二级追溯到客户库存数量与已售出药品数量与流向，第三级追溯到末级药店医院的库存与售出药品。而且可以定向收回每一级库存有质量问题药品，并在末级发布召回信息，最大限度地召回药品。

消费者购买药品后，通过药监网查询电子监管码，能够查询出药品第二级以及第三级流向与药品名称、效期，核对与自己购买的药品是否一致，通过查询次数杜绝重复码假药，如查询纸盒上无电子监管码或者监管码信息错误，则可以被认定为是假药。

三、鹭燕医药的解决方案

鹭燕医药是福建省医药流通企业中最早使用信息系统的企业，自 1999 年开始使用 ERP 系统，公司内部已构建、实施了包括 ERP 系统、WMS 系统、TMS 系统等一系列的信息化系统，期间经历多次升级改造，拥有丰富的信息系统使用经验和自有开发能力。公司已建设投入使用的现代化物流中心（鹭燕医药福州现代物流中心），综合应用了 ERP、WMS 以及自动化立体仓库、自动化传送设备、条码扫描设备等信息化软件和设备，起到了提高企业运营效率和降低物流成本的作用，成为福建省食品药品监督管理局第三方药品物流认证的标杆。虽然这些系统可根据批次号、批号、票据号实现全过程的药品质量追溯管理，但还无法实现"一盒一码"的追溯，追溯系统还有待加强。

为此，鹭燕药品追溯系统的建设结合了大数据、物联网、云计算和人工智能等先进技术，整合厦门市跨产业链、跨区域资源，构建"产品追溯＋智慧物流"的药品安全追溯平台，实现药品数据采集便捷化、数据共享以及优化数据展示出口，打造"来源可查、去向可追、责任可究"的放心消费民生工程，同时，提供实时监控与冷链物流云服务，解决冷链全程无缝监控与追溯问题，确保药品在冷链过程中高质量与高品质的交付。并在此基础上为广大药品生产经营企业提供便捷、成本低廉的信息化管理和交易的集成服务平台，从而促进药品供应链实现可持续优化发展。通过追溯体系建立和政府监管引导，对西药、中药材产品的流通环节实现全程化的责任追溯和质量控制，通过可视化追溯方便政府部门的监管，并建立完整的药品追溯大数据平台，满足"厦门市重要产品追溯统一平台"和"食药监局追溯监管平台"的数据需要，与此同时，提供了追溯网站、追溯 App、微信小程序和无线 PDA 这四种追溯方式，方便用户使用。

鹭燕药品可追溯系统示范工程建设规模包括二维码贴标的相关硬件设备，以及一套数据集成软件、追溯管理软件，总投资规模为 1500 万元。投资构成如下：

(1)软件部分：追溯管理系统软件开发及集成投入 550.5 万元；

(2)硬件设备部分：二维码和追溯管理系统需要的硬件及设备投入 949.5 万元。

(一)药品追溯系统整体框架

鹭燕自建药品追溯平台框架图如图 1 所示。

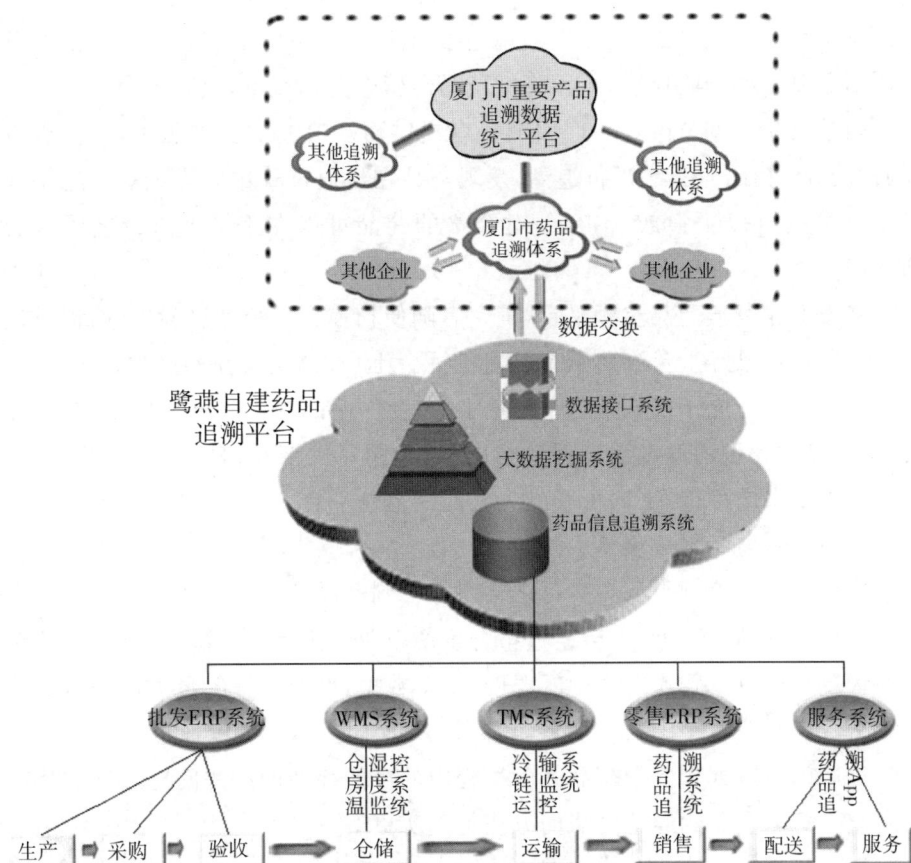

图 1 鹭燕追溯平台框架图

鹭燕药品追溯平台分为四大部分：

一是生产赋码平台。鹭燕药品追溯平台可以将药品生产企业自身的赋码数据下载解析到追溯平台，也可用鹭燕"一物一码"赋码平台。这些编码不但可起到防伪、溯源、防窜货等作用，还可以进行品牌传播、积分营销、大数据应用等，企业可以在线进行码申请、码审批、码激活、码查询等操作，平台提供的微网站可以介绍药品及使用方法等。

二是药品追溯数据库。需要药品生产企业按照原来的赋码系统进行赋码，并关联药品的批次、生产日期以及药品的基本信息，将每次生成的药品追溯码数据以及相关数据实时上传到鹭燕药品追溯数据库。

三是鹭燕物流云管理平台。打通生产企业与经营企业的物流流通过程，基于货运单关联药品追溯码，实时记录药品流通过程的每一个环节信息。所有这些过程数据也是实时传入药品追溯数据库中,通过药品追溯码关联货运单以及温度湿度记录数据,可以实现基于药品追溯码的扫码追溯,而药品经营企业不需要二次扫码比对,从而降低药品经营企业的成本,提高效率。

四是药品追溯 App。为广大消费者提供药品追溯的公共服务,消费者可以通过 App 扫码对药品进行追溯,发现药品在流通过程中质量记录不完整或者不合格的可以更换或者拒买,对合格的药品可以在手机上进行电子签收确认。

基于上述鹭燕药品追溯平台,消费者随便扫描一个药品追溯码(前提是这些追溯码数据已经上传到鹭燕药品追溯平台上,且消费者在药品追溯 App 上扫描追溯时进行电子确认)就可以实时查询到药品从哪来、何时来、在哪里存放的,运输过程中的温度湿度保障情况,以及药品由谁在何时签收的等信息,切实实现了来向可追、去向可查的完整药品追溯平台。

(二)鹭燕药品可追溯体系结构

鹭燕药品可追溯平台在设计之初就考虑到药品从生产企业到消费者手中的各环节的管理与追溯,平台通过整合生产企业的药品生产数据、药品经营企业的物流数据以及物流过程中的温度、湿度数据,形成完整的数据链来追溯药品从出厂到消费者手中之前的各个环节,药品监管部门可以通过比对销售记录与货运单的数据来监管药品经营过程中的可能存在的违法问题。这比目前采用监管药品企业的经营台账的方法更真实更有效。

鹭燕药品追溯体系结构如图 2 所示。

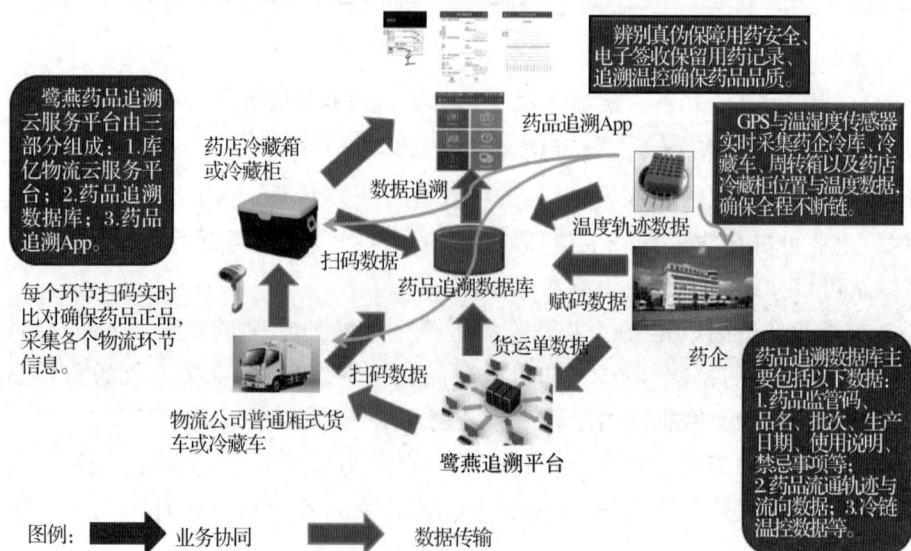

图 2 鹭燕药品追溯体系结构

（三）总体技术应用及架构

鹭燕药品追溯管理系统在架构设计上综合应用了物联网（二维码标签、唯一码技术等应用）、互联网、移动应用、大数据技术、自动控制、无线通信、软件工程等多个学科的先进技术，构建适合企业需求的信息管理系统，技术架构整体分为以下几个部分：

（1）应用服务层：是该套溯源软件架构的核心服务所在，目前有电子标签赋码及采集系统、仓储进销存协同系统、会员营销系统及在线商城等系统。同时通过 API 服务中心开放能力，可以有效整合包括 ERP、CRM、WMS 等合作伙伴的各种行业应用，为企业提供量身定制的解决方案。

（2）应用集成层：整合了统一基础商品、供应商信息等接口，有力支持追溯体系的拓展，同时应用集成层可根据需求组合成不同的 API 为外部系统提供服务。

（3）统一基础服务：统一基础服务为整个鹭燕药品溯源系统提供基础的技术支撑。基础平台采用分布式架构设计，保证整个系统的高可用、高扩展、高可靠、高安全、高性能。同时聚合了电子报文解析、ESB（Enterprise Service Bus，企业服务总线）等第三方软件来完成各种技术实现的支撑，通过系统的组件化设计，保证了系统的可扩展性、可配置性及可管理性。

（4）数据服务：数据服务通过统一的数据视图为各业务系统提供基础数据。对不同外部系统支持通过电子报文交换数据进行整合、转化后导入业务数据库，同时通过虚拟化、分区等技术来完成在物理层面及逻辑层面的隔离，有效保证各客户数据的安全性。另外可以部署独立文件服务器，用于保存用户在使用过程产生的图片、附件、文档及音频等资料。

（四）"一物一码"的药品追溯体系

"一物一码"的药品质量追溯体系结构如图 3 所示。

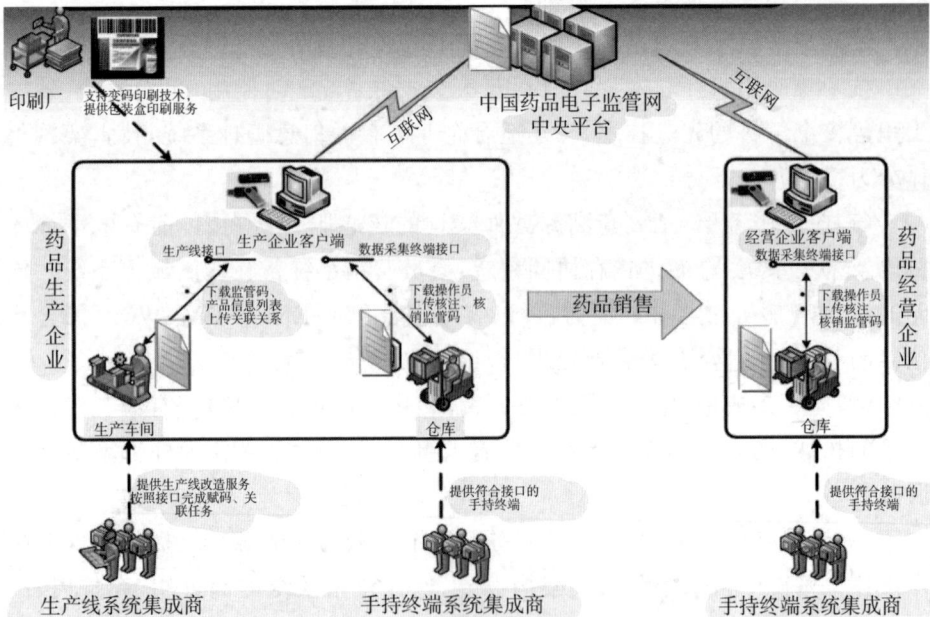

图 3 "一物一码"的药品质量追溯体系结构

1. 生产赋码

(1) 码申请。在食药总局电子监管码企业端(以下简称"药监网")上维护建立药品基本信息后,申请药监码资源,申请后从药监网上下载码资源,分为两部分,一部分为最小包装码(以下简称"小盒码"),一部分为整件包装码(以下简称"箱码")。

(2) 码印刷。把码资源导入赋码软件中,其中小盒码导出给印刷厂做纸盒印刷,箱码导出后自己打印。或者改造生产线,直接在包装环节打印药监码。

(3) 赋码操作。药品包装完成后进行赋码操作,先在赋码软件中选择所需赋码的品种规格,然后输入批号、生产日期、有效期后开始扫描小盒码,扫描一件后扫描一个箱码,建立箱码与小盒码的关联关系。

整批赋码完成后,做包装结束操作,生产整批关联关系。

质量人员从赋码软件中导出整批关联关系文件,然后通过药监网上传关联关系。

(4) 药品出库。药品出库时,库房人员使用扫描枪输入发货单单号后扫描所发药品箱码,扫描完成后,连接赋码软件,进行出库操作,然后建立发货单号与箱码的关联关系。质管人员从赋码软件中导出出库单文件,后通过药监网上传并根据单号输入对应的客户名称。

2. 药监码追溯信息流

由药监网统一生成独一无二的小盒码与箱码，保证一盒一码。整个流通过程以监管码为唯一标识进行药品追溯。

(1)生产企业

生产企业对箱码与小盒码关联，并对小盒码与箱码与药品名称、生产日期、有效期等关联。整批完成后上传至药监网，药监网数据库则存储到了每个小盒码所对应的药品信息。出库的时候做客户信息与箱码(小盒码)的关联，并上传。

(2)药品经营企业

一级经营企业收到药品后扫描箱码(小盒码)上传做核销，从而形成第一级流向。一级经营企业再把药品发送至下一家药店、医院。建立发货单号与箱码(小盒码)关联关系，并上传。药店医院收到货物后，扫描箱码(小盒码)上传核销，形成第二级流向。

(3)医院及药店

销售给消费者时，扫描小盒码，上传做核销。

3. 二维码的应用

随着智能手机、平板电脑等移动终端产品的普及，二维码作为移动互联网最经济、便捷的入口发挥着巨大的作用。另外二维码可以加密防伪，二维码的应用成本几乎可以忽略，适合于任何药品，支持多种设备阅读，查询率高，容易普及，可加入 500 字以内的营销信息。

4. 批发 ERP 药品追溯系统设计

鹭燕药品追溯系统给予产品的最小包装单位一个唯一的可追溯码，并借助二维码作为追溯信息载体的手段，通过平台的数据集成，实现了药品在原料、加工、流通各个环节中追溯信息链条的建立，真正做到了从药品生产到消费者的全程追溯。

具体追溯设计思路为：

(1)将赋码、生产数据从生产企业自身数据平台交换到药品追溯库。

(2)生产企业销售发货时，可以在线申请货运单(信息包括产品名称、重量、买家姓名或单位、买家手机号)，也可将订单对接到追溯平台，由系统自动生成货运单。货品发送到目的地(药品经营企业)，经营企业根据货运单进行实物验货，通过鹭燕药品追溯 App 查验货数量、温湿度、检验质量，然后录入验货信息,生成验货单。信息不符可以拒收,验货后可以在线签收,并可在线支付。

(3)经营企业再销售时,可以在验货单上申请货运单,将货品发送到医疗机构。货运单号关联药品追溯数据库(包括药品品种、重量、产地、检验等数据)。货品到达医疗机构时,医疗机构根据货运单进行实物验货,然后录入验货信息,生成验货单。信息不符可以拒收,验货后可以在线签收,并可在线支付。

(4)消费者可以微信扫码查询到药品来源等信息,若要查验更多的温湿度等流通细节可以下载鹭燕药品追溯 App。

通过数据集成平台以及物流数据将全链各节点数据串联起来,形成可追溯数据库,供各级用户进行追溯管理及节点管控,切实实现从生产者到消费者的跟踪、从消费者到生产者的溯源管理。

5. 药品赋码

系统以一物一码(包括本位码、防伪码、药监码)合一信息技术为工具开发了追溯二维码云平台,为生产的产品按照批次进行赋码管理,通过赋码后,药品便具有了全程追溯所需唯一身份标识,该标识将在流通环节中以二维码方式为载体,贯穿于整个生命周期。

系统主要功能有码管理、积分商城、微网站等。可以解决企业面临的假货泛滥、恶意窜货、与消费者互动少、大数据营销困境、品牌形象维护难等问题。

(1)码管理。

(2)码审核:申请的新码需要经过相关机构或相关人员审核。

(3)码激活:新码需用相关数字证书激活后才能进入流通使用。

(4)码查询:输入码信息或扫码,可以查询该码关联的产品信息。

6. 积分商城

根据一盒一码,消费者通过扫码下单,分销商直接发货;也可以进行积分抽奖、积分兑换等。

7. 微网站

药品企业通过微网站可以实现如下功能:一是搭建微官网,全面传播企业品牌;二是开设企业到消费者的直供商城,实现消费者便捷选购;三是策划企业与用户的互动活动,增强用户对企业的黏性。

通过微信扫码的方式可以实现与消费者互动与品牌传播。

8. 生产厂商追溯数据采集设计

通过数据交换接口可以将药品原料信息以及药品加工、生产记录交换到药品追溯数据库，从而将药品的源头数据补充进来。

另外一种途径就是将药品生产企业自身的赋码数据下载解析到追溯平台，此赋码数据里已经将追溯码和生产企业采集的原料信息关联起来。

第三种途径，就是用鹭燕药品追溯系统的"一物一码"赋码平台对加工产品进行一盒一码赋码，赋码的同时将产品原料信息写入平台。

9. WMS 系统药品追溯设计

(1)药品验收环节

平台将药品的检验结果及检验合格证附带写入追溯数据库与追溯码关联，做到"一批一证"。

(2)销售和运输环节

生产企业以及经营企业在鹭燕药品追溯平台对接订单或者发起货运单（见图4），货运单号关联药品追溯数据库（包括药品品种、数量、产地、原料、检验等溯源信息）。货运单信息包括品类、批次、药品名称、数量、发货单位、收货方等信息。每个货运单可以生成一个唯一的二维码，客户扫描该二维码可以溯源，也可以跟踪产品走向，并对药品流通过程中的温湿度信息进行监控。

收货后可以根据货运单进行实物验货，收货方通过鹭燕药品追溯 App 查验货数量、温湿度、车辆在途情况、检验质量等，然后录入验货信息，生成验货单（见图4）。信息不符可以拒收，验货后可以在线签收，并可在线支付。

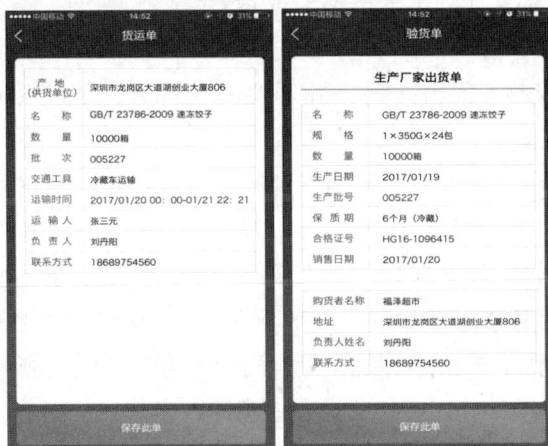

图 4　货运单、验货单

终端消费者可以用微信扫一扫货运单或药品外包装上的二维码查看药品的溯源信息，也可以通过下载追溯 App，扫码查看更详细的流通信息，进行购买前的产品确认及质量确认。

10. 追溯码查询

通过全产业链数据集成，可通过药品追溯网站、手机、无线 PDA 对药品进行可追溯查询。通过扫描和输入药品的追溯码，消费者可了解到药品的原料、加工、流通等各个环节的信息。

消费者进行验证的时候，若出现同一追溯码多次交易、销售的现象，可以非常容易地判断出有问题的渠道商和销售终端，从而向相关部门举报，以进行有效的打击。

（五）药品追溯系统的特点

1. 建立全程化的追溯信息系统

鹭燕药品追溯平台提供一套标准 Webservice 接口服务，供各企业内部业务系统（生产系统、ERP、WMS、TMS 系统等）调用，达到了通过统一的标准接口来收集数据的目的，并且数据收集相对实时。接口收集的数据主要包括生产信息、物流入库信息、物流出库信息、TMS 运输信息（温湿度、运输轨迹）、零售系统入库信息、零售系统出库信息、中药生产信息、产成品入库信息、产成品出库信息、煎药系统药方信息等。

2. 实现全流程可视化视频追溯

全流程可视化视频追溯是鹭燕药品追溯平台的一个创新点。为此，鹭燕集团进行了内部系统（ERP、WMS）改造，定义新增门店、零售前台、仓库出入库负荷台摄像头数据，提供开发程序调用的接口服务，向追溯平台推送数据，保证全天 24 小时不间断视频录制，同时保留视频 3 个月供调用审查。

3. 大数据平台

大数据平台是鹭燕药品追溯平台的另一个创新点。该大数据平台完成对各业务系统（生产系统、ERP、WMS、TMS 系统等）的调用，以达到通过统一标准接口来实时收集数据的目的。大数据平台采用云计算、物联网及大数据分析技术，通过对各类运营数据进行监测预警，实现全流程数据整合，并通过追溯查询系统执行手机 App、微信小程序、网页等多端线上查询功能。

4. 中药饮片"一物一码"及处方追溯的探索

由于药品目前包装上印刷的一物一码是电子监管码，鹭燕药品追溯系统可以对印有电子监管码的药品进行完整追溯。对于部分没有印刷电子监管码的药品,鹭燕药品追溯系统可以通过订单或销售单完成追溯。由于鹭燕集团拥有中药饮片制药厂,在其生产环节可以试行中药饮片的一物一码应用探索,同时鹭燕集团也有中药煎药中心,凭借此生产服务经验,也可以进行处方追溯的探索。

五、绩效与价值

在监督管理方面,鹭燕药品追溯系统可以帮助各级政府监管部门获得药品从生产到流通各个环节完整的数据链,基于大数据和区块链的智能合约功能可以对不规范企业进行自动核查,大大提高监管部门的监管能力和效率;从事后监督转变为事前预防,最大程度上减少用药安全事故,提高监管的社会效益;各级监管部门可以获得各种药品分布的物流地图,一旦有突发事件可以基于物流地图来确认在哪个地方有哪些药,确保应急响应的效率和准确性。

在社会效益方面,药品追溯系统不仅发挥鹭燕集团的行业标杆作用,体现示范品牌效应,也助力政府监管,保障药品质量安全。

在综合效益上,药品追溯系统通过对鹭燕集团内部流程的优化和改造,提升企业生产效率,降低人工成本,增强企业利润。同时结合消费者扫码查询和营销活动反馈,提高鹭燕集团用户黏性,有效提升精准营销水平。

六、典型经验

鹭燕药品追溯系统的建设有三点典型经验值得分享借鉴:

(一)全流通数据整合

通过药品数据在各个环节的采集、上传、追溯,实现了流通环节的药品大数据整合,为实现基于区块链技术的全产业链追溯和基于人工智能技术的产业提升提供了数据基础。

(二)全流程可视化功能的实现

采用二维码赋码和前沿的物联网应用技术,通过一品一码的方式,消费者凭借销售清单,可以追溯到药品流通的各个环节,包括流通企业在药品的仓储、销售、运输以及上游药品生产企业的相关信息,使消费者真正实现放心购药、安心服用。

(三)打通内、外环节,贯通全生态环境

在外部,药品追溯平台打通医药生产企业到药品批发企业(包括医药电商平台)再到医疗机构(药店)的各个环节,创新实现了药品追溯的追码、追物、追发票、追温度湿度以及轨迹等信息,并以简便的微信小程序的形式为消费者提供可追溯的公共服务;在内部,药品追溯平台打通与企业内部 TMS 系统的对接,实现最后一公里的管控,并共享药品首营资料、药品检验单等信息,方便用户查询。

案例 7 点评

一、供应链结构及追溯模式

鹭燕医药经营各类医药产品品规 4 万余种,其上游供应商数量众多,有 3000 多家,其中包含药品生产商和中药材的原料供应商。其下游客户(各级医疗机构)1 万余家,包括零售门店和主要医疗单位,其药品供应链结构如图 5 所示。

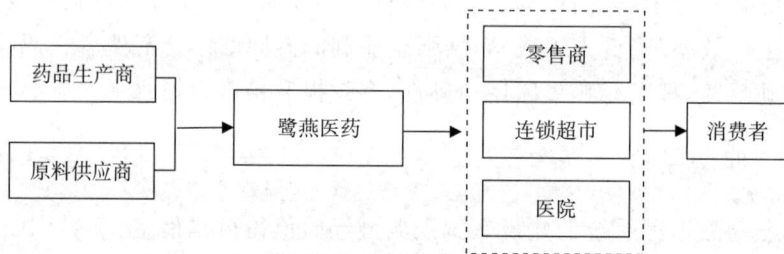

图 5 鹭燕医药供应链结构图

鹭燕医药作为药品重要的批发商之一,位居其所在供应链产品结构的核心地位和溯源体系的中心。作为所在药品供应链追溯的主导者,鹭燕医药对全链条的追溯进行严格管控。一方面,上游的药品和原料生产商将与该产品相关的材料信息分享给鹭燕医药;另一方面,鹭燕医药同下游客户合作,下游客户定期向核心企业传输产品的渠道信息。鹭燕药品的追溯码是由作为核心企业的鹭燕医药所提供的。依托企业"一物一码"赋码平台,并关联药品的批次、生产日期以及药品的基本信息,每次生成的药品追溯码以及相关数据实时上传到药品追溯数据库。

在鹭燕医药的追溯模式中,鹭燕医药相对占据主动,考虑到源头风险,可以要求供应商按照系统规定追溯的精度和广度传输追溯信息。溯源信息是层层推进的方式,这是因为对于鹭燕医药而言,供应商的供应商、客户的客户未必与其有直接的交易往来,甚至互不相识,因此很难能够直接获取数据,只能通过一层推一层的方式,借由每一层供应商、客户的力量,最终汇聚到鹭燕医药的自建追溯平台中,形成全链条追溯。同时,鹭燕医药模式的追溯网络一直处于动态调整之中,主要表现在鹭燕医药需要应对下游企业和消费者的溯源需求来改善其系统的追溯能力,以更加迎合消费者质量信任的需要,能够较快响应和反馈消费者的溯源感受和产品使用反馈,形成与消费者良性互动的信息平台。

二、供应链追溯系统建设的动机

首先是监管因素,由于药品安全事故频发,国家发布一系列的文件来规范医药流通市场。2016 年 1 月,国务院办公厅发布《重要产品追溯体系建设意见》,首次明确由药品生产企业承担药品追溯的第一主体责任。2016 年 7 月13 日 CFDA 正式发布《国家食品药品监督管理总局关于修改〈药品经营质量管理规范〉的决定》(国家食品药品监督管理总局令第 28 号)。鹭燕作为福建省医药行业的龙头企业,应当按照国家的有关规定建立追溯系统。

其次,建立追溯系统的动机来源于经济因素方面的降低运营成本,鹭燕作为医药流通企业,是医药流通的重要环节,由于医药流通环节复杂,造成流通效率低下、经营成本增高等诸多问题,鹭燕企业内部有实现药品供应链可追溯的强烈意愿。

三、追溯系统成本收益分析

(一)成本构成

成本主要来源于以下几个方面:

(1)基础设施,包括硬件及网络周边设备,移动追溯开发软件和服务系统。

(2)大数据平台,包括追溯平台相关的生产赋码、数据采集、各类接口、App、微信小程序、中药饮片追溯、代煎追溯等。

(3)TMS 系统(运输管理系统)主要实现运输过程的可视化和可追溯管理。

(4)可视化方面,包括可追溯平台服务器及网络设备、可视化追溯(视频设备及服务器)。

(5)中药饮片追溯方面的中药饮片代煎设备。

（二）收益构成

药品追溯系统有助于政府监管、保障药品质量安全；在突发事件发生的情况下提高应急响应的效率和准确性；还能通过对企业内部流程的优化和改造，提升企业生产效率，降低人工成本，增加企业利润。

四、追溯能力水平

鹭燕药品追溯系统结合大数据、物联网、云计算、和人工智能等先进技术，实现对药品、中药材产品的流通环节全程化的责任追溯和质量控制。

（一）广度

生产环节记录药品的批次、生产日期以及药品的基本信息。物流环节实时记录药品流通过程的每一个环节信息，并通过药品追溯码关联货运单和温湿度记录数据。

（二）深度

鹭燕药品追溯系统实现"向前一步，向后一步"的追溯，作为流通企业的鹭燕，向上可以追溯到生产环节，向下可以追溯到消费环节。

（三）精度

对加工产品进行"一盒一码"赋码，实现了"一物一码"追溯。对于部分没有印刷电子监管码的药品，鹭燕集团药品追溯系统可以通过订单或销售单完成追溯。关于中药饮片，鹭燕中药饮片制药厂在生产环节可以试行中药饮片的一物一码应用探索。

（四）速度

采用二维码和物联网技术实现全流程可视化，可以实时采集上传药品流通环节的信息，追溯大数据平台对接各业务系统实现全流程数据整合，消费者和监管部门可以通过手机 App、微信小程序、网页等多种方式进行实时查询。

五、供应链追溯绩效

（一）社会效益

首先提高政府监管的效率，鹭燕药品追溯系统可以帮助各级政府监管部门获得药品从生产到流通各个环节完整的数据链，基于大数据和区块链的智能合约功能，可以对不规范企业进行自动核查，大大提高监管部门的监管能力和效率。其次鹭燕医药追溯系统保障药品质量安全，树立行业标杆，规范了药品流通市场。

（二）经济效益

首先提高了运营效率，药品追溯系统通过对鹭燕内部流程的优化和改造，提升企业生产效率，降低人工成本，增强企业利润。其次，市场管理更有效，结合消费者扫码查询和营销活动反馈，提高鹭燕集团用户黏性，有效提升精准营销水平。最后，支持决策，通过追溯数据的积累，为生产和配送提供决策依据，提高决策科学性和有效性。

案例 8　批发商主导型——夏商：
以批发市场为节点的农副产品追溯系统

一、企业介绍

厦门夏商农产品集团有限公司（以下简称"夏商农产品"）是夏商集团旗下国有全资企业，由厦门市蔬菜公司于 2004 年 7 月改制而来。夏商农产品始终围绕"一个中心，两头延伸"的发展战略，以专业化、标准化绿色批发市场为核心，向无公害生产基地和销售终端两头延伸，并强化物流配送，着力打造从田间到餐桌的食品安全供应链条。夏商农产品业务覆盖种植（养殖）基地、肉制品加工、调味品制造、批发市场、城市物流配送、冷链、终端市场，拥有蔬菜、水产品、肉品、家禽、蛋品、冻品、干货、台湾水果等 12 个专业农副产品批发市场及 22 个农贸市场。承担着厦门市"菜篮子""米袋子"引导生产、保障供应、调控价格、把控安全等主渠道作用，确保市民吃上"放心菜、放心肉、放心鱼、放心米"。所供应的生鲜农产品在厦门市场的占有率为：蔬菜达 75%，水产品 80%，猪肉 75%，禽蛋品 60%，冷冻食品 90%，台湾水果 90%，泰国大米 60%。

夏商农产品所属中埔市场、闽南农副产品批发市场、江头市场等均已配备市场电子结算系统，配备信息化专业管理人员 10 余人。

根据商务部 2016 年 11 月 28 日发文的《商务部办公厅关于进一步做好 2016 年重要产品追溯体系建设示范工作的通知》及《福建省食品安全"一品一码"全过程追溯体系建设工作方案》的要求，厦门夏商农产品集团上下高度重视，从实际现状出发，主动申报围绕肉、禽、菜的屠宰加工厂、批发市场、农贸市场等流通环节进行追溯系统建设，通过更新改造现有老旧设备，推广应用二维码等先进适用追溯技术，健全追溯网络，优化升级追溯流程，创新建设管理模式，建立保障追溯体系可持续运行的长效机制，建立各环节精细化的追溯体系，达到向上对接源头信息、向下对接去向信息，形成追溯信息的闭环，实现"来源可查、去向可追、责任可究"的追溯效果。

二、农产品监管和追溯现状及难点

(一)行业背景和政府监管现状及难点

1. 行业背景

农产品质量安全关系到人们的健康和生命安全,随着我国经济发展水平的不断提高,人民日益增长的物质需求和农产品安全供给成为主要矛盾,这给农产品流通提出了更高的要求。国务院印发《"十三五"国家食品安全规划》,提出了"十三五"期间食品安全治理能力、食品安全水平、食品产业发展水平和人民群众满意度明显提升的总发展目标,强调食品安全监管和技术支撑能力要得到明显改善。而我国农产品流通当前仍然面临着流通环节多、食品安全度不高、价格波动频繁等一系列问题。因此,解决农产品安全质量问题,提高农产品流通效率,构建全面、有效的农产品供应链安全监管体系,成为迫切的现实问题。

2. 政府监管现状及难点

2015 年新版《食品安全法》确立了全程监管的理念,政府职能部门对食品安全的监管涉及由生产、加工、运输与销售等环节构成的整个产业链。然而,现行的《食品安全法》与《农产品质量安全法》并非完美衔接,监管部门间职责不清、监管环节空白的情形仍然存在,我国现阶段食用农产品质量安全监管仍存在诸多困难,表现如下:

(1)农产品源头法规标准缺乏致使安全监管困难。对农业投入品没有明确、严格的管理要求,农产品在未进入批发、零售或加工前的收购、储藏、运输等环节缺乏具体的法规标准。

(2)农产品生产和销售的分散性为农产品供应链的安全监管下隐患。为应对农产品需求市场快速变化,农资供应商、农产品生产和加工者、农产品运输和流通商以及销售者之间建立了风险共担、利益和信息共享的产销一体化的管理模式,由此而生的供应链"点多、线长、面广"导致整个农产品供应链的安全监管难以落实。

(3)农产品产销各环节的质量标准和评价体系的差异性导致安全监管难。农产品产销供应链中供应商、生产加工商、流通商和销售组织等环节组织性质不同、分工不同,质量标准和评价体系也必然不同。除此之外,农产品在运输、仓储、包装和销售等环节的质量标准和评价体系也存在行业差异,这些差异使得安全管理很难协调。

(4)农产品供应链各环节监管主体多造成安全监管困难。各环节的安全监督由不同的政府部门分类监管,造成农产品供应链的农产品质量安全监管主体多、部门交叉、令出多门,易出现重复监管和相互推诿的尴尬局面。

(5)农产品供应链轻视质量安全信息导致监管不力。农产品供应链的各环节之间市场供求信息共享程度高,农产品安全信息的共享程度低,未建立涵盖全产业链农产品质量安全的可追溯信息系统。

(二)农产品(农副产品)追溯管理现状及问题

1. 农产品追溯管理现状

农产品供应链的复杂化,加大了供应链各环节主体之间在与农产品质量相关信息沟通方面的难度,由此造成的信息不对称导致农产品安全市场供需的不均衡。针对上述问题,农产品溯源系统作为一种信息沟通的手段,正在得到广泛的关注和运用。建立健全农产品溯源制度已是农产品企业、消费者和政府的共同要求,并成为全球农产品安全管理的发展趋势。

欧盟从 2005 年 1 月起,对所有农产品及饲料产品实行强制性溯源管理。我国也一直在积极推动农产品溯源体系的建立,2015 年 10 月 1 日,新修订的《食品安全法》第一次将建立食品信息溯源正式写入法律。《食品安全法》新增第四十二条:食品生产经营者应当依照本法的规定,建立食品安全追溯体系,保证食品可追溯。但与国外相比,我国在信息的记录、存储、查询以及责任管理方面都已经建立起一个完整的体系还是有一定距离的。

2. 农产品追溯管理存在的问题

(1)推广起步晚、影响范围较小。我国对于农产品信息溯源系统的研究使用仍处于初级阶段,各省各市起步的时间和方式也不完全相同,而且农产品溯源系统基本只普及到各超市等零售试点。

(2)农产品溯源系统平台不统一。由于各地溯源系统的开发公司不同,不同系统软件之间不能兼容,没有一个公共的接口平台,系统数据库中存储的溯源信息并不能与其他系统共享,而且做不到跨系统进行溯源信息的查询。单一的模式和烦琐的操作对于推广农产品溯源系统是一个很大的限制。

(3)农产品质量问题的相关法律法规不完善。在食品质量安全已上升到国家安全高度的今天,对于农产品溯源制度的法律要求却仅仅是在《食品安全法》等少数法律中有所涉及。如果没有完善的法律法规作为支撑,在全国各省市推行的农产品质量溯源体系的施行就得不到有效的保障。

(4)缺乏一个对农产品溯源情况进行实时监督的平台。目前已有的部分溯源系统虽然给消费者提供了查询溯源信息的途径，但一旦出现产品质量问题，在政府监管部门介入调查农产品安全问题的过程前后，没有一个可靠公开的平台发布反馈信息。这就使得农产品安全溯源问题缺乏民众监督，使农产品溯源的处理结果得不到一个翔实的反馈。

三、夏商中埔批发市场追溯现状

夏商中埔批发市场是厦门岛内最大的农产品批发市场，市场蔬菜批发商户有 600 多家，包括 18 个大型批发商户和 38 户中型批发商户。夏商中埔批发市场主要以收取管理费与摊位租金的方式进行管理。场内大部分摊位属于量少品种多、多货主交易。主要以蔬菜的批发及部分零售为主，同时存在部分肉类的销售，部分水产已逐步搬迁至夏商国际水产交易中心。每日入场登记、索证索票后，检测公司会针对每个摊位均进行抽检，对最终检测不合格的产品进行销毁。交易时段人、车混行、小户摊位之间较为拥挤，买卖双方交易结算后，通过结算中心开具结算单，并根据结算单开具上市凭证，效率比较低，主要以现金或赊账为交易模式。摊位较多，交易量较大，批发业务主要集中在凌晨，零售业务集中在上午，下午市场肉菜区基本不营业。

批发市场拥有一套十年前开发的批发市场管理系统，但系统版本低，无法升级适应管理要求，整体信息化水平低下，无法支撑入场、交易、出场等追溯信息的采集。大部分管理或者操作流程为手工或半手工方式，信息无法实现互联互通、形成追溯链条。

四、夏商的解决方案

夏商中埔批发市场通过追溯结算系统、智能追溯秤，依托 EPON（Ethernet Passive Optical Network，以太网无源光网络）网络、数据库、物联网、大数据等先进技术，实现农产品进场、检测、销售信息的融合、溯源查询与监控，为每件商品分销到最终消费领域提供针对安全性、来源及库存控制的合理决策，实现食品安全预警机制。追溯结算系统贯穿于食品安全追溯的始终，全过程严格控制并建立了一个完整的产业链的食品安全控制体系，以保证向社会提供优质、放心的农产品。同时确保追溯结算系统可向不同市场提供供应链的高质量数据交流。

通过追溯体系建设和政府的监管引导，实现对蔬菜等农产品流通环节的质量控制及责任的追溯。

（一）技术实现

蔬菜进场时按照产地证明进行登记，肉类进场时按照肉类检疫检验证明进行登记，建立批次（蔬菜未开具产地证明的由供货商提供个人或单位身份证明信息，说明蔬菜来源）。批发销售时由蔬菜等自动销售终端和电子结算中心产生销售单据，通过采购商、供应商双方 IC 卡信息的记录，实现产地信息与销售信息的自动连接，形成追溯链条信息；采购商、供应商双方凭 IC 卡进行资金的电子结算。从操作与查询的便利性考虑，信息查询与录入等功能需配置移动端应用。

技术设计及架构满足销售高峰时的并发请求、功能操作的稳定性和数据传输安全性。

（二）流程设计

批发市场追溯系统流程设计如图 1 所示。

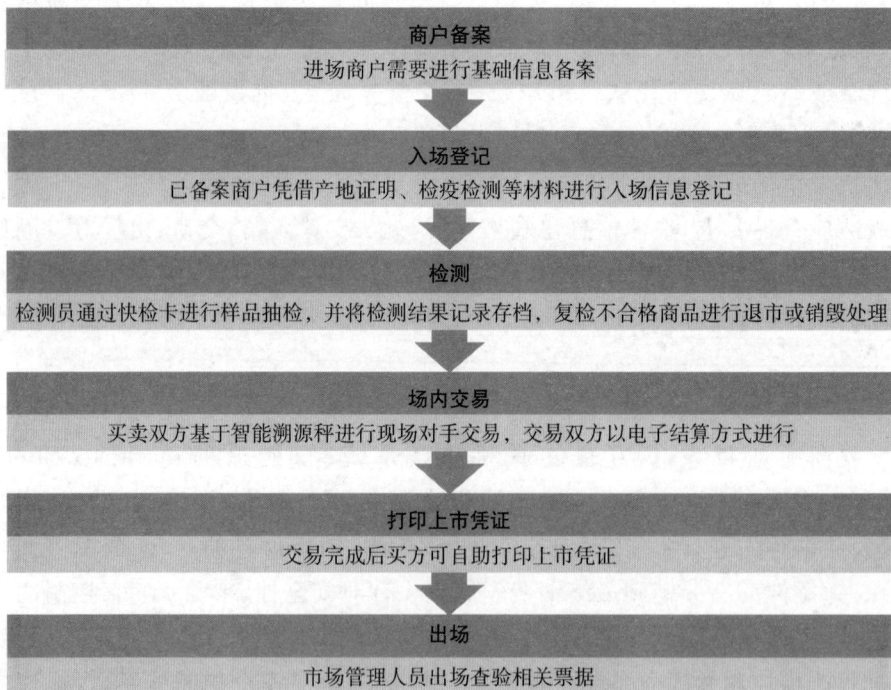

商户备案
进场商户需要进行基础信息备案

入场登记
已备案商户凭借产地证明、检疫检测等材料进行入场信息登记

检测
检测员通过快检卡进行样品抽检，并将检测结果记录存档，复检不合格商品进行退市或销毁处理

场内交易
买卖双方基于智能溯源秤进行现场对手交易，交易双方以电子结算方式进行

打印上市凭证
交易完成后买方可自助打印上市凭证

出场
市场管理人员出场查验相关票据

图 1　中埔批发市场追溯系统流程设计

（三）功能设计

1. 基础信息管理

基础信息管理包含不限于产地信息、商品类型、商品信息、结算方式、客户

类型、进场类型、收费项目、数据字典等系统建设需要的基础信息的管理。

2. 主体备案管理

对进场供应商和采购商主体进行备案，对进场采购商、供应商进行实名注册备案，签订追溯承诺书。已在其他流通节点备案的采购商、供应商无须再备案，通过数据对接导入。

3. 进场销售和采购管理

所有进场的采购商、供应商须持卡交易，同时 IC 卡也可作为电子结算使用，可进行资金的圈存圈取等功能。

4. 入场登记

支持以下四种方式入场登记，建立供应商的电子台账。

（1）系统对接方式：上游已建立电子台账的蔬菜需持卡申报，由供应商入场后向批发市场持卡或凭上市凭证申报，市场管理员以采购凭证为分批验货的依据。市场管理员现场分批验货并登记，通过流通服务卡将信息自动导入追溯子系统，完成与系统中该批次信息的匹配验证。

（2）预申报方式：尚未建立电子台账的蔬菜/肉类入场，供应商入场前通过移动端应用方式预先申报入场货物信息，入场时入场登记员登录移动端应用，根据预先申报信息进行核查，核查无误后，提交数据成为入场登记数据，如有变动，可在移动端应用进行修改提交。

（3）手工登记方式：尚未建立电子台账的蔬菜/肉类入场，根据入场信息的登记要求，手工登记入场信息，通过系统录入入场信息。

（4）移动端应用登记方式：尚未建立电子台账的蔬菜/肉类入场，根据入场信息的登记要求，使用移动端应用登记入场信息或扫描相关凭证的二维码或者一维码登入入场信息。入场登记信息包含但不限于：商品来源、批次等信息的登记，其中包括供应商、品种、数量（重量）、产地证明号或上市凭证号、产地、种植户（场）等信息。如入场登记过磅称重，需能自动读取包括车牌号、客户信息、称重日期、车辆皮重、车辆总重、货物重量等。

5. 检测

批发市场按照相关法律法规规定，对进场的蔬菜进行农残检测、肉类检验等质量检测，同时将信息手工录入或系统对接方式登记检测信息，对于检测不合格的，通过信息发布系统进行公布，中止相关产品的销售。通过移动应用或者 PC 系统能够基于检测合格/不合格进行快速登记，不合格产品进入不合格处理流程。

6. 批发销售

供应商在批发智能溯源秤主显处依次选择品种、输入价格，系统自动获取重量信息并计算销售金额；采购商在客显处查看品种、价格等信息，确认无误后，刷卡（支持刷供应商、采购商或仅刷采购商卡），输入密码；系统完成资金划转后，打印机将打印追溯小票，系统支持是否自动打印小票的设置，采购商携带商品、追溯小票离开，购销业务结束，购销信息传递至系统。

7. 购销信息查询及凭证打印

采购商在完成支付款项后，可凭 IC 卡在结算中心或自助终端根据时间期间（默认当天）查询采购记录并自助打印小票（上市凭证）。供应商如配置 IC 卡，也可在结算中心或者自助终端根据时间期间（默认当天）查询批发销售记录。上市凭证的格式按厦门市市场监管局的要求。

8. 出场查验

采购商出场的时候，市场管理者可以基于小票（上市凭证）核验采购记录及出场货物信息，也可支持采购商在专用设备上刷卡，显示采购记录或采购总重量。市场管理者可基于总重量（地磅）或采购记录进行实物核对，需要考虑一车多货主查验方式。

9. 无害化处理

无害化处理模块主要记录无害化处理产品的来源（进场批次、货主）、数量、处理原因、处理方式，并对此上报相关行政部门。

10. 信息上传

信息标准化处理，系统按信息采集要求，自动对信息进行标准化处理。针对结算相关数据，与相关的系统进行相关的数据交互。

11. 传送至夏商集团食品安全追溯平台

各基础、备案信息、相关业务信息按平台要求及标准、按规定时间内传送。

12. 辅助管理

支持围绕经营户、摊位的管理，提供摊位收费计算器、合同管理、固定摊位管理、固定收费管理、押金管理、临时摊位管理、临时收费管理、打印单据、报表统计分析等。

13. 批发市场巡检

基于移动端应用，市场人员可对市场相关问题进行巡检并进行跟踪处理。

14. 进销存管理

针对中埔批发市场自营的单位，支持基于摊位的简单的采购管理、销售管理、库存管理,并能生成相应的财务结算数据对接至用友 NC 系统。

15. 车辆管理

支持对批发市场内的自有板车、车辆、外部板车、车辆的综合管理。

(三)建立电子化结算模式

批发市场电子结算是指批发市场管理中心或银行等第三方机构为场内批发、采购双方提供的电子化结算服务;主要通过计算机网络系统、自助批发销售终端(智能溯源秤、地磅、手持读写终端等设备)、IC 卡系统、结算系统相结合来实现。结算系统基本功能包括以下几项:商户备案、账户管理、品种管理、结算管理、信息查询、票据打印、统计分析等。

将传统的机械磅升级为可联网的溯源智能电子秤,将现场交易升级为现场刷卡电子交易,买卖双方实名办理追溯卡,初步构建"智能溯源秤+追溯卡"的全电子化交易结算模式,一方面提升追溯数据采集的效率,一方面提高追溯数据采集的正确性。

电子化结算系统需与指定智能溯源秤完成对接,实现智能溯源秤终端管理、电子化销售及实时的数据交互。

批发市场电子化结算需与相关收单机构或银行合作以实现市场资金管控及清结算等相关功能,需完成与收单机构或银行的系统对接工作,确保市场批发销售的实时准确性及安全性。

支持与夏商集团的结算支付系统对接以及后续为实现集团统一支付结算,支持与配合完成批发市场电子结算系统迁移至夏商集团结算支付系统的数据迁移及其他相关迁移的工作。

五、取得的成效

(一)社会效益

(1)发挥行业标杆作用,体现示范品牌效应。

(2)为农产品的相关管理部门提供有效的监控手段,从整体上掌握农副产品的质量安全状况,保障农产品质量安全。

(3)为制定决策提供真实的科学依据,通过全过程监督降低农副产品质量安全事故的发生率,从而维护市场秩序、提高生产企业的管理水平和生产力,提高企业的竞争力、提高消费者对农副产品的质量安全意识和认知度。

(4)追溯结算系统可实现资源共享,节约社会投资和管理运行成本。

(5)真实、有效、及时的食品安全追溯数据完整体现了企业在食品屠宰加工、批发零售等环节的业务严谨程度。对于想要弄虚作假的企业起到威慑作用,从而倒逼企业提供安全体系的建设,有效地保障了食品质量安全。企业违法成本增加,加强了企业依法办事的意识与责任。

(二)综合效益

(1)提供相关追溯信息给消费者扫码查询,提高用户对商品的知情权。

(2)产品溢价能力在一定程度上将得到更好的体现。

(3)通过夏商集团食品安全追溯建设提高企业品牌及知名度,食品安全追溯体系与夏商集团的业务体系进行有机整合。在日常屠宰加工、批发零售等环节,在不增加相关工作人员的工作量的前提下实现食品安全追溯,既保证了企业的日常运营效率,又树立了夏商集团食品安全的企业品牌形象。

六、典型经验

(1)交易市场引入先进的 EPON 网络架构,将传统有源交换机升级为无源交换机,将传统的双绞线升级为单模光纤,避免外部设备受到电磁干扰和雷电影响,有效地控制了设备的工作温度,减少线路和外部设备的故障率,提高了系统的稳定性与可靠性,同时也节省了企业的维护成本。

(2)市场建立了以场内客商档案管理、档口管理、进货信息管理、检测信息管理、交易信息管理、配送分销管理、进销存管理、溯源智能电子秤商品下发和一体键位信息管理为核心的农产品追溯结算系统。

(3)追溯结算系统与快速检测仪的软件对接,实现追溯结算系统在供应商商品进场检测环节及时获取快速检测仪的检测数据,加快商品进场审核速度,提高工作效率。

(4)引入溯源智能电子秤,只有经过登记且通过市场快检中心检验合格的商品方可在溯源智能电子秤进行销售;溯源智能电子秤支持交易小票打印(包含买、卖双方信息、交易明细、一品一码、二维码、交易类别等追溯信息),小票可实时查询追溯信息。同时支持蔬菜品名自动识别,每笔交易的商品图像资料可自动记录并上传后台管理系统,方便后期溯源证据信息的查询与取证。

(5)引入了非接触式 CPU 卡,此卡集充值、结算、交易数据记录功能于一体,并可通过此卡在上市凭证自助服务终端进行上市凭证的自助打印。

(6)引入了上市凭证自助服务终端,持卡交易的购货商可凭此卡至自助机上进行上市凭证的自助打印,大大节省了购货商开具上市凭证的等待时间;

(7)建立溯源激励机制。为了推动溯源的普及,对诚信经营、质量安全、主动上传追溯数据的批发商进行返利、补贴等奖励。

案例 8　点评

一、供应链结构及追溯模式

厦门夏商集团旗下拥有闽夏市场、中埔市场、夏商国际水产交易中心等批发市场，主要经营蔬菜、肉品、蛋品、水产品、冻品、台湾水果和泰国大米等民生必需品，围绕肉、禽、菜的屠宰加工厂、批发市场、农贸市场等流通环节进行追溯系统建设。其产品供应链结构如图 2 所示。

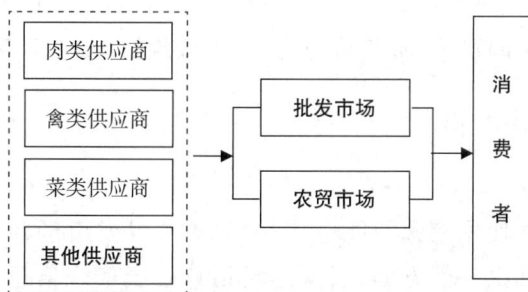

图 2　夏商农产品供应链模式

夏商农产品批发市场在农产品供应链中扮演批发商的角色，以其为追溯核心的模式称为批发商主导的追溯模式。一方面控制供应商和中间商提供产品的入场手续，严格把关经销商的追溯工作；另一方面管理市场内商户是否按照其所规范的追溯流程，建立各环节精细化的追溯体系，达到向上对接源头信息、向下对接去向信息，形成追溯信息的闭环。通过追溯结算系统、智能追溯秤等先进技术，最终实现农产品进场、检测、销售信息的融合、溯源查询与监控，为每件商品分销到最终消费领域提供针对安全性、来源及库存控制的合理决策。

夏商农产品批发市场主导的追溯模式突出的特点在于对复杂的追溯网络的协调。夏商追溯网络密度很大，节点企业数量众多，其协调上下游追溯活动的复杂性很高。为了推动溯源的普及以及全链条可追溯，夏商建立了溯源激励机制协调内部追溯的流程、系统对接的标准和信息交换的速度和质量。一方面，夏商规定供应商如果不能提供完整的追溯信息，就不能进入他们的批发市场。此外,夏商也通过与消费者合作来倒逼节点企业重视产品可追溯。对于积极扫码的顾客,提供让利促销,并赠送购物袋、面巾纸等小礼品,让顾客督促商家使用可追溯电子秤。另一方面,对诚信经营、质量安全、主动上传追溯数据的销售进行返利、补贴等奖励。模式的另一特点在于以夏商农产品为代表的"批发市场网络"提高了批发端的组织化程度,从而推动了供应链在提高质量安全方面的水平。

二、供应链追溯系统的建设动机

夏商农产品集团中埔批发市场希望通过更新改造现有老旧设备,推广应用二维码等先进适用的追溯技术,健全追溯网络,优化升级追溯流程,创新建设管理模式,建立保障追溯体系可持续运行的长效机制,建立各环节精细化的追溯体系,达到向上对接源头信息,向下对接去向信息,形成追溯信息的闭环,实现"来源可查、去向可追、责任可究"的追溯效果。

三、成本收益分析

(一)成本构成

首先硬件方面使用溯源智能电子秤,向进驻批发市场和农贸市场的商户进行推广使用。其次软件方面,引入追溯结算系统实现信息化。另外在基础设施方面,建立服务中心和快检中心。

(二)收益构成

基于批发市场农副产品追溯系统的实现,一方面便于政府对农副产品食品安全事故进行管理和预警,降低风险发生的概率以及风险造成的损失;另一方面提高农副产品流通的效率,减少流通环节的损耗。

四、追溯能力水平

通过追溯结算系统、智能追溯秤,依托 EPON 网络、数据库、物联网、大数据等先进技术,中埔批发市场实现农产品进场、检测、销售信息的融合、溯源查询与监控。

(一)广度

农产品追溯结算系统包含:客商档案管理、档口管理、进货信息管理、检测信息管理、交易信息管理、配送分销管理、进销存管理、溯源智能电子秤商品下发和一体键位信息管理等子模块记录相关信息。同时,追溯结算系统与快速检测仪的软件对接,实现追溯结算系统在供货商商品进场检测环节及时获取快速检测仪的检测数据。

(二)深度

上游通过多种入场登记方式,建立供应商的电子台账,保障可追溯溯源上游供应商。下游通过上市凭证自助服务终端,记录购货商的相关信息。

(三)精度

将传统的机械磅升级为可联网的溯源智能电子秤,将现场交易升级为现场刷卡电子交易,买卖双方实名办理追溯卡,初步构建"智能溯源秤+追溯卡"的全电子化交易结算模式,一方面提升追溯数据采集的效率,一方面提高追溯数据采集的正确性。但是由于农产品的特殊性,难以实现"一物一码"。

(四)速度

溯源智能电子秤打印交易小票,小票可实时查询追溯信息。同时支持蔬菜品名自动识别,每笔交易的商品图像资料可自动记录并上传后台管理系统。

五、供应链追溯绩效

(一)经济效益

在运作管理方面,夏商农产品借助可追溯信息平台实现资源和信息的共享,提高企业的运营效率,节约成本,增强企业竞争力。同时,在质量管理方面,夏商农产品的追溯系统全程监督降低农副产品质量安全事故的发生率,维护市场秩序,提高消费者对农副产品的质量安全意识和认知度。

(二)社会效益

夏商农产品借助可追溯信息平台,不仅提高了农产品质量监管的效率,提高农产品流通的质量安全水平,而且还增强了消费者对农产品质量的信心。此外,夏商农产品也积极发挥行业标杆作用,树立农产品流通企业的追溯示范作用,促进农产品流通的标准化。

案例9 零售商主导型
——闽篮超市:农产品追溯系统

一、企业介绍

厦门闽篮超市有限公司(以下简称"闽篮超市")成立于 2003 年 11 月,注册资金 888 万元人民币,企业类型为法人商事主体。该公司是厦门本土连锁经营的生鲜超市,公司致力于生鲜业态运作,建立包括种植源头、检验检疫、物流运输、终端销售等的全方位经营。公司总部位于福建,"闽"是福建的简称,"篮"是菜篮子工程,启用"闽篮"的意义在于通过公司全体员工的努力成为老百姓心目中的"菜篮子",让广大消费者用上放心、安全、健康的商品。公司的经营目标是以最优质的商品、最优质的服务、最优质的信誉、最优质的管理服务于消费者。

闽篮超市农产品追溯系统,主要涉及蔬菜、水果、肉禽、水产四个大类。平台主要涉及追溯信息管理及数据采集、与超市系统对接、消费者溯源查询、系统管理等功能。平台以信息技术、二维码技术、信息采集技术等手段,通过建立蔬菜、水果、肉禽、水产四个大类农产品追溯体系,记录农产品从种植、养殖等源头到流通、销售环节的信息,做到农产品归本溯源,便于问题的追溯与问责。

二、农产品政府监管和追溯现状及痛点

(一)行业背景和政府监管现状及难点

1. 行业背景

生鲜是日常生活中的高频刚需产品,在零售消费市场中占据重要地位。2013—2019 年中国生鲜市场交易规模持续扩大,2019 年中国生鲜市场交易规模达 2.04 万亿元人民币,在这个交易规模中,传统农贸市场是我国居民主要购买生鲜渠道,占比为 73%,超市渠道占比 22% 为第二大渠道。近年来,在国

民收入水平日益提高、国民消费意识不断提升的发展背景下,我国各级政府加大了对"农改超"(将农贸市场改成超级市场,或称"生鲜超市")模式的推行力度,"生鲜超市"以其购物环境干净卫生、商品品质安全放心、配送渠道高效快捷的特点被广大消费者认可与选择。近年来我国生鲜超市市场规模保持着稳定增长的良好态势,同比增速也呈现上升趋势。

2. 政府监管现状及难点

不管是从国家层面上提出的《中华人民共和国食品安全法》,还是福建省政府提出的《福建省食品安全条例》(闽食药监法函〔2017〕429 号),都强调了食品安全的重要性,但是在政府监管过程中还是存在以下几方面问题:

(1)监管环节多、难度大

食品药品监管部门除了负责食用农产品进入集中交易市场、商场、超市、便利店等市场主体后的储存、运输、销售等过程的监管,还涉及农产品源头生产、检测检查等方面的监管。面广、量大、专业性强等问题导致监管难度大大提升,落实困难。

(2)市场准入工作进展缓慢

由于农产品市场销售主体多元化,既有企业、商贩,又有农民,销售渠道自由化,既有批发零售,又有线上线下,市场准入制度有待相关部门积极配合,进一步建立和完善农产品市场准入制度。

(3)检验检测体系尚有待健全

检测仪器不齐,定性分析多于定量分析,且缺少精准分析。超市、生产基地等没有建立自律性检测室,不利于农产品质量安全工作的全面监督管理。

(4)农产品质量安全监管资金缺乏

缺乏稳定的经费投入,专项经费投入严重不足,监管工作展开困难。

(二)农产品追溯管理现状及问题

1. 农产品追溯管理现状

(1)政府层面上,已制定了相关的制度和标准

农产品可追溯体系在我国发展较晚,但已制定了相关的制度和标准,如《中华人民共和国食品安全法》《中华人民共和国农产品质量安全法》《中华人民共和国标准化法》等,这些制度和标准的建立,为可追溯系统提供了制度上的保障。2015 年 8 月,农业部部长韩长赋提出:建立追溯体系,以生猪等"菜篮子"为重点开展追溯试点,力争大部分合作社、龙头企业实现可追溯的目标。因此,建立农产品质量安全可追溯体系势在必行。

（2）行业层面上，逐步建立农产品可追溯体系

部分行业已开始建立以农产品管理系统为数据采集端，数据中心为管理端，利用多种溯源终端进行查询的农产品质量安全追溯体系。

（3）企业层面上，企业建立的质量可追溯体系长期效益未充分体现

不同规模的企业都在一定程度上实施了质量追溯体系；企业真正实行质量可追溯体系时间较短，实施质量追溯体系带来的长期效益尚未体现出来。

2. 农产品追溯管理问题

（1）缺少追溯系统对农产品的全程监控

农产品的质量涉及种植、生产、加工、分销、零售等各个环节，质量达不到标准，不仅直接损害消费者的身心健康，还影响消费者的购买欲望。尽管我国农产品溯源系统在技术上已达到要求，但由于我国相关行业标准的缺乏，市场投入较少，致使追溯系统在实践中遇到瓶颈，难以实现针对每个环节的信息追溯。

（2）农产品供应链协调起来难度较大

农产品从农田到餐桌的不同环节中，质量安全问题由不同的部门负责监管，各部门根据自己的需要，设计和开发不同的可追溯系统，统一协调起来难度非常大。这种分段管理的模式，无法真正意义上实现农产品的全过程供应链可追溯。

（3）资金面临较大缺口

建立可追溯系统需要制定相应的制度，配备相关的软、硬件，并且需要培训专门的管理人员，所以前期投入成本较高。而可追溯系统使用过程中，还需要投入较大的管理和组织成本。由于我国的农产品生产主体以农户为主，所以，较高的成本投入使得可追溯系统的建立和使用面临较大的资金缺口。

三、闽篮超市的解决方案

（一）总体设计方案

闽篮超市严格按照重要产品追溯体系建设示范工作部署，以供应链建设为基础，以信息化建设为手段，以标准化管理为抓手，打造农产品追溯系统以满足农产品生产销售全过程的关键节点追踪溯源，同时能够结合企业已有的管理系统的使用现状，提高公司的生产执行管控能力，实现农产品多方向的追溯，系统提供厦门市重要产品追溯平台接口，实现数据互通。

平台总体架构如图1所示。

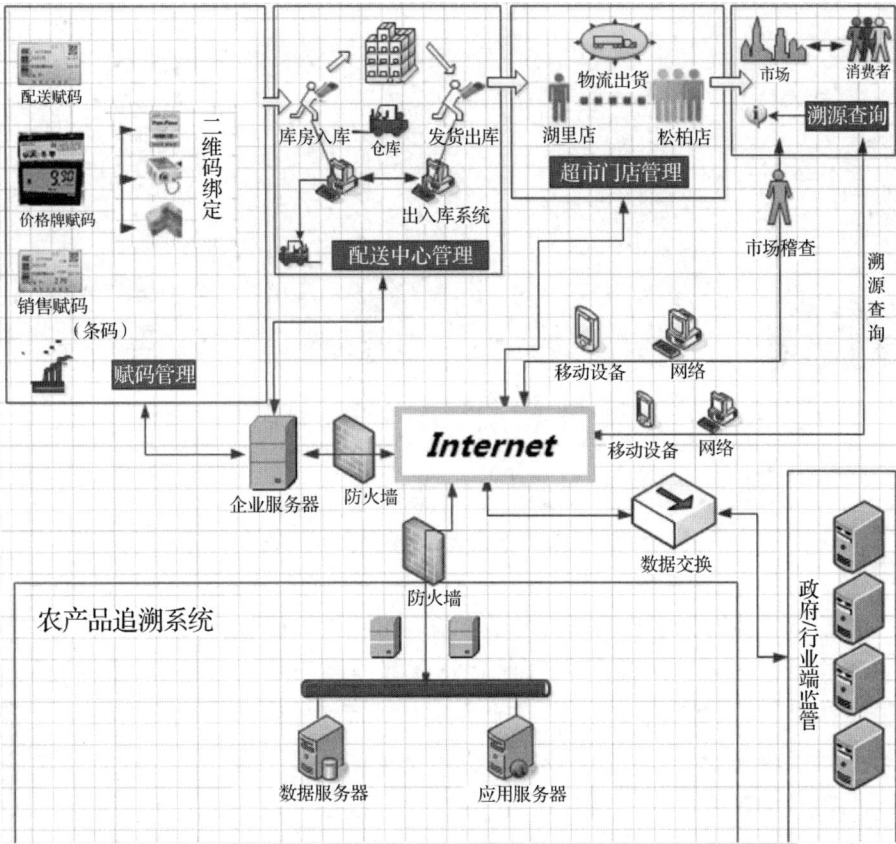

图 1　闽篮农产品追溯系统平台架构图

系统从各个节点采集农产品的生产销售数据,所有数据通过网络汇总在系统后端,进行存储和统计分析,这些数据也会共享给农产品生产的各个节点,方便各个节点企业把控市场方向。此外,相关政府及监管部门可以通过接口接入系统,监管整个农产品市场,消费者也可以查询农产品的溯源信息,保证自己买到放心的食品。

(二)溯源示意图

溯源系统的建设从生产基地开始,涉及在生产基地数据信息的获取、配送中心的数据对接、配送中心分发至各超市门店的收货及销售数据对接、消费者购物溯源查询四个主要环节,梳理溯源流程图如图 2 所示。

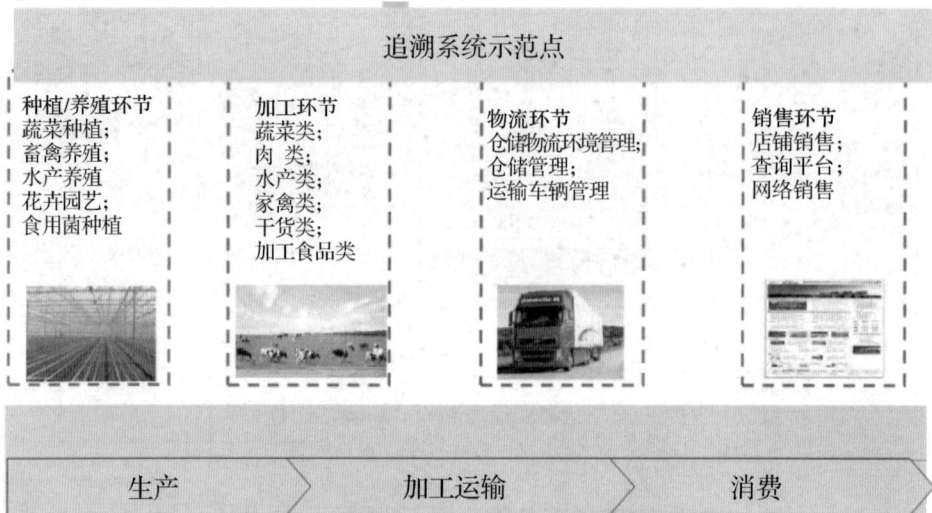

图2 闽篮农产品追溯系统溯源流程图

可追溯系统是以信息采集、电子标签应用、多渠道查询为基础,同时结合食品安全管理体系以及流通领域食品安全管理办法的相关精神,设计建立的一套能为蔬菜、水果、肉禽、水产四个大类农产品种植/养殖、生产、加工、销售等环节提供全方位、一体化的技术及应用支撑的管理平台。

(三)追溯技术

农产品追溯系统运用信息技术实现农产品生产、运输、检验检测、收货、经营销售、溯源的电子化,建立蔬菜、水果、肉禽、水产流通追溯体系,做到流通节点信息互联互通,形成完整的流通信息链条和责任追溯链条。

(1)通过购置农产品追溯涉及的服务器、计算机、手持终端、电子秤等设备,建立满足可追溯系统的基础运行环境。

为了方便溯源数据的采集,引入手持机设备8台,并开发相关App,便于采购员可以快速地在手持端接收门店的订货单,并及时向供应商下达采购计划,使溯源数据采集更加方便。

在配送中心引入6台智能溯源秤(见图3),对供应商的到货数据进行核验以及分货处理。溯源秤开机时自动获取商户信息,商品信息;开机过程中,定期与服务器进行同步;交易完毕,自动将交易数据传至后台服务器;当供应商的农产品送到配送中心的指定位置后,操作员将农产品放置到溯源秤上进行称重,系统会根据菜品、重量(或数量)直接配对供应商;在对每一个供应商的来货进行称重时，溯源秤可以智能分拣，快速分货；当某一供应商的商品分货完毕，还可以在秤上进行挂单，下一批来货时追加到指定门店。

智能识别溯源秤
自助分货、到货称重

图 3　智能溯源秤

（2）建立可追溯系统基础数据库，为系统运行提供数据保障和存储空间。数据库的建设也考虑良好的可扩展性，为后期数据接入和功能扩展预留空间。

（3）在系统数据库建设的基础上，为涉及农产品追溯系统建设的农产品生产过程数据、运输数据、检验检测结果数据、追溯环节关联数据等建立数据共享服务。共享服务的建设确保系统内部的公共数据共享，避免数据随处存放和不同步。

（4）建立与超市系统对接模块，采集超市系统的数据，避免数据的重复录入。与超市 ERP 系统对接，自动获取农产品销售信息。平台与超市 ERP 系统对接，通过接口对 ERP 的一些基础信息，如商品信息、人员信息、供应商信息进行同步。并根据在节点中生成的溯源码，将商品的关键节点（如采购、检验、入库、销售出库）进行全业务流程的溯源跟踪；在商品价格签上，打印商品溯源二维码，扫描该二维码可以查看商品的检验信息、出入库信息；在销售小票上打印溯源二维码，通过扫描该二维码，可以查询到销售明细，当点击【溯源】按钮，除了可查看该商品基础信息外（如产地、规格、单位、供应商等），还可以查看该商品的检验、入库、出库等信息。

（5）提供系统运行基础数据、超市管理者维护管理功能、农产品追溯详细过程监管、系统建立后的溯源数据统计分析功能。

四、取得的成效

（一）社会效益

（1）为市场蔬菜、水果、肉禽、水产等农产品的供应渠道及质量安全把关，为市场繁荣稳定打好基础。

（2）农产品追溯系统记录农产品从种植、养殖等源头到流通、销售环节的信息，做到农产品归本溯源，便于事故的追溯与问责。

（3）强化公共服务、行业自律和消费者监督相结合的长效机制，提升流通行业食品安全保障能力。

（二）企业效益

从企业经营的角度，将减少流通环节的人工采购管控成本，保证采购资金的安全性，在食品安全风险的管控上起到追溯与责任主体的承担。

五、典型经验

（一）手持终端快捷采购下单

追溯系统可实现无纸化操作，采购员只需要通过手持终端便可快捷采购下单，到货后农产品信息同步到智能识别溯源秤，大幅提高工作效率。

（二）多种方式追溯农产品的"前世今生"

消费者可以通过扫描价格签和购物小票的溯源二维码、自动收银机等多种方式查看农产品的溯源信息，方便快捷查询掌握食品进销和检测信息，让消费者参与闽篮超市食品安全监管，享受追溯体系带来的贴心服务。

（三）智能识别溯源秤自助分货，数据分析科学管理

借助智能识别溯源秤，帮助门店自助分货、到货称重，更能将农产品溯源、销售等信息自动上传，实现数据采集的自动化、数字化和智能化。通过智能识别溯源电子秤产生的相关交易数据同步传输到系统后台，无法更改、删除，有利于监管部门及时准确地掌控农产品生产、经营、消费的基本情况，以便高效地、有针对性的采取措施加强监管，大幅提高行政效率和保障水平。

（四）与入市必登系统无缝连接，助力管理决策

闽篮超市追溯系统更是与市场监督管理局的入市必登系统无缝对接，获取上市凭证、供应商证照信息、产品质检信息等，实现数据权威化，数据真实可靠。通过追溯系统内的数据库进行科学管理分析，助力闽篮超市区域布局、营销策略等调整，更好地服务大众。

（五）建有独立检测室

闽篮超市建有独立的检测室，配备专业的检测人员和检测设备，严格按照国家食品安全标准检测，并将视频监控和检测数据上传到"厦门市食品药品监测预警中心"，实时接受监管部门监督，同时将数据上传至农产品溯源系统，一旦发现问题，第一时间叫停销售，做到"来源可追溯、流向可查询、风险可防范、责任可追究、产品可召回并追查源头"。

案例 9　点评

一、供应链结构及追溯模式

闽篮超市至今已形成了生鲜及便利店两种业态并存的经营模式，辐射厦门市思明、湖里、海沧区。致力于实现农超对接，其供应链上游直接对接四大类农产品供应商，下游直接对接自营的各个超市门店，缩短农产品流通环节，提高流通效率，如图 4 所示。

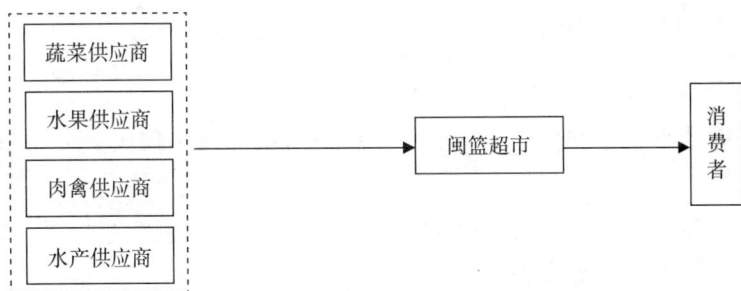

图 4　闽篮超市供应链模式

闽篮超市是其所在供应链中的主要零售商，其建立了统一的农产品追溯系统，成为以零售商为主导的追溯模式。闽篮超市实现了农产品生产、运输、检验检测、收货、经营销售、溯源的电子化，建立蔬菜、水果、肉禽、水产流通追溯标准化程序，做到流通节点信息互联互通，形成完整的流通信息链条和责任追溯链条。基于追溯系统，建立与超市系统对接，与上游制造商和供应商的协调对接模块，来主动采集产品全过程的溯源数据。通过赋予产品统一的追溯码，消费者可以通过扫码的方式在闽篮超市的扫码机上查询产品信息。此外，闽篮超市还会对其上游农户、个体户的溯源活动进行指导。

以闽篮超市为主导的追溯模式的突出特点一方面在于追溯信息流在这一模式中是单向流动的,闽篮超市只需要专门应对和监督上游供应商的追溯行为和活动,在追溯效率和成本优化上大有改进。同时,这一模式在终端数据质量上拥有良好保证。闽篮超市作为领导企业,可以充分发挥其资源调配和协调能力。比如,与上游制造商达成合作,将追溯与订购量挂钩,倒逼制造商克服机会主义和被动性。另一方面,闽篮超市与消费者距离较近,能够较快地响应和反馈消费者的溯源需求,并与消费者达成基于产品品质的互动。比如在产品出现问题时,能够第一时间锁定风险所在,迅速做出召回批次的决定。但是由于闽篮超市位于供应链下游,一旦改变溯源标准,还需要依靠上游所有企业配合,相比于供应商主导模式,其推进溯源动态调整的效率不高。

二、供应链追溯系统的建设动机

为从源头把控农产品的质量安全,以及发生有关农产品质量安全事故后的责任追究问题,闽篮超市积极响应厦门市政府办公厅《关于印发厦门市加快推进重要产品追溯体系建设实施方案的通知》(厦府办〔2016〕169 号)等文件精神,建设重要产品可追溯系统,以期解决农产品流通过程中的各项问题。

三、成本收益分析

(一)成本构成

相关的信息技术硬件设备和软件系统的采购和使用构成了追溯系统的主要成本。

建立满足可追溯系统的基础运行环境,需要购置追溯涉及的服务器、计算机、手持终端、电子秤等设备。

建立可追溯系统基础数据库,为系统运行提供数据保障和存储空间。在系统数据库建设的基础上,为涉及农产品追溯系统建设的农产品生产过程数据、运输数据、检验检测结果数据、追溯环节关联数据等建立数据共享服务。

(二)收益构成

一是运营管理方面,由于追溯系统信息技术的采用,减少了流通环节的人工采购管控成本,同时在发生责任事件时能够追溯相关的责任方,降低损失。二是决策管理方面,基于系统运行基础数据、超市管理者维护管理功能、农产品追溯详细过程监管、系统建立后的溯源数据统计分析功能,提升决策效率。

四、追溯能力水平

闽篮超市建立的农产品追溯系统运用信息技术建立蔬菜、水果、肉禽、水产流通追溯体系，做到流通节点信息互联互通，形成完整的流通信息链条和责任追溯链条。

（一）广度

闽篮农产品追溯系统详细记录了采购环节、仓储环节和销售环节的信息。

采购环节，引入手持机设备和相关 App，采购员可以快速地在手持端接收门店的订货单，并及时向供货商下达采购计划，使溯源数据采集更加方便。仓储环节，操作员利用溯源秤根据菜品、重量（或数量）直接配对供货商记录相关信息。销售环节，平台与超市 ERP 系统对接同步商品信息、人员信息、供应商信息等；并记录和传递销售单、采购单、采购计划单、验收单、配送单等单据信息。在销售小票上打印溯源二维码，通过扫描该二维码，可以查询到销售明细，点击【溯源】按钮，除了可查看该商品基础信息外（如产地、规格、单位、供应商等），还可以查看该商品的检验、入库、出库等信息。

（二）深度

闽篮超市建立的农产品追溯系统运用信息技术实现农产品生产、运输、检验检测、收货、经营销售、溯源的电子化，形成完整的农产品流通信息链条和责任追溯链条。

（三）精度

应用手持设备和 App，以及智能识别溯源秤，在关键节点形成溯源码，通过在商品价格签上，打印商品溯源二维码，扫描该二维码可以查看商品的检验信息、出入库信息，并在销售小票打印溯源二维码做到销售明细查询，实现"一物一码"。

（四）速度

在采购环节、仓储环节和销售环节实现信息实时采集，后方数据库实现实时共享的基础上，追溯速度大大提高。

五、供应链追溯绩效

（一）社会绩效

在食品安全和质量管理方面，闽篮超市的追溯系统能够为市场蔬菜、水果、肉禽、水产等农产品的供应渠道及质量安全把关。在食品安全事故管理方面,闽篮超市的追溯系统记录农产品从种植、养殖等源头到流通、销售环节的信息,做到农产品归本溯源,便于事故的追溯与问责。强化公共服务、行业自律和消费者监督相结合的长效机制,提升流通行业食品安全保障能力。

（二）经济绩效

通过农产品可追溯系统的建立和实施,闽篮超市不仅可以提高企业运营效率,减少流通和库存成本,更为重要的是,闽篮超市在食品安全风险的管控上实现追溯和责任主体的承担,使得在食品监管责任划分上更为明晰和精确。

案例10 第三方主导型
——海投:进口食品供应链闭环追溯系统

一、企业介绍

厦门海投供应链运营有限公司(以下简称"海投")系厦门海投集团全资子公司,2013 年,由海投集团临港园区、物流、贸易等资产整合而成,公司注册资本金 2.9 亿元人民币。经营范围以临港产业发展为核心,包括:加工区招商引资、产业平台建设、资产租赁和转售、产业地产开发;第三方及保税物流、临港物流的增值服务;国际采购、分拨、配送及商品展示业务合作;货物口岸通关综合查验服务;供应链的解决、优化方案和供应链金融服务;大宗商品物流基地、交易中心的合作运营;自营进出口贸易及代理采购、销售业务。

公司依托自有的海沧远海码头、中亚欧铁路货栈、厦门跨境电商监管中心、临港物流园区等有利条件,在跨境贸易、仓储物流、货物口岸通关等行业有丰富的经验,拥有众多优质的国内外客户,拥有非常丰富的商品溯源资源。

公司下属的海投跨境通信息技术有限公司是专业信息技术开发和顾问公司,拥有从事 IT 设计开发行业经验多年的技术人才和从事口岸、仓储通关行业经验的人才,公司拥有从业务需求调研、系统架构设计、应用系统开发到产品质量保障的角色完备的软件研发团队。

公司(下属公司)已经完成的跨境电商综合业务系统,实现了一线进境、区内调拨、预售出区到区外仓库拣配包装发货完整的跨境电商保税备货业务,通过该系统,采集了从海外商品源头、报关通关信息、区内仓储管理信息、订单信息、境内物流快递信息等较为完整的商品溯源数据。

二、进口食品追溯现状和痛点

(一)进口食品监管和追溯现状

我国食品市场积极融入国际市场,各类国际食品品牌纷纷涌入,食品直接进口规模大幅增加,人民群众日益增长的食品需求得到了有效满足。但是随着世界食品贸易持续增长,进口食品类型和来源地日益多样化,食品产业链日趋复杂与延长,加之全球环境污染和气候变化加剧,食源性疾病不断增长,世界范围内食品安全事件的数量和影响规模均呈现出显著的上升趋势,影响我国食品安全的风险因素显著增加。

进入现代化的全球供应链层面后,监管对象和责任主体明显超越了国界。当前食品供应链的国际化程度已经达到了空前水平,食品原材料生产、加工、运输、销售、食用等环节可能分布于不同国家或地区的每一个角落,同时加工类食品的规模和工艺复杂程度也在不断增强。此外,全球运输技术、通信技术、物流技术的发展,也导致进口食品的流通速度和流通规模激增,相关责任主体更加庞大和多样化,进口食品安全设计的潜在风险点日益增多,监管环节更加复杂,实现国际层面食品安全共治责任分配和有效监管面临着更多不确定、不可控因素,急需新的制度设计和管理安排。

面对这些形势,我国进出口食品安全监管既要保护进口食品的安全性,保护消费者的健康,又要加强对出口商品的监管,减少贸易摩擦和贸易损失,增强国际综合竞争力。2015年新修订的《食品安全法》被认为是史上最严格的食品安全法,专门探讨进出口食品的监督管理。2016年1月12日,国务院办公厅发文《关于加快推进重要产品追溯体系建设的意见》(国办发〔2015〕95号),部署加快推进全国重要产品追溯体系建设。

食品可追溯体系(Food Traceability System)是在以欧洲疯牛病危机为代表的食源性恶性事件在全球范围内频繁爆发的背景下,由法国等部分欧盟国家在国际食品法典委员会生物技术食品政府间特别工作组会议上提出的一种旨在加强食品安全信息传递,控制食源性疾病危害和保障消费者利益的信息记录体系。食品可追溯体系作为一种基于风险管理的安全保障体系,一旦危害健康的问题发生后,可按照从原料上市至成品最终消费过程中各个环节所必须记载的信息,追踪食品流向,回收存在危害的尚未被消费食品,撤销其上市许可,切断源头,消除危害、减少损失。

厦门是国内进口商品重要的进境口岸之一,随着岛内各个区域的功能划分逐渐清晰,大量进出口食品将通过海沧港进入国内市场。海投集团是海沧区最大的国有企业,作为厦门自贸区海沧片区重要的企业抓手,海投集团参与了海沧保税港区等海沧重要项目的规划建设。经过多年的深耕细作,海投集团积累了丰富的供应链资源,在特殊监管区域的管理建设、国际贸易、跨境供应链等方面具有不可替代的作用。

随着进口食品需求的不断增加，为了适应互联网经济市场的需求，海投集团旗下子公司海投供应链运营有限公司通过组建技术团队，全力开发海投进口食品跨境追溯企业子系统，以解决进口商品从采购、仓储、报关、运输、配送到销售等全链条的信息需求。平台及配套场所均严格按照监管需求进行设计，以达到全程操作合法合规，得到监管部门的大力支持。

（二）进口食品追溯管理痛点

1. 进口食品需求大，以跨境电商为主的销售市场处于混沌期

近年来，由于国内食品安全问题频发，导致部分国内消费者盲目崇拜洋货，随着跨境电商的兴起，大量消费者已习惯从电商平台上购买进口食品。因此，各大电商平台都围绕进口食品进行一系列的营销，价格战此起彼伏，拉低了与国内食品的价差。随着国民经济水平的提升，消费者逐渐由吃饱到吃好转变，消费市场急剧扩大。跨境电商属于新兴行业，处于行业井喷发展期，市场具有个性化、碎片化的特点，各类信息真实性难以判断。

2. 信息整合不够

进口食品跨境电商供应链的上游供应商信息和货源信息对下游消费者而言是本不透明的糊涂账，制约着消费者对其商品的购买，也就限制着跨境电商的增长空间。因此，迫切需要整合进口食品供应链全链条的追溯信息，使大众消费者消除对跨境电商进口食品的质量安全的戒备心。

3. 政府监管难度大

跨境电商市场仍属于新兴市场，市场机制还不成熟，商品进境渠道不规范，监管难度大，现有措施无法满足监管需求。市场门槛低、鱼龙混杂，市场整体信任度不高，优质的品牌及优质的供应商无法得到很好保护，中小型企业难以进入核心竞争市场。

4. 境外供应商信息缺失

目前国内跨境进口电商的上游货源多数是由个人买手或者专业进口团队向海外零售商代购，再向国内消费者销售，并没有打通供应链获取真正的货源。由于国外零售商或品牌商对于中国市场缺乏了解，对于电商平台的销售渠道也仍存在逐渐深化的过程。进口食品供应链需要从上而下地实现品牌方入驻，实现跨境电商进口公司与海外著名品牌货源上的对接。

5. 消费者溯源难

市场机制和法律法规不成熟，市场假货横行，海外商家无从联系，消费者

权益得不到很好的保障。特别是进口食品等切身影响消费者身体健康的产品在消费者投诉比例中占比较大,多数是由于商品质量不达标、商品信息无法验证等原因导致的。

三、海投追溯系统现状及问题

(一)海投追溯系统现状

目前系统已基本完成了海投进口食品跨境追溯企业子系统基本功能的开发,同时具备了采购、通关、物流、销售等模块的功能,使系统能够获取跨境供应链全程信息数据,并通过溯源模块实现信息追溯查询的功能。海投进口食品跨境追溯企业子系统对于商品信息的记录、储存及分析都开发了相应的系统功能,尤其是前端数据收集类型精确、详细,适用于各个专业领域对于信息溯源的要求。

(二)存在的问题

目前仍存在的主要问题是:系统品类信息尚不完整,系统整体相对独立,还未对接政府、相关合作伙伴的操作系统,出现数据孤岛的情况,负载能力较低,且暂时没有向公众开放查询功能。

四、海投的解决方案

为解决上述问题,海投集团旗下子公司海投供应链运营有限公司通过组建技术团队,全力开发海投进口食品跨境追溯企业子系统,以解决进口商品从采购、仓储、报关、运输、配送到销售等全链条的信息需求。

(一)整体解决方案设计

通过海投进口食品跨境追溯企业子系统可与电子口岸申报数据进行对接,采集来自境外的商品来源信息、报关信息、报检信息等信息。同时可对接电商销售平台,有效打通进境食品内外信息,联通了进口商、自贸区、海关、一级批发商和电商平台,形成监管部门、企业、政策、市场多方的有机整合。通过海投进口食品跨境追溯企业子系统可以提供以下解决方案:

1. 全程数据提取,形成闭环追溯数据链

依托 SOA(Service-oriented Architecture,面向服务的架构)接口技术,把采购、航运、清关、物流、销售等各环节应用系统进行集成,从这些系统中提取商品信息、航运信息、海关申报、销售、物流运送等数据集中到数据资源中心,然后按时间线对数据进行取舍、重整,形成完整、规范的溯源数据。

2. 提供包装拆分解决方案，保持商品信息完整度

在整个商品流通环节，采用树状关联链的方式，在每一个涉及包装拆分的节点，为拆分出来的更小包装生成唯一编码，同时在这个更小包装上记录上级节点的唯一编号，通过这样层层关联实现整个溯源信息树。

3. 完善生命周期追溯查询方案，增强追溯信息的广度、精度和深度

通过系统可收集全程的操作数据，为监管部门、企业、消费者提供全链条的数据查询服务。具体流程如图 1 所示。

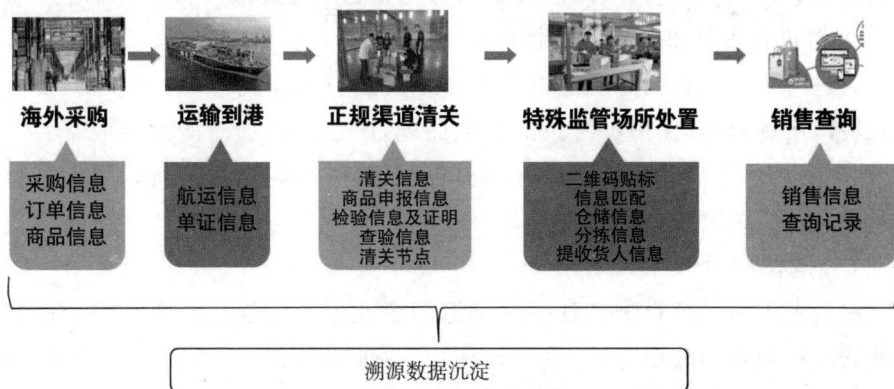

图 1　追溯数据流程图

通过海投进口食品跨境追溯企业子系统，从食品采购开始，到运输、清关、特殊场所处置、销售等各个环节均会沉淀数据至数据总线，作为溯源信息的基础。

4. 问题产品快速定位，实现快速、完整召回

系统可对超期或质检不合格的商品进行自动前置控制，市场或监管部门一旦发现商品质量存在问题，可以通过数据库搜索快速精准定位，找到出现问题的商品批次及商品现状，通过网站、经销商、收件人等各个渠道召回问题产品，避免劣质产品对市场和消费者造成伤害。同时，为追责相关单位提供依据。

(二)业务目标

海投进口食品跨境追溯企业子系统通过溯源码管理系统、溯源信息采集系统、追溯物流综合系统、进口信息备案系统、监管场所辅助管理系统、溯源数据应用服务等功能板块的相互协作，可自动捕捉、收集、整理、分析跨境供应链全链条业务的数据信息。通过海投进口食品跨境追溯企业子系统，可以为不

同的使用对象提供服务。

1. 对监管部门的支持

海投进口食品跨境追溯企业子系统可以有效整合国外进口食品供应商、品牌商和贸易商,对内整合海关监管需求,为监管部门提供进口食品全链条数据支持,展示商品从源头到消费者终端的全程信息。通过数据跟踪可准确把握进口食品全程进出动向、数量、品类等相关信息,对信誉较好的企业实行信用管理,简化通关手续,实现快速通关。并且能够更好地了解企业需求,制定有利于企业发展的政策,形成监管部门与企业之间的良性互动。

2. 对进口食品供应商的支持

通过海投进口食品跨境追溯企业子系统进行操作,将大大减少伪劣产品进入境内市场,有效保护了海投的企业品牌,增强了市场对海投企业平台、实体店、产品的信任度,保证了海投的进口食品第一时间送达消费者手上,对企业及平台的长久发展具有非常重要的作用。

3. 对消费者的支持

消费者可通过海投进口食品跨境追溯企业子系统进行溯源查询,有效准确地获取所购食品的原产地、生产日期、有效证书等信息,明明白白消费。同时当食品质量出现问题时,可以通过系统查询到商家,进行索赔或更换,有效保障了消费者自身的合法权益。

(三)作业目标

1. 促进监管部门放心的开放政策,提高进境通关效率,延长食品保质时间

进口食品溯源管理系统的核心在于通过数据建立信任,通过大量的数据沉淀和积累,监管部门通过交易数据的审查可了解企业资信情况,对信用良好的企业进行 A 级认证,提供业务绿色通道。通过加快通关速度,尽可能减少食品在运输、通关环节滞留的时间,增加销售商和客户保质的时间。

2. 有效监控进口食品动向,为消费者提供放心食品

通过对交易流通数据进行监察,可有效对不达标的食品进行管控,提高市场对海投进口食品的信任度。也使监管部门更加放心,提供符合市场需求的监管服务和快速可达的流通服务,让消费者可以快速地购买到更优质的进口食品。

3. 形成行业典型,推广至其他自贸区,促进共同发展

通过系统有效落实口岸部门和自贸区优惠政策,帮助企业和消费者达成

双赢的有利局面,为自贸区创新创优添砖加瓦,并且可以将此成功案例推广到全国其他自贸区。

五、绩效与价值

(一)社会效益

(1)加强进口食品信息溯源的管理力度,提高进口食品安全监控能力和风险控制能力,提升监管效率,强化供应商、物流服务商、贸易企业和消费者的安全意识,保障消费者权益,促使进口食品市场经济在有效的监督下健康发展。

(2)系统可以有效整合国外进口食品供应商、品牌商和贸易商,为监管部门提供进口食品全链条数据支持,展示商品从源头到消费者终端的全程信息。通过数据跟踪可准确把握进口食品全程进出动向、数量、品类等相关信息,对信誉较好的企业实行信用管理,简化通关手续,实现快速通关。

(二)综合效益

(1)建立良性发展的进口食品产业生态圈,增强口岸部门对企业的信任度和信心,促口岸部门开放有利政策,为企业提供更多利好的监管服务,对信任的企业简化通关手续,提高通关效率。

(2)整合行业上下游资源,连通了进口商、自贸区、海关、一级批发商和电商平台,形成信息齐全完备的全程溯源信息链,为进境食品监管、流通渠道管控、食品质量监督、问题食品召回等提供最有力和客观的数据支持。

(3)全面带动进口食品企业实现互联网升级,引领创造新生业态,支持企业跨境经营,改变传统企业线下单一化的操作模式,以最低的成本促进企业间交流、扩大营销范围、提高企业运作效率,节约企业成本,为企业争取更多利润空间。

(4)高度的系统安全保障,保障国内消费者身心健康,强化进口食品风险管控措施,提升国内消费者的跨境购物体验。通过系统有效地保护国内消费者的正当权益,提升国民消费信心。

六、典型经验

(一)特色线下监管场所配合优化线上业务

厦门跨境电商监管中心是专门针对跨境电商业务的操作需求而设计建设的,所有硬件设备、场地布局、软件系统均是基于跨境商品采购、清关、仓储、销售、配送及全链条的信息溯源而设立的。因此,场地上可与系统操作形成无缝对接,提高线上操作的效率。同时,监管中心具有枢纽功能,可作为区内保税仓的统一监管清关窗口,后端可大大扩充仓储容量,为溯源信息大数据库提供充足的数据来源。

(二)建立包装拆分解决方案,保持商品信息完整度

在整个商品流通环节,采用树状关联链的方式,在每一个涉及包装拆分的节点,为拆分出来的更小包装生成唯一编码,同时在这个更小包装上记录上级节点的唯一编号,通过这样层层关联实现整个溯源信息树,解决不同提单、不同包裹的信息关联问题。

(三)问题产品快速定位,实现快速、完整召回

系统可对超期或质检不合格的商品进行自动前置控制,市场或监管部门一旦发现商品质量存在问题,可以通过数据库搜索快速精准定位,找到出现问题的商品批次及商品现状,通过网站、经销商、收件人等各个渠道召回问题产品,避免劣质产品对市场和消费者造成伤害。同时,为追责相关单位提供依据。

案例 10 点评

一、供应链结构及追溯模式

海投进口食品跨境追溯企业子系统目前已完成了基本功能的开发,同时具备了采购、通关、物流、销售等模块的功能,使系统能够获取跨境供应链全程的信息数据,并通过溯源模块实现信息追溯查询的功能。海投已经完成的跨境电商综合业务系统,实现了一线进境、区内调拨、预售出区到区外仓库拣配、包装发货完整的跨境电商保税备货业务。其供应链结构包括上游的境外供应商、下游的海关监管场所和末端消费者,如图 2 所示。

```
┌──────────┐      ┌────────┐      ┌────────┐      ┌────────┐
│ 境外供应商 │ ───▶ │  海投  │ ───▶ │  关检  │ ───▶ │ 消费者 │
└──────────┘      └────────┘      └────────┘      └────────┘
```

图 2 海投进口食品供应链模式

海投供应链运营有限公司作为第三方平台，致力于搭建海投进口食品跨境追溯企业子系统来解决进口商品的溯源问题。以其为主导地位的追溯系统被称为第三方主导型的追溯模式。海投供应链主导了其进口商品供应链追溯活动，为消费者、进口食品供应商提供更全面的信息追溯服务。供应链的上游供应商和下游客户均由海投供应链提供专用唯一的溯源标准和标签，进而将其产品信息备份和记录到海投第三方平台中，来确保产品的安全合规。

在海投第三方平台主导的追溯模式中，节点企业的内部追溯系统单独与海投平台对接，供应链成员彼此间在追溯数据传输上少有关联。对于供应链成员来说，追溯信息流单向汇聚到海投第三方平台的，他们不需要将追溯向海投的上下游进行协调，追溯如同是"外包"出去的服务，克服了海投作为追溯领导者难以促使其更低层级的供应商参与追溯的问题。第三方平台的出现弥补成员间权力和能力不足以成为追溯的建设者和协调者的问题，因此海投第三方平台可以更有效地整合规模较小的企业参与追溯，降低供应链企业参与追溯的成本。为了促使产品的全链条可追溯，海投平台作为追溯核心，不断优化其自身的追溯管理能力。通过引入多名从事海投 IT 设计、开发的技术人才和从事口岸、仓储通关行业的管理人才来组建内部可追溯管理团队，同时建立了服务于供应链的第三方追溯管理制度来确保统一的操作和统一的管理。

二、供应链追溯系统建设动机

海投建立进口食品供应链追溯系统的动机，首先是监管因素，为应对世界范围内食品安全事件的发生，我国相关部门不断加大对进出口食品安全的监管，2015 年重新修订《食品安全法》，2016 年国务院办公厅发布关于《加快推进重要产品追溯体系化建设的指导》文件。海投集团按照相关规定积极建设跨境追溯系统，也得到了监管部门的大力支持。

其次是经济因素，从内部企业管理角度来看，进口食品跨境电商供应链的上游供应商信息和货源信息对下游消费者的不透明性，影响了消费者的购买意愿，也损害了跨境电商的经济收益。这些问题都促使进口食品供应链必须实现全链条追溯，以增强消费者对跨境电商商品质量的信心。

三、成本收益分析

(一)成本构成

海投进口食品跨境追溯企业子系统主要包含溯源系统软件开发及数据集成和配套辅助硬件设备。

基础数据架构,包含溯源码管理系统、溯源信息采集系统、追溯物流综合系统、进口信息备案系统、监管场所辅助管理系统、溯源数据应用服务,满足追溯信息采集、清洗、调取及应用的需求。

接口开发包括统一的对外数据服务接口,遵循统一的报文格式标准,提供溯源系统与外部系统(包括企业自身应用系统)之间的数据互联互通服务。

硬件方面采购安装自动贴标设备等。

(二)收益构成

预期的直接经济收益有:信息服务费、运维服务费和平台所产生的物流操作收益。

预期的间接经济收益有:通过平台产生的各段物流操作费用的利润分成,通过平台所产生的监管场所操作费。

四、追溯能力水平

海投进口食品跨境追溯企业子系统与电子口岸申报数据和电商平台对接,形成监管部门、企业、政策、市场多方的有机整合,保障了追溯系统的广度、深度、精度和速度。

(一)广度

依托 SOA 接口技术,把采购、航运、清关、物流、销售等各环节应用系统进行集成,从这些系统中提取商品信息、航运信息、海关申报、销售、物流运送等数据,集中到数据资源中心形成源数据。通过系统可收集全程的操作数据,为监管部门、企业、消费者提供全链条的数据查询服务。

(二)深度

通过溯源码管理系统、溯源信息采集系统、追溯物流综合系统、进口信息备案系统、监管场所辅助管理系统、溯源数据应用服务等功能板块的相互协作,海投进口食品跨境追溯企业子系统实现跨境供应链全链条业务数据信息的追溯。

对外有效整合国外进口食品供应商、品牌商和贸易商,对内整合海关监管。同时，整合末端消费者，消费者可通过海投进口食品跨境追溯企业子系统进行溯源查询。

（三）精度

在创建商品开始之时，为每个商品建立一个溯源码，溯源系统自动生成溯源码号段，生成唯一二维码和该商品信息的匹配。

（四）速度

海投进口食品跨境追溯系统，对接电子口岸申报数据和电商销售平台，全程数据自动提取，形成闭环追溯数据链，市场或监管部门一旦发现商品质量存在问题，可以通过数据库搜索快速精准定位，找到出现问题的商品批次及商品现状，通过网站、经销商、收件人等各个渠道召回问题产品。

五、供应链追溯绩效

（一）社会效益

一方面提升进口食品追溯管理的监管效率，提高进口食品的安全监控能力和风险控制能力，保障消费者权益。另一方面，有效整合国外进口食品供应商、品牌商和贸易商，为监管部门提供信息，便于企业实行信用管理，简化通关手续，实现快速通关。

（二）经济效益

一方面形成了全程溯源信息链，为进境食品监管、流通渠道管控、食品质量监督、问题食品召回等提供最有力和客观的数据支持。另一方面，带动进口食品行业实现互联网升级，提高企业运作效率，节约企业成本，提高利润空间。最后，提升国内消费者满意度。

参考文献

[1] AHMED W, NAWAZ M A, NADEEM M K, et al. 2010. Processing, traceability, and export potential of fruits and vegetables from Pakistan [J].Hortscience,45: S74-S74.

[2] ALFARO J A, RABADE L A 2009. Traceability as a strategic tool to improve inventory management: A case study in the food industry[J].International Journal of Production Economics,118: 104-110.

[3] AMANDEL K B, CHOON T F.2013.A framework of supply chain management literature[J]. European Journal of Purchasing & Supply Management ,24: 39-48.

[4] AUNG M M, CHANG Y S.2014. Traceability in a food supply chain: Safety and quality perspectives[J] . Food Control,39: 172-184.

[5] BAI J, ZHANG C, JIANG J.2013. The role of certificate issuer on consumers' willingness-to-pay for milk traceability in China[J] . Agricultural Economics,44: 537-544.

[6] BAILEY M, BUSH S R, MILLER A, et al. 2016. The role of traceability in transforming seafoodgovernance in the global South[J].Current Opinion in Environmental Sustainability,18: 25-32.

[7] BAILEY D V, SLADE J. 2004. Factors influencing support for a national animal identification system in the united states[J]. Working Papers, 9 (2004-09).

[8] BANTERLE A, STRANIERI S, BALDI L.2006. Traceability and vertical co-ordination in the Italian dairy chain: a transaction cost approach[J]. Journal on Chain and Network Science, 6 (1):69-78.

[9] BANTERL A, STRANIERI S,BALDIL.2006.Voluntary Traceability and Transaction Costs: An Empirical Analysis in the Italian Meat Processing Supply Chain[C].Paper presented at the 99th European Seminar of the

EAAE: Trust and Risk in Business Networks,Bonn Germany.

[10] BANTERLE A, STRANIERI S.2008. The consequences of voluntary traceability system for supply chain relationships. An application of transaction cost economics[J]. Food Policy,33(2008): 560-569.

[11] BARCELLOS J O J, ABICHT A D M, BRANDāO F S, et al. 2012. Consumer perception of Brazilian traced beef[J]. Revista Brasileira de Zootecnia,41: 771-774.

[12] BERTOLINI M, BEVILACQUA M, MASSINI R. 2006. FMECA approach to product traceability in food industry[J]. Food Control, 17: 137-145.

[13] BORIT M, SANTOS J.2015. Getting traceability right, from fish to advanced bio-technological products: A review of legislation[J]. Journal of Cleaner Production,104: 13-22.

[14] BONBLED P.2000. Traceability in the food industry: An overview of legal requirements and regulations, and how they affect those working in the industry[J]. Ocl-Oleagineux Corps Gras Lipides,7: 406-408.

[15] BOSONA T, GEBRESENBET G.2013. Food traceability as an integral part of logistics management in food and agricultural supply chain[J]. Food Control ,33: 32-48.

[16] BYUNG G X, ROANLD E M.2010. A framework for supply chain performance measurement[J]. International Journal of Production Economics,87: 333-347.

[17] CANAVARI M, CENTONZE R, HINGLEY M, et al. 2010. Traceability as part of competitive strategy in the fruit supply chain[J]. British Food Journal,112: 171-186.

[18] CHARLEBOIS S, HARATIFAR S.2015. The perceived value of dairy product traceability in modern society: An exploratory study[J]. Journal of Dairy Science,98: 3514-3525.

[19] CHENG Z, XIAO J, XIE K, et al. 2013. Optimal product quality of supply chain based on informationtraceability in fashion and textiles industry: An adverse logistics perspective[J]. Mathematical Problems in Engineering,2013: 1-14.

[20] CHRYSOCHOU P , CHRYSSOCHOIDIS G, KEHAGIA O. 2009. Trace-

ability information carriers. The technology backgrounds and consumers' perceptions of the technological solutions[J]. Appetite，53(3)：322-331.

[21] CLEMENS R L B. 2015. Meat Traceability in Japan[J]，Iowa Ag Review，9 ：Iss. 4 ，Article 2.

[22] DABBENE F，GAY P.2011. Food traceability systems：Performance e-valuation and optimization ［J］. Computers and Electronics in Agriculture,75：139-146.

[23] DABBENE F，GAY P，TORTIA C.2014. Traceability issues in food supply chain management A review[J]. Biosystems Engineering,120(2014)：65-80.

[24] DALVIT C，DE M M，CASSANDRO M.2007. Genetic traceability of livestock products：A review[J]. Meat Science,77：437.

[25] DONNELLY K A-M，KARLSEN K M.2010. Lessons from two case studies of implementing traceability in the dried salted fish industry[J]. Journal of Aquatic Food Product Technology,19：38-47.

[26] DONNELLY K A-M，KARLSEN K M，OLSEN P.2009. The importance of transformations for traceability - A case study of lamb and lamb products[J]. Meat Science,83：68-73.

[27] DONNELLY K A-M，KARLSEN K M，DREYER B.2011. A simulated recall study in five major food sectors[J]. British Food Journal,114(7)，1016-1031.

[28] DRURY D H，ARHOOMAND A F.2015. A hierarchical structure model of logistics information systems success[J]. Information Management，36：25-40.

[29] DU PLESSIS H J，DU RAND G E.2012. The significance of traceability in consumer decision making towards Karoo lamb[J]. Food Research International,47：210-217.

[30] ENGELSETH P.2009. Food product traceability and supply network integration[J]Journal of Business & Industrial Marketing,24(5)：421-430.

[31] EXPOSITO I，GAY-FERNANDEZ J A，CUINAS I.2013. A complete traceability system for a wine supply chain using radio-frequency identification and wireless sensor networks[J].Ieee Antennas and Propagation Magazine,55：255-267.

[32] GIACOMARRA M, GALATI A, CRESCIMANNO M, et al. 2016. The integration of quality and safety concerns in the wine industry: The role of third-party voluntary certifications[J]. Journal of Cleaner Production, 112: 267-274.

[33] GOLAN E H, KRISSOFF B, KUCHLER F, et al. 2003a. Traceability for food safety and quality assurance: Mandatory systems miss the mark [J].CAFRI:Current Agriculture Food & Resource Issues,27-35.

[34] GOLAN E H, CRISSOFF B, KUCHLER F, et al. 2003b. Traceability in the US food supply: Dead end or superhighway? [J]. Choices, 18: 17-20.

[35] GOLAN E H, KRISSOFF B, KUCHLER F, et al. 2004. Traceability in the U.S. food supply: Economic theory and industry studies[M]. Agricultural Economics Reports: Washington, DC: United States Department of Agriculture, Economic Research Service: 1362-1375.

[36] HARDT M J, FLETT K, HOWELL C J.2017. Current barriers to large-scale interoperability of traceability technology in the seafood sector[J]. Journal of Food Science,82: A3-A12.

[37] HEYDER M, HOLLMANN-HESPOS T, THEUVSEN L.2010. Agribusiness firm reactions to regulations: The Case of investments in traceability systems[J]. International Journal on Food System Dynamics,1:133-142.

[38] HEYDER M, THEUVSENA L, HOLLMANN-HESPOS T.2012. Investments in tracking and tracing systems in the food industry A PLS analysis [J]. Food Policy,37(1): 102-113.

[39] HOBBS J E.1996. A transaction cost analysis of quality, traceability and animal welfare issues in UK beef retailing[J]. British Food Journal,volume 98: 16-26.

[40] HOBBS J E. 2003. Information, Incentives and Institutions in the Agri-food Sector. Canadian Journal of Agricultural Economics[J],Revue canadienne d'agroeconomie.

[41] HOBBS J E.2004. Information asymmetry and the role of traceability systems[J].Agribusiness,20: 397-415.

[42] HOBBS J E, BAILEY D V, DICKINSON D L, et al. 2005. Traceability in the Canadian red meat sector: do consumers care? [J] Canadian Jour-

nal of Agricultural Economics，53：47-65.

[43] HOLLERAN E，BREDAHL M E，ZAIBET L.1999. Private incentives for adopting food safety and quality assurance［J］. Food Policy，24：669-683.

[44] HONG I H，DANG J F，TSAI Y H，Liu，et al. 2011. An RFID application in the food supply chain：a case study of convenience stores in Taiwan［J］. Journal of Food Engineering，106：119-126.

[45] IAN S，ANTHONY F 主编，钱和等译.2010. 食品加工和流通领域的可追溯性［M］. 中国轻工业出版社.

[46] IIVARI J D.2013. An empirical test of the DeLone-McLean model of information system success［J］. The Data Base for Advances in Information Systems，36：8-27.

[47] JANSEN-VULLERS M H，DORP C A V，BEULENS A J M.2003. Managing traceability information in manufacture［J］. International Journal of Information Management，23：395-413.

[48] KARLSEN K M，DONNELLY K A，OLSEN P. 2010. Implementing traceability：practical challenges at a mineral water bottling plant. British Food Journal［J］,112(2)，187-197.

[49] KARLSEN K M，DONNELLY K A M，OLSEN P.2011a. Granularity and its importance for traceability in a farmed salmon supply chain［J］. Journal of Food Engineering,102：1-8.

[50] KARLSEN K M，SORENSEN C F，FORAS F，et al. 2011b. Critical criteria when implementing electronic chain traceability in a fish supply chain［J］. Food Control,22：1339-1347.

[51] KARLSEN K，DREYER B，OLSEN P.2012. Granularity and its role in implementation of seafood traceability［J］. JOURNAL OF FOOD ENGINEERING,112(1)：78-85.

[52] KELEPOURIS T，PRAMATARI K，DOUKIDIS G. 2007. RFID-enabled traceability in the food supply chain［J］. Industrial Management and Data Systems，107(2)：183-200.

[53] KHER S V，et al.2010. Experts' perspectives on the implementation of traceability in Europe［J］. British Food Journal,112(3)：261-274.

[54] KURNI K，NGAI T V.2013. Performance metrics in supply chain man-

agement[J] . Journal of the Operational Society,42: 1-8.

[55] LEE J Y, HAN D B, NAYGA R M, JR., et al. 2011. Valuing traceability of imported beef in Korea: An experimental auction approach[J].Australian Journal of Agricultural and Resource Economics ,55: 360-373.

[56] LEWIS S G, BOYLE M.2017. The expanding role of traceability in seafood: Tools and key initiatives [J]. Journal of Food Science , 82: A13-A21.

[57] LIAO P A, CHANG H H, CHANG C Y.2011. Why is the food traceability system unsuccessful in Taiwan? Empirical evidence from a national survey of fruit and vegetable farmers[J] . Food Policy, 36: 686-693.

[58] LIDDELL S, BAILEY D V. 2001. Opportunities and Threats to the U.S. Pork Industry Posed by Traceability Systems[J]. International Food and Agribusiness, 4: 287-302.

[59] LILLYWHITE J M, SIMONSEN J E, WILSON V. 2012. Growing Chinese medicinal herbs in the United States: Understanding practitioner preferences[J] . Agriculture and Human Values,29: 151-159.

[60] LIU F, WANG Y, JIA Y, et al. 2015a. The egg traceability system based on the video capture and wireless networking technology[J] . International Journal of Sensor Networks,17: 211-216.

[61] LIU H, KERR W A, HOBBS J E. 2012. A review of Chinese food safety strategies implemented after several food safety incidents involving export of Chinese aquatic products[J]. British Food Journal, 114(3): 372-386.

[62] LIU X, GONG W, FU Z, et al. 2007. Traceability and IT: Implications for the future international competitiveness and structure of China's vegetable sector[J] . New Zealand Journal of Agricultural Research,50: 911-917.

[63] LIU X, XU L, ZHU D, et al. 2015b. Consumers' WTP for certified traceable tea in China[J] . British Food Journal,117: 1440-1452.

[64] LOEBNITZ N, LOOSE S M, GRUNERT K G.2015. Impacts of situational factors on process attribute uses for food purchases[J] . Food Quality & Preference,44: 84-91.

［65］LU J，WU L，WANG S，et al. 2016. Consumer preference and demand for traceable food attributes.［J］British Food Journal，118：2140-2156.

［66］MADEC F，GEERS R，VESSEUR P，et al. 2001. Traceability in the pig production chain［J］. Revue Scientifique Et Technique De L Office International Des Epizooties ,20：523-537.

［67］MAI N，BOGASON S G，ARASON S，et al. 2010. Benefits of traceability in fish supply chains - case studies［J］. British Food Journal，112：976-1002.

［68］MARCONI M，MARILUNGO E，PAPETTI A，et al. 2017. Traceability as a means to investigate supply chain sustainability：The real case of a leather shoe supply chain［J］. International Journal of Production Research,55：1-15.

［69］MCENTIRE J，ARENS S，BERNSTEIN M，et al. 2010. Product tracing in food systems：An IFT report submitted to the FDA［J］.Comprehensive Reviews in Food Science and Food Safety,1：92-158.

［70］MENOZZI D，HALAWANY-DARSON R，MORA C，et al. 2015. Motives towards traceable food choice：A comparison between French and Italian consumers［J］. Food Control,49：40-48.

［71］MOE T 1998. Perspectives on traceability in food manufacture［J］. Trends in Food Science & Technology,9：211-214.

［72］MORA C，MENOZZI D. 2005. Vertical contractual relations in the Italian beef supply chain［J］. Agribusiness，21(2)：213-235.

［73］NARSIMHALU U，POTDAR V，KAUR A.2015. A case study to explore influence of traceability factors on Australian food supply chain performance［J］. Procedia-Social and Behavioral Sciences,189：17-32.

［74］OLSEN P，BORIT M.2013. How to define traceability［J］. Trends in Food Science & Technology,29：142-150.

［75］OPARA L U.2003. Traceability in agriculture and food supply chain：A review of basic concepts，technological implications，and future prospects［J］. European Journal of Operational Research,1：101-106.

［76］OPARA L U，MAZAUD F.2001. Food traceability from field to plate［J］. Outlook on Agriculture,30：239-247.

［77］ORTEGA D L，WANG H H，WIDMAR N J O.2014. Welfare and market impacts of food safety measures in China: Results from urban consumers' valuation of product attributes[J]. Journal of Integrative Agriculture,13: 1404-1411.

[78] ORTEGA D L, WANG H H, WU L, et al. 2011. Modeling heterogeneity in consumer preferences for select food safety attributes in China[J]. Food Policy,36: 318-324.

[79] PAKURAR M, KOVACS S, POPP J, et al. 2015. Innovative solutions in traceability to improve the competitiveness of a local fruit and vegetable retailing system[J]. Amfiteatru Economic, 17: 676-691.

[80] PANT R R, PRAKASH G, FAROOQUIE J A. 2015. A Framework for Traceability and Transparency in the Dairy Supply Chain Networks[J]. Procedia - Social and Behavioral Sciences,189: 385-394.

[81] PIZZUTI T, MIRABELLI G.2015. The Global Track&Trace System for food: General framework and functioning principles[J]. Journal of Food Engineering,159: 16-35.

[82] POULIOT S, SUMNER D A.2008. Traceability, liability, and incentives for food safety and quality[J]. American Journal of Agricultural Economics,90: 15-27.

[83] RAI A, WELKER L R B 2002. Assessing the Validity of IS Success Models: An Empirical Test and Theoretical Analysis [J]. Information Systems Research,13: 50-69.

[84] REGATTIERI A, GAMBERI M, MANZINI R.2007. Traceability of food products: General framework and experimental evidence [J]. Journal of Food Engineering,81: 347-356.

[85] RESENDE-FILHO M A, BUHR B L. 2008. A principal-agent model for evaluating the economic value of a traceability system: A case study with injection-site lesion control in fed cattle[J]. American Journal of Agricultural Economics,90: 1091-1102.

[86] RESENDE-FILHO M A, HURLEY T M .2012. Information asymmetry and traceability incentives for food safety[J]. Int. J. Production Economics,139(2): 596-603.

[87] ROUVIERE E, ROYER A.2017.Public private partnerships in food industries: A road to success? [J]. Food Policy, 69: 135-144.

［88］ SALAMPASIS M，TEKTONIDIS D，KALOGIANNI E. 2012. Trace ALL：a semantic web framework for food traceability systems［J］. Journal of Systems and Information Technology，14（4），EarlyCite pre-publication article.

［89］ SALTINI，ROLANDO，AKKERMAN，et al.2013.Optimizing chocolate production through traceability：A review of the influence of farming practices on cocoa bean quality[J]. Food Control,29：167-187.

［90］ SCHROEDER T，TONSOR G T. 2012. International cattle ID and trace-ability：competitive implications for the US[J]. Food Policy，37：31-40.

［91］ SCHWÄGELE F. 2005. Traceability from a European perspective［J］. Meat Science，71：164-173.

［92］ SCHULZ L L，TONSOR G T.2010. Cow-calf producer preferences for voluntary traceability systems[J]. Journal of Agricultural Economics，61：138-162.

［93］ SEDDON P B.1997. A Respecification and Extension of the DeLone and McLean Model of IS Success［J］. Information Systems Research，8：240-253.

［94］ SHANAHAN C，KERNAN B，AYALEW G，et al. 2009. A framework for beef traceability from farm to slaughter using global standards：An I-rish perspective[J]. Computers & Electronics in Agriculture,66：62-69.

［95］ SMITH G C，PENDELL D L，TATUM J D，et al. 2008. Post-slaughter traceability[J]. Meat Science，80：66-74.

［96］ SMITH G C，TATUM J D，BELK K E，et al. 2005. Traceability from a US perspective[J]. . Meat Science ,71：174-193.

［97］ SOHAL A S .1997. Computerised parts traceability：An implementation case study［J］. Technovation,17（10），583-591.

［98］ SONG M，LIU L-J，WANG Z，et al. 2008. Consumers' attitudes to food traceability system in China：Evidences from the pork market in Beijing ［J］. Journal of the Faculty of Agriculture Kyushu University，53：569-574.

［99］SOUZA-MONTEIRO D M，CASWELL J A. 2004. The economics of im-plementing traceability in beef supply chains：Trends in major producing and trading countries ［J］ . University of Massachusetts，Amherst

Working Paper.

[100] SOUZA-MONTEIRO D M, CASWELL J A.2009. Traceability adoption at the farm level An empirical analysis of the Portuguese pear industry [J]. Food Policy, 34(1): 94-101.

[101] SPARLING D, HENSON S, DESSUREAULT S, et al. 2006. Costs and Benefits of Traceability in the Canadian Dairy Processing Sector[J]. Journal of Food Distribution Research,37(1): 154-160.

[102] STARBIRD S A, AMANOR-BOADU V.2006. Do inspection and traceability provide incentives for food safety? [J]. Journal of Agricultural & Resource Economics ,31: 14-26.

[103] STERLING B, GOOCH M, DENT B, et al. 2015. Assessing the value and role of seafood traceability from an entire value - chain perspective [J] . Comprehensive Reviews in Food Science & Food Safety, 14: 205-268.

[104] STUFFLEBEAM D S. 2013. Effective supply chain measurement[J]. Management Review,51: 35-46.

[105] TALAMINI E, MALAFAIA G C.2010. Traceability, transparency and assurance (TTA) systems implementation by the Brazilian exporter pork meat chain compared with other countries[J] . African Journal of Business Management,4: 651-661.

[106] TAN C W, PAN S L.2010. ERP success: The search for a comprehensive framework[C] //: City. 925-933.

[107] TANG Q, LI J, SUN M, et al.2015. Food traceability systems in China: The current status of and future perspectives on food supply chain databases, legal support, and technological research and support for food safety regulation[J] . Bioscience Trends,9: 7-15.

[108] THOMPSON M, SYLVIA G, MORRISSEY M T. 2005. Seafood traceability in the United States Current trends, system design, and potential applications [J]. Comprehensive Reviews in Food Science and Food Safety, 4(1): 1-7.

[109] TIMMER S, KAUFMANN L. 2017. Conflict minerals traceability - a fuzzy set analysis[J] . International Journal of Physical Distribution & Logistics Management,47: 344-367.

［110］UBILAVA D，FOSTER K.2009. Quality certification vs. product tracea-bility：Consumer preferences for informational attributes of pork in Georgia［J］. Food Policy,34：305-310.

［111］VAN DORP K J. 2003. Beef labeling：the emergence of transparency. Supply Chain Management：An International Journal［J］. 8(1):32-40.

［112］VAN RIJSWIJK W，FREWER L J，MENOZZI D，et al. 2008. Consum-er perceptions of traceability：A cross-national comparison of the associ-ated benefits［J］. Food Quality and Preference,19：452-464.

［113］VERBEKE W，WARD R W. 2003. Importance of EU label requirements：An application of ordered probit models to Belgium beef labels［C］//，AgEcon Search；City. 1-37.

［114］VERBEKE W，WARD R W.2006. Consumer interest in information cues denoting quality，traceability and origin：An application of ordered probit models to beef labels［J］. Food Quality & Preference,17：453-467.

［115］VERDENIU F.2006. Using traceability systems to optimise business per-formance. In Improving traceability in food processing and distribution. UK：Woodhead Publishing Series in Food Science，Technology and Nu-trition，No. 119.

［116］WANG M-C，YANG C-Y. 2015. Analyzing organic tea certification and traceability system within the Taiwanese tea industry［J］. Journal of the Science of Food and Agriculture,95：1252-1259.

［117］WASIL S S，PETROVIC A U. 2016. Simulation of supply chain behaviour and performance in an uncertain environment［J］. Interna-tional Journal of Production Economics,33：429-438.

［118］WILSON T P，CLARKE W R.1998. Food safety and traceability in the agricultural supply chain：Using the Internet to deliver traceability［J］. Supply Chain Management：An International Journal,3：127-133.

［119］WOGNUM P M，BREMMERS H，TRIENEKENS J H，et al.2011. Sys-tems for sustainability and transparency of food supply chains current status and challenges［J］. Advanced Engineering Informatics，25 (2011)，65-76.

［120］WU J H，WANG Y M.2006. Measuring KMS success：A respecification of the DeLone and McLean's model［J］. Information & Management，

43：728-739.

[121] WU L，GONG X，QIN S，et al. 2017. Consumer preferences for pork attributes related to traceability，information certification，and origin labeling：Based on China's Jiangsu province［J］. Agribusiness，33：424-442.

[122] WU L，LIU X，ZHU D，et al. 2015a. Simulation of market demand for traceable pork with different levels of safety information：A case study in Chinese consumers［J］. Canadian Journal of Agricultural Economics-Revue Canadienne D Agroeconomie，63：513-537.

[123] WU L，WANG H，ZHU D.2015b. Analysis of consumer demand for traceable pork in China based on a real choice experiment［J］. China Agricultural Economic Review，7：303-321.

[124] WU L，WANG H，ZHU D，et al. 2016. Chinese consumers' willingness to pay for pork traceability information-the case of Wuxi［J］. Agricultural Economics，47：71-79.

[125] WU L，WANG S，ZHU D，et al. 2015c. Chinese consumers' preferences and willingness to pay for traceable food quality and safety attributes：The case of pork［J］. China Economic Review，35：121-136.

[126] XIONG X，D'AMICO P，GUARDONE L，et al. 2016. The uncertainty of seafood labeling in China：A case study on Cod，Salmon and Tuna ［J］. Marine Policy，68：123-135.

[127] XU L，SHAN L，WU L. 2012. Farmers' adoption willingness of food traceability system：An empirical analysis of the Chinese apple industry ［J］. Journal of Food Agriculture & Environment，10：1581-1584.

[128] YIN S，LI Y，XU Y，et al. 2017. Consumer preference and willingness to pay for the traceability information attribute of infant milk formula Evidence from a choice experiment in China［J］. British Food Journal，119：1276-1288.

[129] YOO C W，PARAMESWARAN S，KISHORE R. 2015. Knowing about your food from the farm to the table：Using information systems that reduce information asymmetry and health risks in retail contexts［J］. Information & Management，52：692-709.

[130] ZHENG S，XU P，WANG Z，et al. 2012. Willingness to pay for tracea-

ble pork: evidence from Beijing, China[J]. China Agricultural Economic Review, 4: 200-215.

[131] ZHOU H, NANSEKI T, HOTTA K, et al. 2010. Analysis of consumers' attitudes toward traceability system on dairy products in China[J]. Journal of the Faculty of Agriculture Kyushu University, 55: 167-172.

[132] 常志朋，程龙生.2015.灰模糊积分关联度决策模型[J].中国管理科学,23: 107-113.

[133] 陈红华，邓柏林，刘泉.2017.中国政府主导型可追溯系统和企业主导型可追溯系统对比研究——以北京和山东企业调研为例[J].世界农业: 9-14.

[134] 陈丽华，张卫国，田逸飘.2016.农户参与农产品质量安全可追溯体系的行为决策研究——基于重庆市 214 个蔬菜种植农户的调查数据[J].农村经济: 106-113.

[135] 陈松.2013.中国农产品质量安全追溯管理模式研究[D].北京:中国农业科学院.

[136] 陈雨生，等.2014.超市参与食品安全追溯体系的意愿及其影响因素——基于有序 Logistic 模型的实证分析[J].中国农村经济: 41-49.

[137] 崔春晓，王凯，邹松岐.2013.食品安全可追溯体系的研究评述[J].世界农业:27-32.

[138] 邓瑜.2017.发达国家农产品质量追溯及其对我国的启示[J].商业经济研究:117-119.

[139] 丁一卓.2017.我国农产品质量安全追溯模式及绩效评价研究[D].辽宁:辽宁科技大学.

[140] 杜国明.2008.农产品责任与可追溯制度[J].广东农业科学,(2):101-103.

[141] 樊宏霞.2017.消费者对可追溯羊肉的认知和支付偏好分析[J].科技通报:258-262.

[142] 方海,2006.国外食品安全信息化管理体系研究及对我国的借鉴意义[D].上海:华东师范大学.

[143] 方炎,高观,范新鲁,陈华宁,2005.我国食品安全追溯制度研究[J].农业质量标准,(02):37-39.

[144] 费亚利，龙晓凤，吴秀敏.2011.生猪供给主体对建立可追溯体系的意愿分析——基于成都市生猪养殖户、屠宰企业的调查分析[J].中国畜牧杂志,47:47-51.

[145] 费亚利.2012.政府强制性猪肉质量安全可追溯体系研究[D].四川:四川农业大学.

[146] 冯根尧.2009.食品供应链追溯体系协调与监管机制构建[J].中国物价:24-26.

[147] 郭伟亚,侯汉平,张成海.2017.食品可追溯体系绩效评价指标体系的构建研究[J].科技管理研究,37:81-87.

[148] 韩杨,乔娟.2009.消费者对可追溯食品的态度、购买意愿及影响因素——基于北京市调查的检验与分析[J].技术经济,28:37-43.

[149] 浩锐,2006.可追溯系统概述[J].中国禽业导刊,(14):30-31.

[150] 黄彬红.2013."农超对接"下的农产品供应链质量可追溯体系研究[J].开发研究:81-84.

[151] 黄磊,宋怿,冯忠泽 等.2011.水产品质量安全可追溯技术体系在市场准入制度建设中的应用研究[J].中国渔业质量与标准,1(2):26-33.

[152] 李佳洁,任雅楠,王艳君等.2018.中国食品安全追溯制度的构建探讨[J].食品科学,39:278-283.

[153] 林宇洪,胡连珍,蒋新华等.2015.基于二维码的农超对接供应链追溯系统的设计[J].黑龙江八一农垦大学学报,27(6):83-87.

[154] 刘彦平,解凡芮.2014.我国提高食品可追溯系统运行效率的途径研究[J].现代管理科学:78-80.

[155] 刘增金,乔娟,张莉侠.2016.猪肉可追溯体系质量安全效应研究——基于生猪屠宰加工企业的视角[J].中国农业大学学报,21:127-134.

[156] 马汉武,王善霞.2006.食品安全环境下的肉类食品可追溯系统的构建[J].中国安全科学学报,16:4.

[157] 孟凡伟.2015.基于质量追溯体系的奶牛场精细化管理研究[D].南京:南京农业大学.

[158] 潘晓芳,2005.中美食品安全管理体系比较研究[D].杭州:浙江大学.

[159] 钱永忠,王芳,高山,高观,2010.新时期农产品质量安全监管问题探讨[J].农产品质量与安全,01:13-15.

[160] 邱祝强,王菲,张智勇.2010.基于农产品供应链管理的企业自建可追溯系统研究[J].广东农业科学,37:246-250.

[161] 孙杭生,2006.日本的食品安全监管体系与制度[J].农业经济,(06):50-51.

[162] 孙键,孙华兵,2017.试论食品安全监管的症结和突围对策[J].食品安全导刊,(30):31.

[163] 涂欣,2008.食品安全标准体系的立法研究[D].济南:山东大学.

[164] 王晓倩,曹殿立.2015.郑州市生鲜农产品供应链绩效评价研究[J].浙江农业科学,56:946-949.

[165] 王相杰.2018.基于供需网的药品可追溯体系研究[D].南昌:华东交通大学.

[166] 王显苏,杨立英,王咏梅等.2018.基于物联网技术的葡萄酒质量安全追溯技术研究与应用[J].酿酒科技,(9):41-43.

[167] 王玉环,徐恩波.2004.农产品质量安全内涵辨析及安全保障思路[J].西北农林科技大学学报(社会科学版),4:11-15.

[168] 文晓巍,李慧良.2012.消费者对可追溯食品的购买与监督意愿分析——以肉鸡为例[J].中国农村经济:41-52.

[169] 吴德涛.1985.工业产品在制造过程中的质量管理[M].沈阳:辽宁科学技术出版社.

[170] 吴林海,蒋力,浦徐进.2012.影响企业食品可追溯体系投资意愿的主要因素分析[J].预测,31(5):47-54.

[171] 吴林海,徐玲玲,朱淀 等.2014.企业可追溯体系投资意愿的主要影响因素研究:基于郑州市144家食品生产企业的案例[J].管理评论,26:99-108.

[172] 徐芬,陈红华.2014.基于食品召回成本模型的可追溯体系对食品召回成本的影响[J].中国农业大学学报,19:233-237.

[173] 杨秋红,吴秀敏.2008.食品加工企业建立可追溯系统的成本收益分析[J].四川农业大学学报,26(1):99-103.

[174] 杨秋红,吴秀敏.2009.农产品生产加工企业建立可追溯系统的意愿及其影响因素——基于四川省的调查分析[J].农业技术经济,(2):69-77.

[175] 杨正勇,侯熙格.2016.食品可追溯体系及其主体行为的演化博弈分析[J].山东社会科学:132-137.

[176] 叶俊焘,胡亦俊.2010.蔬菜批发市场供应商质量安全可追溯体系供给行为研究[J].农业技术经济:19-26.

[177] 殷俊峰,等,2008.食品可追溯系统建设之初探[J].安徽农业科学,(27):11985-11987+11994.

[178] 尹玉伶,何静.2011.我国建立农产品质量安全可追溯系统的对策研究[J].山西农业科学,39(5):488-490.

[179] 于维军,2004.建立质量安全追溯制 提升我国农畜产品国际竞争力[J].动

物科学与动物医学，(09):46-48.

[180] 张蓓，林家宝.2015.质量安全背景下可追溯亚热带水果消费行为范式：购买经历的调节作用[J].管理评论，27:176-189.

[181] 张兵，黄昭瑜，叶春玲 等.2007.蔬菜质量安全可追溯系统的设计与实现[J].食品科学,28：573-577.

[182] 张京京，李志刚.2016.基于HACCP的新疆羊肉屠宰加工可追溯系统溯源信息分析[J].食品工业，37：118-122.

[183] 张腾达，张博.2018.物联网技术在亳州白酒质量追溯中的应用研究[J].廊坊师范学院学报(自然科学版),18(1)：25-27.

[184] 赵荣，乔娟.2011.农户参与食品追溯体系激励机制实证研究[J].华南农业大学学报(社会科学版),10：9-18.

[185] 赵智晶，吴秀敏，谢筱.2012.食用农产品企业建立可追溯制度绩效评价——以四川省为例[J].四川农业大学学报，30：114-120.

[186] 郑火国,2012.食品安全可追溯系统研究[D].北京:中国农业科学院.

[187] 周峰，徐翔,2007.欧盟食品安全可追溯制度对我国的启示[J].经济纵横，(19):71-73.

[188] 周洁红，姜励卿,2007.农产品质量安全追溯体系中的农户行为分析——以蔬菜种植户为例[J].浙江大学学报(人文社会科学版)(02)：118-127.

[189] 周树华，张正洋，张艺华.2011.构建连锁超市生鲜农产品供应链的信息管理体系探讨[J].管理世界：1-6.

[190] 朱长宁.2015.基于可追溯系统的生鲜农产品供应链协调机制研究[J].农村经济:106-109.

[191] 朱红梅.2015.基于封闭供应链的水产品安全可追溯系统研究[J].物流工程与管理,37(9):136-138.